PROUST'S

COMBRAY

MARCEL PROUST

COMBRAY

EDITED WITH AN INTRODUCTION AND NOTES
BY

GERMAINE BRÉE
University of Wisconsin

AND

CARLOS LYNES, JR.
University of Pennsylvania

Prentice-Hall, Inc., Englewood Cliffs, New Jersey

PRENTICE-HALL INTERNATIONAL, INC., *London*
PRENTICE-HALL OF AUSTRALIA, PTY. LTD., *Sydney*
PRENTICE-HALL OF CANADA, LTD., *Toronto*
PRENTICE-HALL OF INDIA PRIVATE LIMITED, *New Delhi*
PRENTICE-HALL OF JAPAN, INC., *Tokyo*

TO THE MEMORY OF

CHRISTIAN GAUSS

WHOSE VISION HELPED BRING THIS BOOK
FROM PROJECT TO REALIZATION

PREFACE

TEACHERS of survey courses in modern French literature, of courses in the French novel, or in twentieth-century French literature have long been faced with the problem of how best to introduce college undergraduates to the work of Proust. His great novel, *A la Recherche du temps perdu,* is much too long, with its fifteen volumes, to be read in full by most students; a collection of extracts from different volumes does not satisfy the reader even if such a collection were easily available. The first two volumes, *Du Côté de chez Swann,* are sometimes used, but they have a disadvantage: they consist of three parts, whose mutual inter-relation is only perceived after the remaining thirteen volumes have been read. The second part of *Du Côté de chez Swann,* bearing the subtitle *Un Amour de Swann,* has sufficient coherence to stand alone and is a *roman d'analyse* in its own right; but it is by no means the most typically "Proustian" part of *A la Recherche du temps perdu,* and consequently, in our opinion is not the best choice as an introduction to the great novelist's masterpiece.

Proust himself gave the ideal introduction to his novel in the first part of *Du Côté de chez Swann*—the part entitled *Combray*. In these pages—perhaps the most beautiful he ever wrote—Proust sets the stage for his entire novel, evokes the world of childhood in a charming French village, and suggests all the important themes which are developed in the many volumes which follow. The construction of *Combray* is such that it is interesting and satisfying even for the reader who penetrates no further into the work. At the same time, it is likely to whet the reader's appetite for the rest of the novel, which gives to *Combray* an ever richer meaning.

Our experience in presenting Proust to undergraduates in a liberal arts college and in a large university confirms our belief that *Combray* is an ideal choice for this purpose, but we have felt that our task—and the task of our colleagues in other institutions—would be greatly facilitated if a separate edition of this part of Proust's novel could be made available to students and teachers. Discussions of *Combray* in undergraduate classes, the graduate seminars on Proust which both of us have conducted in our respective institutions, and our personal studies served as basis for the critical essay which introduces the text. We have also added notes explaining whatever points in the text seemed to require elucidation.

The text of this first separate edition of *Combray* is that of the three-volume edition of Proust's novel, with illustrations by Van Dongen, published by Gallimard in 1947 to commemorate the twenty-fifth anniversary of Proust's death. A publisher's note at the end of this edition (III, 699) tells us: "Le texte de la présente édition, qui a fait l'objet d'une révision très minutieuse, est assurément le plus correct qui ait été publié jusqu'à ce jour." A certain number of misprints and other errors have nevertheless slipped into this 1947 edition. We have therefore collated the text with earlier editions and have corrected some errors, so that, though we are not offering a critical edition with variants, we believe our text to be the best text of *Combray* now available. Some inconsistencies in punctuation, capitalization, and spelling are found in Proust's novel. In cases where the inconsistencies appear in both the 1947 edition and in earlier editions, we have not felt free to make any changes. No omissions of any kind have been made.

Our debt to the vast body of biographical and critical studies on Proust and his work is gratefully acknowledged. For passages translated in our notes, we are much beholden to C. K. Scott Moncrieff's translation *Swann's Way* (New York, Random House, 1941), though we have attempted a more literal rendering of Proust's text.

For encouragement and assistance in arranging for this edition, in the preparation of the notes and of the manuscript for the printer, and in proofreading, we wish to express our thanks to the following: Miss Jane Ciciretti, Professor Marguerite Lehr of Bryn Mawr College, Mr. Edward Morris of Bryn Mawr College, Dr. Esther Pese of Lake Forest College, Professor George Seiver of the University of Pennsylvania, and Professor Joseph Curtis Sloane of Bryn Mawr College.

G. B.
C. L., Jr.

Comme vous êtes loin, paradis parfumé,
Où sous un clair azur tout n'est qu'amour et joie,
Où tout ce que l'on aime est digne d'être aimé!
Où dans la volupté pure le cœur se noie!
Comme vous êtes loin, paradis parfumé!

. . . .
. . . .
. . . .
. . . .

—Mais le vert paradis des amours enfantines,

L'innocent paradis, plein de plaisirs furtifs,
Est-il déjà plus loin que l'Inde et que la Chine?
Peut-on le rappeler avec des cris plaintifs,
Et l'animer encor d'une voix argentine,
L'innocent paradis plein de plaisirs furtifs?

—BAUDELAIRE, *Les Fleurs du mal*, LXII

INTRODUCTION

COMBRAY is the first movement in the symphonic structure of Marcel Proust's long novel *A la Recherche du temps perdu.* The word itself is the name of a fictitious village, not far from Paris, where the narrator of the story spends his childhood vacations. It is a "magic" name, containing all the charm and freshness of the "paradis perdu" of the child's world, a world which will be re-created in the end, not as a "paradise," but in its full and poetic reality. Combray is, in fact, the starting point for the long quest which, as the title *A la Recherche du temps perdu* suggests,[1] is the guiding theme of the work as a whole. It also contains, though only implicitly, the triumphant outcome of this quest, not to be fully revealed until the last volume of the novel.

The village of Combray is, for the child, the luminous center of an ordered, stable world—a world of family love and security, of sunlight and flowers, of traditional simplicity and sturdiness. From this center, two paths lead out, one—"du côté de chez Swann"—toward Swann's estate Tansonville and further on to Méséglise, the other—"du côté de Guermantes"—toward the château of one of the ancient ducal families of France. These opposing directions are followed by the child and his family on their afternoon walks, but Swann is never

---

[1] *Remembrance of Things Past,* the title used for the English translation of the work, displeased Proust because it fails to express this essential notion of a *quest.*

visited at Tansonville; Guermantes is never reached. For the child whose spiritual adventure is beginning in Combray, these two "côtés" lead to mysterious destinations belonging entirely to the realm of the imagination, but none the less real with the reality of myth.

In an almost literal sense, Proust devoted his whole life to the preparation and writing of *A la Recherche du temps perdu*. All his experience of life, all the brief compositions written previously, found their way into the expanding universe of this novel,[2] which did not begin to assume definitive form, however, until the author was nearly forty years old. The book, Proust once wrote to a friend, is "un roman à la fois plein de passion et de méditation et de paysages" and, he added, "j'y ai mis toute ma pensée, tout mon cœur, ma vie même." But his personal experience, like that of every great artist, served merely as a starting point; it was so transfigured by the creative power of his mind, by his successful search to find "objective correlatives" for subjective emotion, that it created a new and autonomous fictional world.

So original was *A la Recherche du temps perdu*, so different from the great French novels of the nineteenth century, that when publication began in 1913, even the author was not sure that it could properly be called a novel. With the passage of time, all such doubts have disappeared, and the book has won recognition as creative fiction of impressive stature, a great novel entirely renewing that genre. Like Joyce's *Ulysses* it doubtless attains one of the extreme limits of the novel form, so that it cannot be imitated and compels later novelists to explore other routes. As a critic wrote on the occasion of the twentieth anniversary of the novelist's death: "Proust est un des rares écrivains dont l'œuvre divise le temps entre un *avant* et un *après,* ce qui est peut-être la définition du génie."

Born July 10, 1871, in the Parisian suburb of Auteuil, Marcel Proust came of sturdy, traditionally Catholic, French provincial stock on his father's side, and of a well-to-do urban Jewish family on his

[2] The voluminous manuscript of an unpublished earlier novel, *Jean Santeuil*, was found among Proust's papers by his niece, Madame Gérard Mante, and announced for publication by Gallimard in 1952. Long extracts already published in *Le Figaro Littéraire* (Oct. 20 and 27, Nov. 3, 1951) and in *La Table Ronde* (Dec., 1951, Jan., 1952) seem to indicate that Proust completely recast most of the material of *Jean Santeuil* in *A la Recherche du temps perdu.*

mother's side. His father was a professor of medicine and a physician of outstanding energy and competence. His mother was a beautiful, gentle, profoundly conscientious woman to whom Marcel was passionately attached, his dependence increasing rather than diminishing as he grew up. A younger son, more like the father in temperament, was to follow the medical profession. The family belonged to the wealthy Parisian bourgeoisie and accepted without question the moral and social conventions of their class and their times.

During Marcel's early years, the family generally left their spacious Paris apartment at Easter to sojourn at the paternal home in Illiers, a village on the Loir not far from Chartres. After Marcel was nine, he became subject to asthmatic attacks, and later his summers in the country had to be replaced by vacations at the seashore in Normandy. Complicated by a nervous disorder, this asthma was to make him a delicate youth and eventually a chronic invalid living in the hothouse atmosphere of his famous cork-lined room. His illness bound him even closer to his mother and had a profound effect on his life and his work. Like the author, the narrator of *A la Recherche du temps perdu* is a semi-invalid; his world is that of a sick man who has the time and the inclination to attend to things which a more active man might disdain or overlook.

Proust entered the Lycée Condorcet in Paris at the age of eleven and continued his schooling until he passed the baccalauréat in 1889. He then did his year of military service, which turned out to be neither excessively tiring nor unpleasant for the frail and most unmilitary youth. After this interlude, he enrolled at the École des Sciences Politiques and the École de Droit, but soon gave up these professional courses and began attending lectures in literature and philosophy at the Sorbonne. One of his teachers was Henri Bergson (1859-1941), the great philosopher of "intuition" and of a new conception of time, who was then beginning the most brilliant phase of his career. In 1891 Bergson married a cousin of Proust's mother, and the two men met in family gatherings now and then. The themes of Bergsonian philosophy often seem close to certain themes in Proust's novel, but the divergences between the thought of the philosopher and that of the novelist are striking; it is difficult to trace any very direct influence of Bergson on Proust.

Aside from his rather desultory studies, during the years 1890-1896

Proust was engaged in the double and non-academic enterprise of penetrating into the aristocratic social world of the Faubourg Saint-Germain and of making his literary début. This was the time of the "mêlée symboliste," of literary "chapels" and "little magazines." A group of budding young writers who had been schoolmates at Condorcet, including Proust, founded one of these ephemeral literary reviews under the Platonic title of *Le Banquet*.[3] To this obscure periodical and to the more important *Revue Blanche,* Proust contributed book reviews, sketches, portraits, and stories. His contributions, in which one may retrospectively find suggestions of later Proustian themes, did little to establish his literary fame; indeed, along with his intense social activity, they gave him the unenviable reputation of being a wealthy amateur, a society writer, and a snob.

In 1896, Proust collected some of these writings, added several unpublished sketches, and brought out *Les Plaisirs et les Jours.* This overly-lavish volume, with a preface signed by Anatole France, illustrations by Madeleine Lemaire, and a group of musical settings by Reynaldo Hahn, was received with irony or indifference. It revealed Proust's sincere desire to write, but was marred by the mixture of literary and social snobbery which characterized him at that time. He was obviously trying hard to be "aristocratic" in subject matter and tone, to be "fashionable" according to the standards of a narrow circle of connoisseurs who affected the attitudes and ideas of the Symbolists, *décadents,* and aesthetes of the *fin de siècle.*

Proust at the time of his first book was a strikingly handsome, rather exotic-looking young man. To his friends he seemed almost too subtly intelligent, over-sensitive, forever grieved by some lack of delicacy he perceived or imagined in their response to his demanding friendship; he was continually engaged in apologetic and complicated recriminations or in waves of excessive and embarrassing gratitude. In the fashionable salons his flowery speech and elaborate manner, his keen sense of the comic and gift for mimicry, his slight eccentricity in dress, the flowers, extravagant gifts, and effusive letters with which he showered his hostesses and friends—all these things made him a fabulous figure who could scarcely be considered a

---

[3] In France Plato's dialogue which is known in English as the *Symposium* is called *Le Banquet.*

serious artist by those who knew him or who were acquainted with his way of life.

Proust's world was limited to the solidly established "grande bourgeoisie" to which he belonged by birth and to the aristocratic Faubourg Saint-Germain which he found surprisingly easy to conquer. Though French society was gradually changing at the turn of the century, there were few signs of the violent transformation which the First World War was to bring about. Proust's wealthy and aristocratic world was intent on prolonging the hierarchy of the past. Absorbed in its pleasures, its protocol, its carefully-maintained ritual of manners and etiquette, it kept the problems of everyday living at a respectful distance, thanks to well-trained domestics and an exacting program of social functions. Proust spent the greater part of his active life in this world. At first flattered by admission into what he had imagined to be a charmed circle, he soon became an ironic observer of the elaborate social comedy in which he had ceased to believe but which—until chronic illness made withdrawal necessary—he was unable to abandon or to replace by a more authentic life.

During these years of social conquests and literary beginnings, Proust continued to live with his parents. Aside from his health, his principal concern seems to have been over two problems, both of which gave him a feeling of guilt toward his adored mother. One of these problems was his failure to make any visible progress in his chosen vocation as a writer. His mother looked on with grief as her son apparently wasted his life in the frivolous but absorbing ritual of fashionable society. For Marcel himself, long unable or unready to begin the great work which he sometimes felt was growing within him, this grief was a constant reproach. The other, more serious problem, was the young man's effort to conceal, from his parents and friends, the homosexual inclinations which he was forced to recognize within himself. Doubtless the steady deterioration in his health after 1896 and the long periods of physical inertia which began to affect him were due in part to the emotional tension under which he lived with this guilty secret. For a long time he had felt that he was charged with the duty of creating a great work of art, and sometimes he had at least fragmentary intuitions of the form which the work might take. But the drama of his intimate life kept him from beginning his book as long as his respected father and beloved mother were there to be his first readers.

At the end of 1903, Proust's father died suddenly, and two years later his mother died after a painful illness. Alone now for the first time in his life, Proust was inconsolable after his mother's death. His distress was deepened by remorse at not having fulfilled his mother's hopes by publishing some important work before her death.

His mother's death marked a major turning point for Proust. A year later, in 1906, he moved to a smaller apartment where he was to live until 1919 and where he was to write the greater part of his novel. From then on, with occasional brief respites, he lived in the close, stuffy atmosphere of his cork-lined room, wrapped in layers of shawls and blankets, attended by a faithful servant, surrounded by medicines and vaporizers and the growing piles of his manuscript. Now and then after elaborate planning and lengthy exchange of letters, he would emerge from this room late at night to give a dinner at the Ritz or to call on friends. His appearance became progressively stranger, his dress more eccentric; soon he became an almost complete recluse. Behind the barricades he had set up, however, he led a rather complicated emotional life as well as an intense, demanding creative life.

From this time on, Proust's biography becomes more and more the history of the composition and publication of his great novel. By 1908 he appears to have begun working seriously on the project, but it was not until the spring of 1909 that, thanks to a sudden illumination, he had a clear conception of the work which was to become *A la Recherche du temps perdu*. Progress now became so rapid that in August of the same year he was able to tell a friend: "I have just begun—and finished—a whole long book." What he actually meant was that he had written the first and last chapters of his novel—the long sections in between remained to be written.

By the spring of 1912 the whole novel, as originally conceived, was ready, and Proust had begun to look for a publisher. Several firms, including the young but already distinguished Nouvelle Revue Française guided by André Gide, refused the manuscript; finally Bernard Grasset agreed to publish the work at the author's expense. Proust had wanted to bring out his entire novel in a single large volume. It had already assumed such proportions, however, through revisions and additions, that the publisher persuaded him to accept division into three volumes: *Du Côté de chez Swann, Le Côté de Guermantes,* and *Le Temps retrouvé,* with *A la Recherche du temps perdu* as the inclusive general title.

The appearance of *Du Côté de chez Swann* in November 1913 attracted little attention from critics or the public, despite a few flattering articles by personal friends of the author. The Nouvelle Revue Française group, however, recognized that their previous rejection of the manuscript had been—in Gide's words—"la plus grave erreur de la N. R. F.," and asked for the privilege of publishing the remaining volumes. But the war delayed further publication for five years.

These five years brought Proust little but sorrow. He was disappointed because his book met indifference, though he realized that it could not really be understood until the remaining volumes appeared. He suffered deep grief over the death in an airplane crash of his young chauffeur and protégé Alfred Agostinelli, the person whom, with his mother and father, he loved most. He felt regret at the loss during the war of many of his friends, melancholy at the transformation and disintegration of the world in which he had grown up. Morbid concern over his health was heightened now by the fear that death might come before he had completed the novel which more and more appeared to him as his sole means of redemption for a wasted and secretly guilty life. The sense of a duty to be fulfilled nevertheless made these unhappy years a period of intense creative activity, during which Proust worked obstinately at his manuscript, expanding and enriching the unpublished sections, pouring into the transfigured world of his novel the deepened apprehension of life which came from his own bitter experience.

In the nine years between the publication of *Du Côté de chez Swann* and his death, Proust added about 2500 pages to the unpublished volumes of his novel, making the total work a little over 4000 manuscript pages instead of the original 1500. As the work expanded, additional divisions became necessary, so that the final draft has seven parts instead of three.

After the Armistice in 1918, the Nouvelle Revue Française was finally able to bring out the second part of Proust's novel, under the title *A l'Ombre des jeunes filles en fleurs*. The author was no longer unknown, for during the war years *Du Côté de chez Swann* had gradually acquired an ever-widening circle of readers and admirers. In December 1919 *A l'Ombre des jeunes filles en fleurs* received the coveted Prix Goncourt and fame came rapidly to the great writer who had been so slow to attain and to reveal his true stature. For a few months Proust took real pleasure in the renewed social and literary activity into which his celebrity plunged him. But the state of his health was precarious, his work still unfinished, his redemption not yet accomplished. He withdrew then almost completely from the world and worked feverishly, during the three remaining years of his life, on the manuscript and proofs of the rest of his novel. Two more parts, *Le Côté de Guermantes* and *Sodome et Gomorrhe,* appeared in 1920-1922. Proust died on November 18, 1922, without having been able to put the finishing touches to the cluttered manuscripts or revise the proof sheets of the last three parts. His brother and his publishers, however, completed the task of deciphering the almost illegible manuscripts, and these final sections appeared posthumously: *La Prisonnière* in 1923, *Albertine disparue* in 1925, and *Le Temps retrouvé* in 1927.

* * *

The history of the composition and publication of *A la Recherche du temps perdu* poses the crucial problem of this work's "architecture" and its unity. Critics who attempted to analyze the work before the last volumes appeared often failed, understandably enough, to perceive any organic or formal unity at all, and sometimes regarded it as a book of memoirs rather than a novel. Some later critics, knowing that the book almost tripled in length between 1913 and 1922, have insisted that this expansion upset its order and basic structure, destroying whatever unity it may have had in its original form. Proust, however, always insisted that his book was carefully, even rigorously, composed, but added that its unity did not fully emerge until the last chapter of *Le Temps retrouvé*.

Close scrutiny of the complete work shows that Proust was right. Unlike Balzac's *Comédie humaine* or Zola's *Rougon-Macquart,* Proust's vast work is not a series of separate stories loosely held together by a general title, by sociological or pseudo-scientific preoccupations, or merely by the fact that they were produced by the same mind and sensibility in a certain time and place. *A la Recherche du temps perdu* is a single novel. Its form is completely different from the tightly organized form of neo-classic genres, which might be compared to a machine in which every part must be in place and no additions are possible. Proust's book is much more like a living organism, such as a tree; like a tree, it could continue to grow indefinitely but always in accord with its inherent possibilities. The specific form which it achieved does not, of course, correspond to any model of perfection determined in advance. But *A la Recherche du temps perdu* offers striking confirmation of Percy Lubbock's assertion: "The best form is that which makes the most of its subject— there is no other definition of the meaning of form in fiction."

Combray, by the story it tells and by its general movement and design, gives a prefiguration of the architecture of the novel as a whole and establishes the basis for its unity in the consciousness of the narrator. When the book opens, this narrator—now a middle-aged man—is meditating on his experience. He is concerned above all with those moments when, in the penumbra between sleep and waking, he catches faint glimpses of a world within himself, a world of shadowy outlines which disappears in the full light of consciousness. This world which he holds around him "en cercle" is his life as he has really lived it in his total being. Beneath or beyond that life, he dimly makes out the contours of some timeless world of essences, which seems more truly "real" than anything else in his experience.

In those confused moments of awakening in the darkness, the narrator recalls sometimes one room, sometimes another, from different stages of his past life: at his great aunt's house in Combray, at the Grand Hôtel in Balbec, in his parents' apartment in Paris, at the hotel or military quarters in Doncières, in Venice, or at Tansonville where he had stayed as guest of Madame de Saint-Loup. These places reappear to set the stage in different sections of the novel, giving it its "spatial form." In the opening pages, however, the narrator is drawn irresistibly toward his childhood in the village of Combray, from which only one scene, always the same, comes back with a fullness and vividness that conquer time itself. This scene, "le drame du coucher," is re-created in passages of poignant beauty. It is but the prelude, however, to a still more significant experience.

This second experience occurs long after the narrator has left Combray, when his childhood world, except for "le drame du coucher," seems gone forever. After coming home in Paris one afternoon, tired and depressed, he dips a cake—a "petite madeleine" —into a cup of tea. Suddenly, as he tastes it, an intense feeling of joy comes over him, a sense of liberation from all anxiety, all doubts, all misgivings about the future. Then as if by magic, the whole charmed atmosphere of his childhood in Combray arises from the depths of his memory, restored to life by the taste of the little cake, a taste eternally linked to his childhood. It is this childhood, in all its poetry, this paradise lost but now regained, that is re-created in the major part of *Combray*. At the end of this section a few pages of conclusion bring us back to the middle-aged narrator. He meditates on the prestige that the world of childhood retains in his eyes and tries to find reasons for the unique value of "time recaptured":

. . . c'est surtout comme à des gisements profonds de mon moi mental, comme aux terrains résistants sur lesquels je m'appuie encore, que je dois penser au côté de Méséglise et au côté de Guermantes. C'est parce que je croyais aux choses, aux êtres, tandis que je les parcourais, que les choses, les êtres qu'ils m'ont fait connaître sont les seuls que je prenne encore au sérieux, et qui me donnent encore de la joie. Soit que la foi qui crée soit tarie en moi, soit que la réalité ne se forme que dans la mémoire, les fleurs qu'on me montre aujourd'hui pour la première fois ne me semblent pas de vraies fleurs.

Combray announces the themes and establishes the structural patterns of the novel as a whole. In the first three or four pages there are suggestions of all the principal themes: childhood, memory, time, love, music, art, sleep, society, historic France. Each of these themes reappears later, sometimes alone but in a different key, sometimes combined in rich harmonic or contrapuntal developments unknown in earlier French fiction.

The man who is speaking to us at the beginning is far away, in time and place, from the world in which the child he resurrects lived and moved; we catch occasional glimpses of this sick, weary, middle-aged man as he recalls his sleepless nights or his discouragement. But through experiences of "involuntary memory" such as the one induced by the "petite madeleine," the narrator is plunged into the world of the past still intact within him, and he will progressively bring to the surface great "blocks" of this living past which his conscious mind and the deliberate effort to remember are powerless to reach. It is with these blocks that the larger edifice of the novel is constructed, according to a grand design that imposes an over-all unity on the seemingly inexhaustible material.

After *Combray,* these blocks are arranged approximately in chronological sequence, so that the novel develops as an autobiographical history of the narrator. The blocks do not form a continuous, day-by-day account; the inter-relation of all these fragments of time is established by their presence in the single consciousness of the narrator:

Tous ces souvenirs ajoutés les uns aux autres ne formaient plus qu'une masse, mais non sans qu'on ne pût distinguer entre eux—entre les plus anciens, et ceux plus récents, nés d'un parfum, puis ceux qui n'étaient que les souvenirs d'une autre personne de qui je les avais appris—sinon des fissures, des failles véritables, du moins ces veinures, ces bigarrures de coloration, qui dans certaines roches, dans certains marbres, révèlent des différences d'origine, d'âge, de "formation."

Thus without upsetting the essential order or the unity of his novel, Proust could insert new details or even whole new "blocks" of experience or fragments of time as he revised and enriched the book. There was, from the start, a basic architecture which is still clearly discernible in the completed novel. It was, however, a design that permitted indefinite expansion and enrichment, since additions could always be placed between other discontinuous "blocks." The additions could then be incorporated into the dynamic organism of the whole by the unifying matrix of the narrator's consciousness.

*   *   *

The structural design and the subsequent expansion of *A la Recherche du temps perdu* explain in part why Proust's book is not always easy to read. It cannot be read merely as a story which develops logically in time, for the concern with "plot" in this sense is slight. Besides, Proust's long sentences, filled with parentheses, and his massive paragraphs require the complete and sustained attention of the reader. As the reader attempts to grasp the intricate pattern of the narrator's meditation in the opening pages or his re-creation of the childhood world of Combray, he may at first feel that he is swamped in a welter of detail. Proust's narrator draws on a seemingly inexhaustible background of artistic, historic, even scientific culture. His sentences are involved webs of comparison and metaphor. Subtle rhythmic movements rise and fall but do not seem to advance, so that gradually all ordinary notions of time and movement become confused. Only when this process is complete can the reader fully enter into the Proustian world.

Of the myriad details which crowd in upon the reader from the start, hardly one fails to have some relation to the novel as a whole. Even the images develop and recur in ways that reveal their organic function in the work. In particular, the details which seem to appear by chance in *Combray*, like the characters and the incidents, reappear later, often several times, and take on added significance as the novel develops. Each sentence, each paragraph is dense and rich in itself and in some way illuminates the whole, particularly in *Combray*, the section of the novel in which Proust's genius reaches its height.

The key to this perfection in writing is suggested by a passage in the novel itself—a passage that might be applied to all great artists, whatever their medium:

. . . le style, pour l'écrivain aussi bien que pour le peintre, est une question non de technique, mais de vision. Il est la révélation, qui serait impossible par des moyens directs et conscients, de la différence qualitative qu'il y a dans la façon dont nous apparaît le monde, différence qui, s'il n'y avait pas l'art, resterait le secret éternel de chacun.

*   *   *

Because of its structural organization, the division of *A la Recherche du temps perdu* into volumes or parts with separate subtitles is somewhat arbitrary, the result more of the practical demands of publishers and booksellers than of inner necessity. Some of the divisions, nevertheless, correspond to significant groupings of the structural or thematic "blocks" and serve to orient the reader as he accompanies the narrator on his long journey.

The novel as a whole consists of two asymmetric parts, for which the inclusive title *A la Recherche du temps perdu,* with its implication of a quest, is completely appropriate. The first of these two parts, comprising almost the whole of the first fourteen volumes (in the fifteen-volume edition), could most fittingly be termed "Le Temps perdu"; the second part, beginning in the last pages of Volume XIV and running to the end of the novel, is accurately described by Proust's title *Le Temps retrouvé.*[4] "Le Temps perdu" consists of sections with subtitles provided by the author himself: *Du Côté de chez Swann, A l'Ombre des jeunes filles en fleurs, Le Côté de Guermantes, Sodome et Gomorrhe, La Prisonnière,* and *Albertine disparue.*[5]

Within *Du Côté de chez Swann* there are two main subdivisions, *Combray* and *Un Amour de Swann. Combray,* because of its unique construction as well as its position on the threshold of the Proustian edifice, offers an admirable introduction to *A la Recherche du temps perdu* and to the mind and sensibility of Proust. In these first pages the narrator sets the stage for all the other blocks of experience or fragments of time which constitute "Le Temps perdu." Seemingly without being fully aware of this himself, he also gives us—especially in the episodes of the "petite madeleine" and the steeples of Martinville—the germ of the revelation of "la vraie vie" and of the spiritual function of art. This revelation will not become explicit until the last chapter of *Le Temps retrouvé.*

Un Amour de Swann is the story, related in the third person, of Swann's jealous love for Odette de Crécy, the *demi-mondaine* who appears in *Combray* as "la dame en rose" at Uncle Adolphe's and, later, as Madame Swann strolling with the Baron de Charlus in the park at Tansonville. It is a kind of case history which serves to illuminate the other experiences of love and jealousy throughout the novel. Swann himself represents the kind of man the narrator might have become had he not discovered in himself a true artistic vocation. Unlike the narrator, who ultimately attains salvation through art, Swann confuses the heightened spiritual response to life that art brings him with the emotion of love. He fails, accordingly, ever to

---

[4] For practical reasons, this title was applied more loosely to Volumes XIV and XV as a unit.

[5] In addition, most of the first volume of *Le Temps retrouvé* really belongs to "Le Temps perdu."

grasp the vision of "la vraie vie" offered by great works of art. Besides, he lacks the specific talent required to "translate" his intuitions into the objective forms of creative art.

After the Swann interlude, the narrator takes up his own story again, in the first person. Following the pattern already established, he brings us successive, though discontinuous, fragments of experience. The child becomes an adolescent, then a young man, and he begins to explore the mysterious realms of his childhood desires and dreams. The stage widens as he returns with his parents from Combray to Paris, to the games played after school, in the Champs Elysées. He experiences a boyish but poignant love for Gilberte Swann, the little girl with reddish hair already glimpsed in the park at Tansonville. This love, though never fully realized, follows the same pattern as Swann's; it ends, like Swann's passion for Odette, in indifference.

Marcel then goes to the Norman seaside resort of "Balbec," where his intellectual and sentimental education is continued. He learns that places, like people, stubbornly refuse to coincide with prefigurations of the imagination. He begins to penetrate into the aristocratic circles of the Guermantes family through his introduction to Madame de Villeparisis, her charming nephew Robert de Saint-Loup, and the rather sinister Baron de Charlus. Proust gives an almost Balzacian portrayal of the Faubourg Saint-Germain, as Marcel rapidly conquers the social stronghold which, during his childhood in Combray, had seemed an unattainable, transcendent realm existing beyond the space-time world of ordinary mortals.

The young man begins also to frequent the art-conscious group of the Verdurins, whose salon—once the scene of Swann's unhappy love affair—is now becoming more brilliant as members of Madame Verdurin's "petit clan" achieve eminence in art or science. Marcel meets the writer Bergotte and the impressionist painter Elstir; he listens to music by Vinteuil, the unhappy music teacher of Combray whose greatness as a composer is not discovered until after his death.

At Balbec, the narrator had admired and finally met the band of "jeunes filles en fleurs," first seen on the beach like a lovely frieze against the sky. After a time his love for the whole group "crystallizes" around the most disconcerting of these girls, Albertine, who becomes his "prisonnière" for long months in Paris. In chapters even more penetrating than *Un Amour de Swann,* a morbid, jealous love is described, apprehended entirely from within the consciousness of the suffering, self-tortured Marcel. Albertine remains as enigmatic and elusive to the reader as she does to Marcel, because of the unique angle of vision that is maintained throughout. Eventually she slips away from her impossible lover and not long afterwards dies from a fall while horseback riding in Touraine. Marcel goes through a long period of intense suffering, still tortured by jealousy and suspicion even though the object of these passions is dead. At last he recovers; love and jealousy become as meaningless to him as they were to Swann after the latter had ceased to love Odette.

Meanwhile Marcel takes the long-anticipated trip to Venice, with his mother. He finds the real city completely unlike the city of his dreams, just as he had always found material reality incommensurable with the creations of his imagination. Soon he returns from this discouraging attempt to realize his dreams in space. Even Combray, he discovers on another visit about this time, is a village as banal and disenchanted as any other.

Marcel's illness becomes more serious, compelling him to leave Paris and spend many years in a private sanatorium. He returns briefly, at the beginning of the war in 1914, for his army medical examination, but is sent back to the sanatorium, where he remains until it closes in 1916. After a short stay in the wartime Paris of 1916, he goes away to another sanatorium, where he remains "un long temps"—doubtless a number of years—before he comes back at last, still uncured, to the vastly changed postwar Paris of the final chapter of *Le Temps retrouvé*.

The deliberately indefinite interval which stretches between the chapters describing the narrator's experiences in wartime Paris and his return years later to a transformed world is a kind of "temps mort" between the two asymmetric parts of the novel, between "Le Temps perdu" and *Le Temps retrouvé*. It sets the stage for the revelation which comes to the narrator at the beginning of the last chapter.

*   *   *

Marcel's narrative covers thirty or forty years of a life which, on the surface, appears to be merely an existence of idleness and vain pleasures in a wealthy and frivolous society. The narrator is pressed by no outside responsibilities; he lives in a state of apparent futility, going from dinners to concerts, to innumerable social gatherings varying only in their degree of elegance. His individual peculiarities flower in this soil of wealth, material luxury, and leisure. Delicate, high-strung, sensitive to the slightest variations of the atmosphere, whether climatic or emotional, Marcel is surrounded by the anxious, over-attentive love of his family, especially his mother and grandmother. He enjoys also the grumbling devotion of the faithful servant Françoise, forever at his beck and call. From childhood on, he lives in a state of vague aspiration and expectancy, of revery and inertia, filling up the passing hours of his life with the pursuit of love, social prestige, or art. Almost from the beginning, his rather obscure and vacillating dream is to become a writer, but in the slow evolution of his seemingly wasted life he continually puts off the moment when he must set to work to accomplish this dream; up to the end he cannot grasp the subject and the form of the literary work which, nevertheless, he has never quite put out of his mind.

Marcel is growing old, though he scarcely realizes it. His childhood dreams of love, friendship, social brilliance have led only to disillusionment, as the disparity between imagination and material reality has become more and more obvious. Even art and nature, which occasionally seemed to offer something deeper, more essential, more permanent, begin now to appear as mere disappointing illusions. There seems to be no recourse but retreat into solitude and silence. At the end of "Le Temps perdu," Marcel withdraws into the seclusion of the sanatorium, remote from the world—into solitude and silence so complete, so hopeless, that we are given no particulars whatever about the place or about the years spent there.

* * *

This silence is not final because after "Le Temps perdu" comes *Le Temps retrouvé*. The account of "Le Temps perdu" that has just been given describes only one dimension of Proust's novel; it has followed the thin but resilient thread which leads us through the maze of the story to its conclusion in *Le Temps retrouvé*. From the opening pages of *Combray* on, there is another dimension to the book, just as there was another dimension to the life of the child in his little village with its two paths, "du côté de chez Swann" and "du côté de Guermantes." This other dimension in his experience is what gradually transforms the eager child into the discouraged and disillusioned man who disappears into the sanatorium; it opens the way in the end toward redemption and the accomplishment of his quest.

Present in the child is a substratum, not perceived by him, which comes to the surface in moments of joy or anguish that seem far too intense to be explained by their apparent causes. Marcel's joy at the beauty of hawthorns in bloom or at a view of the steeples of Martin-ville is accompanied by a strong sense of the mystery of these familiar things. His joy seems to lead beyond the realm of common-sense reality where flowers and steeples are taken for granted; it arouses in him a longing to penetrate and express their mystery. At other moments an obscure feeling of anguish wells up inside the child, especially at nightfall when the hour of going to bed approaches. This anguish thrusts him out of his childhood paradise of joy and security and reveals, at least to the reader, an inner tension caused by Marcel's almost metaphysical need for total presence and possession. This sense of the mysterious and beautiful quality of a world beyond appearance, this need for absolute possession of some reality outside himself, will act first as a force of destruction, gradually transforming Marcel's life into frustration and tragedy, before it at last brings him fulfillment and the apprehension of "la vraie vie."

The child, carefully brought up in Combray by a family that never questions the validity of traditional standards and beliefs, starts with the implicit faith that there are permanent and universal criteria by which one can distinguish the good from the bad, the true from the false, the beautiful from the ugly. These notions belong, for him, to the objective reality to which they refer, and he confidently seeks the beautiful, the good, and the true outside himself, as absolutes which meet his standards. He tries to apply these abstract concepts to all the categories of his experience—social, moral, aesthetic; in each domain he feels that what is good must also be both beautiful and true. All his relations with the world outside, with other people, seem to him pre-established, necessary, and in harmony. He believes implicitly that objective reality must always coincide with the words used to qualify it.

To give content to these abstract notions, the child—and later the adolescent or the young man—draws on his narrow experience.

Beauty is manifest in the world of the magic lantern slides of his childhood, in the stained glass windows in the church at Combray or the steeples of Saint-Hilaire and Martinville, in *François le Champi* or the works of Bergotte, in the prints he puts up on the walls of his room, in the places—Balbec or Venice—which he imagines largely from the sound of their names. He eagerly awaits the opportunity to verify the objective existence of the realities which he is sure these things denote. Thus he tries to see in the Duchesse de Guermantes, as she appears in the church of Combray, a reflection of Geneviève de Brabant, and a quality of feudal greatness inherited from the long historic past of France. At Balbec he tries to find the image of the rugged seacoast and ancient church formed from the descriptions of Legrandin and Swann and the writings of Bergotte. He constantly projects on people and places, as yet unseen, romantic colors lent by imagination. Each time the result is the same: the real person, the real place, has nothing in common with what he had imagined. At his approach, people and places that had been charged by his imagination with mystery and wonder, turn into ordinary people no different from the familiar figures he had known in Combray or ordinary places, with streets and buildings that are prosaic and banal.

Even love, which to his youthful imagination seemed to offer the most enchanting prospect of all, fares no better once Marcel seeks to capture its essence. Drawn first toward Gilberte, he becomes conscious of the complex, constantly shifting tides of emotion within himself. His hopes, his emotions, his actions never achieve harmony in his own being; how then could they ever coincide with those of Gilberte? Soon his "amour de tête" for the Duchesse de Guermantes reveals the same irreducible separation. His failure to find happiness in his love for Albertine—described from within in almost unbearable intensity—is more decisive still, since, compared with his "vaste amour" for this elusive figure, all his other loves were merely "de minces et timides essais."

The narrator who knew the story of Swann's love for Odette observes in others the strange, often grotesque, forms the pursuit of love takes, in all its varieties, normal or abnormal, such as the homosexual passion of Mademoiselle Vinteuil or of the Baron de Charlus. These experiences, outwardly different as they are, coincide in convincing the narrator that love in all its forms is merely a subjective illusion. Love is the projection outside the lover of his impossible desire for a kind of unity that remains forever unattainable, since this unity implies the perfect synchronization of two ever-changing individual selves. It is the yearning for a kind of "spiritual osmosis" which, paradoxically, would destroy love if it could be attained, because—for the narrator at least—the very existence of love requires "le maximum d'écart entre une femme aperçue et une femme approchée, caressée."

Within himself, Marcel can distinguish nothing but constant flux, a proliferation of moods which create desires and sometimes actions, only to give place to others which, in turn, soon disappear. Slowly his entire universe is penetrated by the notion of relativity and impermanence—relativity in all his impressions of the outer world which eludes his grasp; impermanence in the inner world of sensations, feelings, and moods. He has come to believe that he will never actually penetrate the mystery of anything outside himself, since his impressions of the world vary continually with his mood and with circumstances. Sleep, illness, emotion, imagination, and alcohol play endless tricks with his perceptions; such contingencies as a conversation, the degree of his attention, the presence or absence of a friend, can change his impressions radically, revealing the instability and subjectivity of his grasp of external reality.

In the pitiless light of intellectual examination the world now takes on a new aspect. The narrator has come to discern, in all his experience, recurring complexes of feeling, of attitudes and behavior; they are determined by modes of sensibility, of being, which follow definite patterns. For him these patterns were set in the childhood world of Combray. His social life is essentially the exploration of the "circle" in which he was born: the circle of the Swanns, the Guermantes, the Vinteuils, and Legrandin, who gravitated around Combray. His sentimental life prolongs and repeats his boyish love for Gilberte, itself latent in the child's anxious love for his mother. Even his personality now reveals traits previously observed in his parents, his grandmother, his Aunt Léonie, or his uncle.

Marcel begins to see the emergence of such patterns in others; he notes the mechanical element in the gestures and speech of the various Guermantes, in the evolution of the Verdurin "petit clan" as it ascends to social prominence, in the changing personalities of his acquaintances and friends. The individual seems to him merely an empty form through which these mechanisms function, implacably, just as they do on the cosmic level or in the smallest material details. Life then must be nothing but a senseless mechanism.

His childhood world of Combray now seems to lie in ruins. Even the words in which he had formerly put implicit faith are apparently empty of content. Combray is not the enchanted realm it had once appeared to be. There are not two opposing "côtés" in the village, opening paths toward unknown regions of infinite mystery. It is possible to go in a *circle* from Guermantes to Méséglise, which lies at the end of the path that leads to Swann's estate, Tansonville. The world of Combray, even in a purely spatial sense, is a closed circle. Symbolically, the narrator's experience seems to indicate that he lives in a circumscribed world, narrow as the stage of a puppet show, himself a puppet among the others.

Yet throughout the narrator's life runs a series of experiences which cast doubt on the finality of these pessimistic conclusions. In their simplest form, these experiences are moments of intense and inexplicable joy which now and then accompany sensations produced by nature or art. Once, at Combray, at one of these moments the adolescent found expression in exuberant shouts and the brandishing of an umbrella. On another occasion, he "translated" into written words the intense impression produced by the steeples of Martinville and Vieuxvicq seen from a moving carriage. This first attempt at artistic creation brought Marcel great satisfaction, but was later dismissed by a practical-minded friend of his father's as too insignificant to be considered literature.

Other experiences, more complex and moving, occur as behind Marcel there begins to stretch a "past." At the death of his grandmother, the young man is caught up in the social ritual that accompanies death in the world of the well-to-do; he is shocked to find that his loss brings him no deep grief, that the word *love* apparently describes a convention devoid of any real meaning. Much later, however, during another visit to Balbec where his grandmother had accompanied him the first time, Marcel bends over to remove his shoes and is suddenly overwhelmed by the feeling that she is present. His simple action has recalled from the past, in its plenitude, a moment when the same gesture had taken place in his grandmother's presence. In that instant he feels within him all his love for her; it has been there all along, real, permanent, but smothered by habit and routine. Now it rises to the surface, in a sudden rush of tears and grief because the object of this love, he realizes for the first time, is gone forever. Love and sorrow are once more, if only briefly, words filled with specific content rather than abstract, conventional signs.

Another such experience is the episode of "la petite madeleine" in *Combray,* which is of capital importance in the life of the narrator and in the structural design of the novel as a whole. Now and then, in the other volumes of "Le Temps perdu," a few more such experiences occur. Despite their material differences, they are identical in their intrinsic quality, a quality which seems to Marcel present also in the last musical compositions of Vinteuil, especially the Septet. In them all, he can discern a common pattern: a sensation, a feeling of acute joy, the disappearance of fatigue and discouragement, the sense of a mysterious presence; then, swiftly rising from the depths within his being, a moment of his past, long since forgotten, but now once more miraculously alive, vivid, rich in emotion, strangely beautiful.

But despite his vague feeling that these experiences, if they could only be fully understood, might offer the true answer to his quest— the key to the meaning of life and the world—the narrator never stops to explore the underlying causes of the unalloyed happiness common to the individual incidents. He continues to pursue elsewhere—in society or love—his quest for a significance which constantly eludes him. As he grows older, these experiences occur less and less frequently; at the end of "Le Temps perdu," when he gazes out of a train window at the play of light and shadow on a row of poplar trees and feels no pleasure at all, he is convinced that the lingering death of his youthful illusions is now accomplished. He has come to a dead end, a blank wall: social success, friendship, love, nature, even art, are only "divertissement" in the Pascalian sense, mere excuses for self-delusion. On the surface, at least, Marcel's quest is ended: it has ended in nihilism, in a kind of spiritual death.

*   *   *

This spiritual death is symbolized in the novel by the narrator's retirement into the solitude and silence of the sanatorium. When he comes back to Paris some years after the war, he expects nothing, desires nothing. He finds at his apartment an invitation to a *matinée* at the Princesse de Guermantes'. An echo from the past, when Guermantes was a magic name for the child in Combray, makes him decide to go—especially since there seems no reason now to forego the pleasures of society, such as they are. Almost mechanically he starts off, driving along the streets he had often followed in his youth; he goes past the houses of old friends and places associated with different moments of his life, along the Champs Elysées where he had played with Gilberte or strolled with Albertine. These streets are badly paved, but Marcel suddenly feels that he is rolling on park lanes of velvety smoothness:

. . . matériellement il n'en était rien, mais je sentais tout à coup la supression des obstacles extérieurs comme s'il n'y avait plus eu pour moi d'effort d'adaptation ou d'attention tels que nous en faisons, même sans nous en rendre compte, devant les choses nouvelles. . . . Le sol de luimême savait où il devait aller; sa résistance était vaincue. Et comme un aviateur qui a jusque-là péniblement roulé à terre, "décolle" brusquement, je m'élevais lentement vers les hauteurs silencieuses du souvenir.

An undercurrent of excitement comes into the narrator's words, a strangely vital tone caused by the tension between the literal statements and the inarticulate feeling that "something is in the air." This feeling becomes explicit just before the narrator reaches the house of the Prince de Guermantes:

Mais c'est quelquefois au moment où tout nous semble perdu que l'avertissement arrive qui peut nous sauver: on a frappé à toutes les portes qui ne donnent sur rien, et la seule par où on peut entrer et qu'on aurait cherchée en vain pendant cent ans, on y heurte sans le savoir et elle s'ouvre.

The miracle now occurs: four or five times in quick succession the narrator knocks by chance on a door which opens instantly into a reality living within him, and at last he grasps the meaning of such experiences.

As he walks across the courtyard at the Guermantes', Marcel stumbles slightly on two uneven paving stones. He is suddenly overwhelmed with a sense of perfect felicity, such as he had felt when he had tasted the "petite madeleine" and at other rare intervals during his life. All discouragement vanishes, all anxiety about the future, all intellectual doubts. He is intent now on penetrating the meaning of this precious experience, which has the same intrinsic quality as all the others, in spite of the material differences in the images evoked. This time he has an impression of deep azure blue, coolness, and dazzling light. Then he recognizes Venice—not the Venice of his conscious recollections, but the Venice apprehended by his total being, preserved intact within him, and only brought to the surface by the accidental coincidence of two sensations—the present sensation and one from the past, when he had stumbled on the uneven flagstones of the Baptistery of Saint Mark's.

Determined this time not to give up without finding an explanation, which he feels will bring him to the end of his lifelong quest, Marcel enters the house. As he goes into a small library to wait until the music ends, the clink of a spoon against a plate, similar to a sound he had heard as he looked out of the train window at a row of trees, brings him the essential beauty that he had been unable to grasp the day before. Then he takes a glass of orangeade and a napkin from a waiter; as the starched napkin touches his lips, another azure vision passes before his eyes, pure and saline, accompanied by the same feeling of utter felicity. This is Balbec, brought back by a sensation like the one Marcel had experienced the day of his first arrival there as he stood before the window, but now it is free from the fatigue and sadness which at that time had inhibited his joy.

With increasing fervor, the narrator meditates on the successive flashes of joy which have called him, like Lazarus, out of the tomb of spiritual death. He begins to divine the cause of the marvelous release which these moments bring him. Then, as if fate had determined that day to end his discouragement forever, and to restore his faith in his literary vocation, two more flashes of intuition occur before Marcel leaves the little library and goes into the rooms where the other guests are gathered. The strident sound of water in a pipe, recalling the sirens of pleasure boats off the shore at nightfall, brings to life still another forgotten aspect of Balbec. Finally a copy of *François le Champi*, idly drawn from a library shelf, brings to the narrator sudden pain and a rush of tears. It momentarily restores the evening in Combray when his anguish was so desperate that his mother had to spend the night in his room, reading *François le Champi* aloud to him until he fell asleep.

As he meditates on this dramatic series of experiences, Marcel discovers why they have given him each time "une joie pareille à une certitude et suffisante sans autres preuves à lui rendre la mort indifférente." All his previous doubts about the reality of his literary vocation or the value of art itself are gone; he now grasps the true nature and function of art and begins to plan the book in which he will endeavor to interpret and communicate his unique vision of the world.

Art, in all its forms, had always been for Marcel a source of joy and of mystery. The magic lantern slides, the prints on his wall, and the stained glass windows in Combray were the major elements through which he had as a child created his imaginary world, the world which never coincided with external reality. He had known three great artists: Vinteuil, the composer; Elstir, the painter; and Bergotte, the writer. Each of these three men differed from the others in almost every respect; yet the effect of their works on Marcel had been similar. At many points in the long novel, Marcel had meditated on the problem of the relationship of the work of art to its creator and above all on the complex nature of art. Art is a kind of paradox: it transcends time, yet it bears the unmistakable stamp of its time; it is accessible to all human beings, yet each work of art is unique.

The last pages of *Le Temps retrouvé* contain the climax of the narrator's spiritual adventure as, in his long meditation, he finally apprehends the meaning of life, of his own life. The vision of the world he has discovered deep within himself reveals to Marcel that there exists within him a spiritual being that transcends time and matter. It is now his task to transmit this discovery to others through the book that he feels compelled to write. That was the sense of the quest which had begun in his childhood and which now at last, after years of bitter discouragement, ends in a sense of victory. His discovery makes clear for him the true aim and function of all art; it gives art a meaning and a value that place it above all other human activities, and which make it the highest expression of life itself. Marcel's long meditation as he waits in the Guermantes' library thus contains an aesthetic based upon a metaphysical intuition. This aesthetic illuminates the whole novel, bringing out its unity and giving it its full meaning.

* * *

After his meditation on the dramatic series of experiences which revealed to him that the past is not "lost" but has become the reality within him, Marcel finally steps into the crowded reception rooms at the Guermantes'. He is instantly plunged into another drama, of a different nature, which complements the inner revelation and brings home to him the urgency of the task that awaits him.

Most of the people he had known before his withdrawal from society, except those now dead, are gathered together at this fashionable reception. They seem, however, to be disguised for a strange kind of masquerade, with white beards or powdered hair, swollen or emaciated faces, tottering movements, quavering voices. Only because, like puppets on strings, they repeat the same gestures and play their old parts, does Marcel finally recognize, in these figures ravaged by time, the Duchesse de Guermantes, Odette, Gilberte, Bloch, and all the others he had known in his youth.

Now for the first time, the narrator sees clearly the hands that pull the strings for the puppet show of life. As a child he had thought that there existed a stable world of things and people which one discovered and which answered to universal criteria of beauty and truth. Later he thought of the world as a kaleidoscope, ever-changing in aspect but permanent in its elements; individual lives had seemed to follow pre-assigned patterns. Then suddenly he had experienced the presence, within himself, of a durable reality, total, unique, indivisible, in which the passage of time had no rôle other than creative. Finally he observes, stamped in the very flesh of the guests at the reception, the basic unifying pattern which he had not yet formulated. These people are *old,* they have *changed.* They carry with them no novelty, no surprise, but as they go along their preordained route, they move, not in a closed circle, but along a trajectory toward death.

Death is present among them, within them; it is merely a matter of Time. The fragile aspect of the salons, the flowers, the colors of the women's dresses, the quality of light—these are creations of Time, of an instant in Time. So are human beings continually belabored by the same tireless, implacable worker, until they too disappear in an instant. Through this dramatic vision of friends and acquaintances on whom the impress of Time is so heavy, the narrator grasps at last the full implications of the human condition. Within himself he knows there exists an enduring, unique consciousness, spiritual in quality, which manifests its presence by ordering his experience of the world in a timeless, inner structure: a *creation*. But this creation—a witness to the timeless, spiritual force within him— will be swept away by death with his body unless he can first give it a form secure from the inroads of Time.

Only the work of art seems to Marcel to have the power of seizing and communicating this unique inner reality—art is "le seul moyen de retrouver le Temps perdu." That is because the reality discovered has two essential characteristics: it exists only in all the sensuous plenitude of that moment in time when it was perceived through the senses, and it can be transmitted only in that plenitude. Abstract description or analysis would destroy precisely that which marks it as authentic: its material aspect bearing the stamp of time. The work of art, however, whatever the medium—painting, music, literature— "translates" the inner vision into forms which others may apprehend:

> Par l'art seulement, nous pouvons sortir de nous, savoir ce que voit un autre de cet univers qui n'est pas le même que le nôtre et dont les paysages nous seraient restés aussi inconnus que ceux qu'il peut y avoir dans la lune. Grâce à l'art, au lieu de voir un seul monde, le nôtre, nous le voyons se multiplier, et autant qu'il y a d'artistes originaux, autant nous avons de mondes à notre disposition, plus différents les uns des autres que ceux qui roulent dans l'infini, et qui bien des siècles après qu'est éteint le foyer dont ils émanaient, qu'il s'appelât Rembrandt ou Ver Meer, nous envoient leur rayon spécial.

Proust leaves his narrator at the moment when there lies before him a task as arduous as has been his quest, but he does not leave before the narrator has explored the aesthetic problems which he must resolve for his book—problems which, at that point, have already been resolved in Proust's conclusion. The narrator realizes that,

> La grandeur de l'art véritable . . . c'était de retrouver, de ressaisir, de nous faire connaître cette réalité loin de laquelle nous vivons, de laquelle

nous nous écartons de plus en plus au fur et à mesure que prend plus
d'épaisseur et d'imperméabilité la connaissance conventionnelle que nous
lui substituons, cette réalité que nous risquerions fort de mourir sans
l'avoir connue, et qui est tout simplement notre vie, la vraie vie, la vie
enfin découverte et éclaircie, la seule vie, par conséquent, réellement
vécue, cette vie qui, en un sens, habite à chaque instant chez tous les
hommes aussi bien que chez l'artiste. Mais ils ne la voient pas, parce
qu'ils ne cherchent pas à l'éclaircir.

The work of art will therefore be the "elucidation" of that reality,
not merely a transcription of it. The narrator distinguishes clearly
two levels, or two aspects of life: on the one hand, extra-temporal
reality, the source of beauty and joy; on the other hand, the reality
of time, "dans lequel baignent et s'altèrent les hommes, les sociétés,
les nations," and whose action is destructive and deadly. "De sorte
que ce que l'être par trois et quatre fois ressuscité en moi venait de
goûter, c'était peut-être bien des fragments d'existence soustraits au
temps, mais cette contemplation, quoique d'éternité, était fugitive";
for, continues the narrator, "je découvrais cette action destructrice
du Temps au moment même où je voulais entreprendre de rendre
claires, d'intellectualiser dans une œuvre d'art, des réalités extra-
temporelles." The work of art must contain both of these aspects of
time: the creative and the destructive. It will, of course, not resolve
the problem of their co-existence, except relatively for the artist—
relatively for him since in its turn the work of art may disappear.
But it will state the problem, presenting the mysterious Janus-like
reality which Marcel as a child had known instinctively and which
the man rediscovers only at the end of his quest: the beauty of life,
the anguish of death.

In the work of literature for which he now feels prepared, the narrator knows that he must preserve the poetic quality of his inner
vision and also give an authentic rendering of the changing aspects
of the world in time: the faces, the clothes, the gestures, habits, and
events—all as specific as they are transient, specific *because* they are
transient. And through it all he must reveal the slow movement of
a mind which only at the end becomes conscious of its own direction
and its "durée" within a precise historic fragment of time. Through
the narrator's meditations on this problem, Proust actually describes

the form and substance of *A la Recherche du temps perdu,* the great
novel that is drawing to a close just as the narrator is preparing to
begin *his* book.

*   *   *

The "je" who speaks throughout the novel is not Proust. Though
many parallels between Proust's life and that of his narrator can be
noted, the narrator is nevertheless a fictional character in a fictional
world. On the other hand, it is true that through the narrator, as
through the other elements of his novel, Proust communicates the
essential part of his own total experience of life. Though it is the
narrator who speaks of his discovery as he meditates on art in *Le
Temps retrouvé,* there can be no doubt that Proust shared his views:

. . . je compris que tous ces matériaux de l'œuvre littéraire, c'était ma
vie passée; je compris qu'ils étaient venus à moi, dans les plaisirs frivoles,
dans la paresse, dans la tendresse, dans la douleur emmagasinée par moi,
sans que je devinasse plus leur destination, leur survivance même, que la
graine mettant en réserve tous les aliments qui nourriront la plante.
Comme la graine, je pourrais mourir quand la plante se serait développée,
et je me trouvais avoir vécu pour elle sans le savoir, sans que jamais ma
vie me parût devoir entrer jamais en contact avec ces livres que j'aurais
voulu écrire et pour lesquels, quand je me mettais autrefois à ma table,
je ne trouvais pas de sujet. Ainsi toute ma vie jusqu'à ce jour aurait pu
et n'aurait pas pu être résumée sous ce titre: Une vocation. Elle ne
l'aurait pas pu en ce sens que la littérature n'avait joué aucun rôle dans
ma vie. Elle l'aurait pu en ce que cette vie, les souvenirs de ses tristesses,
de ses joies, formaient une réserve pareille à cet albumen qui est logé
dans l'ovule des plantes et dans lequel celui-ci puise sa nourriture pour se
transformer en graine, en ce temps où on ignore encore que l'embryon
d'une plante se développe, lequel est pourtant le lieu de phénomènes
chimiques et respiratoires secrets mais très actifs. Ainsi ma vie était-elle
en rapport avec ce qui amènerait sa maturation. Et ceux qui se nourrirai-
ent ensuite d'elle ignoreraient ce qui aurait été fait pour leur nourriture,
comme ignorent ceux qui mangent les graines alimentaires que les riches
substances qu'elles contiennent ont d'abord nourri la graine et permis sa
maturation.

From the very beginning of Proust's novel, the "je" of the narrator
is presented in a double perspective. He is, first, the weary, middle-

aged man of the opening pages of *Combray;* the man who, at another moment in his middle years, dipped his "petite madeleine" in the cup of tea. He is also the child in Combray, whose world Proust re-creates and whose life we follow through the successive disillusionments of adolescence, young manhood, and middle age, to the revelation at the end of *Le Temps retrouvé.* This double perspective which Proust sustains throughout his book enables him to apprehend his narrator's experience from within, as it is lived in time, and simultaneously to explore and evaluate this experience and elucidate its meaning.

A la Recherche du temps perdu is significant exactly as the narrator's life is significant: only when grasped in its totality. Its significance is not in the odyssey of the narrator alone, but in the relation of that odyssey to the essential reality which the narrator has to rediscover after the magic years of his childhood in Combray are gone. This reality—whose authentic sign is extraordinary joy and beauty —is simply the joy and beauty of life in all its moments, "la vraie vie" as it is lived by one's total being.

It has sometimes been said that *A la Recherche du temps perdu* destroys all the values in life; that it proposes art as a refuge from life. Nothing could be further from the truth. Art is significant for Proust precisely because it restores what is real in life: life's all-sufficient beauty and essential value. Between that beauty and ourselves, we put up every kind of screen; like Proust's narrator, we practice every kind of evasion. Art pulls down these screens, calls us away from evasion and nihilism, brings us back to life.

There is no God in Proust's universe, no finality in its workings, no explanation of its mystery; but there is an assertion, startling in its austere optimism. Our living contact with the world, inexplicable though it be, is a spiritual adventure of great beauty which can bring us absolute fulfillment. That fulfillment will elude us unless we have the strength and lucidity to remove systematically and courageously everything which, within us or outside, masks life's essential quality. The quest for fulfillment becomes the quest for lucidity and truth; at the end the reward is joy—joy in the face of the dual mystery of time, joy which is the triumph of life over death, the consciousness of our spiritual, our human, integrity.

The work of art is no evasion; it is an affirmation and a social act. It asserts over and over again the value of an individual life, made manifest in a specific and relatively enduring form; it communicates that reality to all men who will attend to it, so that they may turn from their mediocre diversions to the same source of joy, discovering within themselves the unique individual beauty of their own lives.

*   *   *

In the last four paragraphs of the final volume of *A la Recherche du temps perdu,* when the narrator is wondering whether his memory still has the strength necessary to create the book he is undertaking, he thinks once again of that far-away night of his childhood in Combray, when his mother had "abdicated" in the face of his anguish and had spent the night in his room, reading *François le Champi* until he fell asleep. He recalls the little bell tinkling on the garden gate as Swann left, and despite the long chain of years and events between that night and the Guermantes' *matinée,* despite the conversations of the "masques" around him in the reception rooms, he knows that "c'était bien cette sonnette qui tintait encore en moi." After having become progressively aware of the multiplicity and inconsistency in the personality of others and even of himself, Marcel now grasps the underlying continuity in his individual being:

> Pour tâcher de l'entendre de plus près, c'est en moi-même que j'étais obligé de redescendre. C'est donc que ce tintement y était toujours, et aussi, entre lui et l'instant présent, tout ce passé indéfiniment déroulé que je ne savais pas que je portais. Quand il avait tinté j'existais déjà et, depuis, pour que j'entendisse encore ce tintement, il fallait qu'il n'y eût pas eu discontinuité, que je n'eusse pas un instant pris de repos, cessé d'exister, de penser, d'avoir conscience de moi, puisque cet instant ancien tenait encore à moi, que je pouvais encore le retrouver, retourner jusqu'à lui, rien qu'en descendant plus profondément en moi.

With this new awareness of the dimension of time, of time incorporated into his total being, Marcel grasps the central importance of his childhood world of Combray, both in his life and in the book he feels it his "duty" to write: "La date à laquelle j'entendais le bruit de la sonnette du jardin de Combray, si distant et pourtant intérieur, était un point de repère dans cette dimension énorme que je ne savais pas avoir."

* * *

At the beginning of the 1950's, Madame Mante-Proust—the novelist's niece—put at the disposal of a young scholar, Bernard de Fallois, boxes of papers which since the time of Proust's death had not been examined. From these voluminous manuscripts emerged the texts of two previously unpublished books: a novel, *Jean Santeuil* (1952), and a group of essays, *Contre Sainte-Beuve* (1954). These two unfinished works bridge the gap between *Les Plaisirs et les Jours* and *A la Recherche du temps perdu*. They show how persistently Proust worked, how seriously he probed into the problems of artistic creation. They are closely tied to his great novel, being, in a sense, first attempts which the author discarded because they failed to satisfy his exacting critical examination. "Essentially," writes Bernard de Fallois, "Proust is the man of a single book."

* * *

"In the beginning was Illiers . . . ," writes André Maurois in the concluding paragraph of his biography of Proust, "but in the end was Combray, the spiritual home of millions of readers, who are scattered today over all the continents and who tomorrow will be lined up along the centuries—in Time." This is true for Marcel Proust the man and Marcel Proust the author of *A la Recherche du temps perdu*. In the novel itself, however, Combray is both the beginning and, implicitly at least, the end, for the end is contained within the beginning. That is why *Combray* is offered here as an introduction to Proust's masterpiece—to the work which ranks with the greatest novels of our time and of all time.

PROUST'S
COMBRAY

I

LONGTEMPS, je me suis couché de bonne heure. Parfois, à peine ma bougie éteinte, mes yeux se fermaient si vite que je n'avais pas le temps de me dire: «Je m'endors.» Et, une demi-heure après, la pensée qu'il était temps de chercher le sommeil m'éveillait; je voulais poser le volume que je croyais avoir encore dans les mains et souffler ma lumière; je n'avais pas cessé en dormant de faire des réflexions sur ce que je venais de lire, mais ces réflexions avaient pris un tour un peu particulier; il me semblait que j'étais moi-même ce dont parlait l'ouvrage: une église, un quatuor, la rivalité de François Ier et de Charles-Quint.[1] Cette croyance survivait pendant quelques secondes 10 à mon réveil; elle ne choquait pas ma raison, mais pesait comme des écailles sur mes yeux et les empêchait de se rendre compte que le bougeoir n'était pas allumé. Puis elle commençait à me devenir inintelligible, comme après la métempsycose les pensées d'une existence antérieure; le sujet du livre se détachait de moi, j'étais libre de m'y appliquer ou non; aussitôt je recouvrais la vue et j'étais bien étonné de trouver autour de moi une obscurité, douce et reposante pour mes yeux, mais peut-être plus encore pour mon esprit, à qui elle apparaissait comme une chose sans cause, incompréhensible, comme une chose vraiment obscure. Je me demandais quelle heure 20

[1] **Charles Quint** Francis I (1496-1567), King of France, fought four wars against Charles V, King of Spain (1516) and Emperor of Austria (1519), to prevent the Emperor from bringing all Europe under his domination.

35

il pouvait être; j'entendais le sifflement des trains qui, plus ou moins
éloigné, comme le chant d'un oiseau dans une forêt, relevant les distances, me décrivait l'étendue de la campagne déserte où le voyageur
se hâte vers la station prochaine; et le petit chemin qu'il suit va être
gravé dans son souvenir par l'excitation qu'il doit à des lieux nouveaux, à des actes inaccoutumés, à la causerie récente et aux adieux
sous la lampe étrangère qui le suivent encore dans le silence de la
nuit, à la douceur prochaine du retour.

   J'appuyais tendrement mes joues contre les belles joues de l'oreiller
10 qui, pleines et fraîches, sont comme les joues de notre enfance. Je
frottais une allumette pour regarder ma montre. Bientôt minuit.
C'est l'instant où le malade qui a été obligé de partir en voyage et
a dû coucher dans un hôtel inconnu, réveillé par une crise, se réjouit
en apercevant sous la porte une raie de jour. Quel bonheur! c'est
déjà le matin! Dans un moment les domestiques seront levés, il
pourra sonner, on viendra lui porter secours. L'espérance d'être soulagé lui donne du courage pour souffrir. Justement il a cru entendre
des pas; les pas se rapprochent, puis s'éloignent. Et la raie de jour
qui était sous sa porte a disparu. C'est minuit; on vient d'éteindre
20 le gaz; le dernier domestique est parti et il faudra rester toute la
nuit à souffrir sans remède.

   Je me rendormais, et parfois je n'avais plus que de courts réveils
d'un instant, le temps d'entendre les craquements organiques des
boiseries, d'ouvrir les yeux pour fixer le kaléidoscope de l'obscurité,
de goûter grâce à une lueur momentanée de conscience le sommeil
où étaient plongés les meubles, la chambre, le tout dont je n'étais
qu'une petite partie et à l'insensibilité duquel je retournais vite
m'unir. Ou bien en dormant j'avais rejoint sans effort un âge à jamais
révolu de ma vie primitive, retrouvé telle de mes terreurs enfantines
30 comme celle que mon grand-oncle me tirât par mes boucles et
qu'avait dissipée le jour—date pour moi d'une ère nouvelle—où on
les avait coupées. J'avais oublié cet événement pendant mon sommeil,
j'en retrouvais le souvenir aussitôt que j'avais réussi à m'éveiller pour
échapper aux mains de mon grand-oncle, mais par mesure de précaution j'entourais complètement ma tête de mon oreiller avant de
retourner dans le monde des rêves.

   Quelquefois, comme Ève naquit d'une côte d'Adam, une femme
naissait pendant mon sommeil d'une fausse position de ma cuisse.

[Formée du plaisir que j'étais sur le point de goûter,] je m'imaginais
que c'était elle qui me l'offrait. Mon corps qui sentait dans le sien ma
propre chaleur voulait s'y rejoindre, je m'éveillais. Le reste des humains m'apparaissait comme bien lointain auprès de cette femme
que j'avais quittée, il y avait quelques moments à peine; ma joue était
chaude encore de son baiser, mon corps courbaturé[2] par le poids   *illusion*
de sa taille. Si, comme il arrivait quelquefois, elle avait les traits
d'une femme que j'avais connue dans la vie, j'allais me donner tout   *evocation*
à ce but: la retrouver, comme ceux qui partent en voyage pour voir   *les touristes*
de leurs yeux une cité désirée et s'imaginent qu'on peut goûter dans   *là heureux*
une réalité le charme du songe. Peu à peu son souvenir s'évanouissait, *pélérinage*
j'avais oublié la fille de mon rêve. → *donne, de Dieu.*

Un homme qui dort tient en cercle autour de lui le fil des heures,   *le*
l'ordre des années et des mondes. Il les consulte d'instinct en s'éveil- *dormeur*
lant, et y lit en une seconde le point de la terre qu'il occupe, le temps
qui s'est écoulé jusqu'à son réveil; mais leurs rangs peuvent se mêler,
se rompre. Que vers le matin,[3] après quelque insomnie, le sommeil
le prenne en train de lire, dans une posture trop différente de celle
où il dort habituellement, il suffit de son bras soulevé pour arrêter
et faire reculer le soleil, et à la première minute de son réveil, il ne   20
saura plus l'heure, il estimera qu'il vient à peine de se coucher. Que
s'il s'assoupit[4] dans une position encore plus déplacée et divergente,
par exemple après dîner assis dans un fauteuil, alors le bouleverse-
ment sera complet dans les mondes désorbités, le fauteuil magique
le fera voyager à toute vitesse dans le temps et dans l'espace, et au
moment d'ouvrir les paupières, il se croira couché quelques mois
plus tôt dans une autre contrée. Mais il suffisait que, dans mon lit
même, mon sommeil fût profond et détendît entièrement mon esprit;
alors celui-ci lâchait le plan du lieu où je m'étais endormi, et quand
je m'éveillais au milieu de la nuit, comme j'ignorais où je me trou-   30
vais, je ne savais même pas au premier instant qui j'étais; j'avais
seulement dans sa simplicité première le sentiment de l'existence
comme il peut frémir au fond d'un animal; j'étais plus dénué que
l'homme des cavernes; mais alors le souvenir—non encore du lieu

---

[2] **courbaturé** stiff.
[3], [4] **Que vers le matin . . . Que s'il s'assoupit . . .** grammatical construction introducing a hypothesis, a supposition (*i.e.,* Suppose that, toward
morning. . . . Suppose he starts to doze . . .).

où j'étais, mais de quelques-uns de ceux que j'avais habités et où j'aurais pu être—venait à moi comme un secours d'en haut pour me tirer du néant d'où je n'aurais pu sortir tout seul; je passais en une seconde par-dessus des siècles de civilisation, et l'image confusément entrevue de lampes à pétrole, puis de chemises à col rabattu,[5] recomposait peu à peu les traits originaux de mon moi.⌋

Peut-être l'immobilité des choses autour de nous leur est-elle imposée par notre certitude que ce sont elles et non pas d'autres, par l'immobilité de notre pensée en face d'elles. Toujours est-il que, 10 quand je me réveillais ainsi, mon esprit s'agitant pour chercher, sans y réussir, à savoir où j'étais, tout tournait autour de moi dans l'obscurité, les choses, les pays, les années. Mon corps, trop engourdi pour remuer, cherchait, d'après la forme de sa fatigue, à repérer la position de ses membres pour en induire la direction du mur, la place des meubles, pour reconstruire et pour nommer la demeure où il se trouvait. Sa mémoire, la mémoire de ses côtes, de ses genoux, de ses épaules, lui présentait successivement plusieurs des chambres où il avait dormi, tandis qu'autour de lui les murs invisibles, changeant de place selon la forme de la pièce 20 imaginée, tourbillonnaient dans les ténèbres. Et avant même que ma pensée, qui hésitait au seuil des temps et des formes, eût identifié le logis en rapprochant les circonstances, lui,—mon corps, —se rappelait pour chacun le genre du lit, la place des portes, la prise de jour des fenêtres, l'existence d'un couloir, avec la pensée que j'avais en m'y endormant et que je retrouvais au réveil. Mon côté ankylosé,[6] cherchant à deviner son orientation, s'imaginait, par exemple, allongé face au mur, dans un grand lit à baldaquin,[7] et aussitôt je me disais: «Tiens, j'ai fini par m'endormir quoique maman ne soit pas venue me dire bonsoir», j'étais à la campagne 30 chez mon grand-père, mort depuis bien des années; et mon corps, le côté sur lequel je me reposais, gardiens fidèles d'un passé que mon esprit n'aurait jamais dû oublier, me rappelaient la flamme de la veilleuse de verre de Bohême, en forme d'urne, suspendue au plafond par des chaînettes, la cheminée en marbre de Sienne, dans ma chambre à coucher de Combray, chez mes grands-parents, en des jours lointains qu'en ce moment je me figurais actuels,

---

[5] . . . **rabattu** shirts with turned-down collars.   [6] **ankylosé** stiff.
[7] **lit à baldadquin** old-fashioned canopied bed.

sans me les représenter exactement, et que je reverrais mieux tout
à l'heure quand je serais tout à fait éveillé.

Puis renaissait le souvenir d'une nouvelle attitude; le mur filait
dans une autre direction: j'étais dans ma chambre chez Mme de
Saint-Loup, à la campagne.[8] Mon Dieu! Il est au moins dix heures,
on doit avoir fini de dîner! J'aurai trop prolongé la sieste que je
fais tous les soirs en rentrant de ma promenade avec Mme de Saint-
Loup, avant d'endosser mon habit. Car bien des années ont passé
depuis Combray, où, dans nos retours les plus tardifs, c'étaient
les reflets rouges du couchant que je voyais sur le vitrage de ma   10
fenêtre. C'est un autre genre de vie qu'on mène à Tansonville,
chez Mme de Saint-Loup, un autre genre de plaisir que je trouve
à ne sortir qu'à la nuit, à suivre au clair de lune ces chemins où
je jouais jadis au soleil; et la chambre où je me serai endormi au
lieu de m'habiller pour le dîner, de loin je l'aperçois, quand nous
rentrons, traversée par les feux de la lampe, seul phare dans la nuit.

Ces évocations tournoyantes et confuses ne duraient jamais que
quelques secondes; souvent ma brève incertitude du lieu où je me
trouvais ne distinguait pas mieux les unes des autres les diverses
suppositions dont elle était faite, que nous n'isolons, en voyant   20
un cheval courir, les positions successives que nous montre le kinétoscope.[9] Mais j'avais revu tantôt l'une, tantôt l'autre, des chambres que j'avais habitées dans ma vie, et je finissais par me les rappeler toutes dans les longues rêveries qui suivaient mon réveil;
chambres d'hiver où quand on est couché, on se blottit la tête dans
un nid qu'on se tresse avec les choses les plus disparates: un coin
de l'oreiller, le haut des couvertures, un bout de châle, le bord du
lit, et un numéro des *Débats roses,*[10] qu'on finit par cimenter en-

[8] . . . **campagne** At the end of *Albertine disparue,* Gilberte Swann mar-
ries Robert de St. Loup, nephew of the Guermantes. The narrator visits her at
Tansonville, the Swann estate near Combray. The gay Louis XVI room is a
room at Doncières, the hostile room is the one at Balbec, a fictional seaside
resort on the coast of Normandy, both of which will come up later in the
novel.

[9] **kinétoscope** The kinetoscope or bioscope, ancestor of the cinema, was
an apparatus, invented by Edison in 1891, in which photographs could be
passed rapidly, giving the impression of moving pictures.

[10] *Débats roses* fictitious title of a magazine. The name is a take-off on
such well-known literary periodicals of the day as the *Revue blanche* and the
Revue bleue, or the *Revue lilas* which Proust and his friends launched at the
Lycée Condorcet.

semble selon la technique des oiseaux en s'y appuyant indéfiniment; où, par un temps glacial, le plaisir qu'on goûte est de se
sentir séparé du dehors (comme l'hirondelle de mer qui a son nid
au fond d'un souterrain dans la chaleur de la terre), et où, le feu
étant entretenu toute la nuit dans la cheminée, on dort dans un
grand manteau d'air chaud et fumeux, traversé des lueurs des
tisons qui se rallument, sorte d'impalpable alcôve, de chaude caverne creusée au sein de la chambre même, zone ardente et mobile
en ses contours thermiques, aérée de souffles qui nous rafraîchis-
10 sent la figure et viennent des angles, des parties voisines de la
fenêtre ou éloignées du foyer, et qui se sont refroidies;—chambres
d'été où l'on aime être uni à la nuit tiède, où le clair de lune ap-
puyé aux volets entr'ouverts jette jusqu'au pied du lit son échelle
enchantée, où on dort presque en plein air, comme la mésange
balancée par la brise à la pointe d'un rayon;[11]—parfois la chambre
Louis XVI, si gaie que même le premier soir je n'y avais pas été
trop malheureux, et où les colonnettes qui soutenaient légèrement
le plafond s'écartaient avec tant de grâce pour montrer et réserver
la place du lit; parfois au contraire celle, petite et si élevée de plafond,
20 creusée en forme de pyramide dans la hauteur de deux étages et
partiellement revêtue d'acajou,[12] où, dès la première seconde, j'avais
été intoxiqué moralement par l'odeur inconnue du vétiver,[13] con-
vaincu de l'hostilité des rideaux violets et de l'insolente indifférence
de la pendule qui jacassait tout haut comme si je n'eusse pas été là;—
où une étrange et impitoyable glace à pieds quadrangulaires barrant
obliquement un des angles de la pièce se creusait à vif dans la douce
plénitude de mon champ visuel accoutumé un emplacement qui
n'était pas prévu;[14]—où ma pensée, s'efforçant pendant des heures de
se disloquer, de s'étirer en hauteur pour prendre exactement la forme
30 de la chambre et arriver à remplir jusqu'en haut son gigantesque
entonnoir,[15] avait souffert bien de dures nuits, tandis que j'étais

[11] . . . **rayon**   like a titmouse which the breeze gently rocks at the tip of a
sunbeam.   [12] . . . **d'acajou**   partly lined with mahogany paneling.
[13] **vétiver**   Aromatic root of an Indian plant, vétiver was used in small
sachets to protect clothes against insects and moths.
[14] . . . **pas prévu**   "where a strange and implacable mirror with square
feet, cutting obliquely across one of the angles of the room, cruelly carved out
for itself, in the quiet plenitude of my habitual field of vision, its unexpected
position."
[15] . . . **entonnoir**   its enormous funnel.

étendu dans mon lit, les yeux levés, l'oreille anxieuse, la narine rétive,[16] le cœur battant; jusqu'à ce que l'habitude eût changé la couleur des rideaux, fait taire la pendule, enseigné la pitié à la glace oblique et cruelle, dissimulé, sinon chassé complètement, l'odeur du vétiver, et notamment diminué la hauteur apparente du plafond. L'habitude! aménageuse habile mais bien lente, et qui commence par laisser souffrir notre esprit pendant des semaines dans une installation provisoire; mais que malgré tout il est heureux de trouver, car sans l'habitude et réduit à ses seuls moyens, il serait impuissant à nous rendre un logis habitable.   10

Certes, j'étais bien éveillé maintenant: mon corps avait viré une dernière fois et le bon ange de la certitude avait tout arrêté autour de moi, m'avait couché sous mes couvertures, dans ma chambre, et avait mis approximativement à leur place dans l'obscurité ma commode, mon bureau, ma cheminée, la fenêtre sur la rue et les deux portes. Mais j'avais beau savoir que je n'étais pas dans les demeures dont l'ignorance du réveil m'avait en un instant sinon présenté l'image distincte, du moins fait croire la présence possible, le branle était donné à ma mémoire; généralement je ne cherchais pas à me rendormir tout de suite; je passais la plus grande partie de la nuit à me   20 rappeler notre vie d'autrefois à Combray chez ma grand'tante, à Balbec, à Paris, à Doncières, à Venise,[17] ailleurs encore, à me rappeler les lieux, les personnes que j'y avais connues, ce que j'avais vu d'elles, ce qu'on m'en avait raconté.

A Combray, tous les jours dès la fin de l'après-midi, longtemps avant le moment où il faudrait me mettre au lit et rester, sans dormir, loin de ma mère et de ma grand'mère, ma chambre à coucher redevenait le point fixe et douloureux de mes préoccupations. On avait bien inventé, pour me distraire les soirs où on me trouvait l'air trop malheureux, de me donner une lanterne magique, dont, en attendant   30 l'heure du dîner, on coiffait ma lampe; et, à l'instar des premiers

---

[16] **la narine rétive**   *rétif* = stubborn or unwilling; generally applied to a horse. The narrator's nostrils are recalcitrant and resist the odour.

[17] . . . **à Doncières, à Venise**   In these first few pages, Proust presents his central character, the narrator, and through him the novel's principal "geographic" settings both real and fictional—Combray, Balbec, Paris, Doncières, Venice.

architectes et maîtres verriers de l'âge gothique,[18] elle substituait à l'opacité des murs d'impalpables irisations, de surnaturelles apparitions multicolores, où des légendes étaient dépeintes comme dans un vitrail vacillant et momentané. Mais ma tristesse n'en était qu'accrue, parce que rien que le changement d'éclairage détruisait l'habitude que j'avais de ma chambre et grâce à quoi, sauf le supplice du coucher, elle m'était devenue supportable. Maintenant je ne la reconnaissais plus et j'y étais inquiet, comme dans une chambre d'hôtel ou de «chalet» où je fusse arrivé pour la première fois en descendant de chemin de fer.

Au pas saccadé de son cheval, Golo, plein d'un affreux dessein, sortait de la petite forêt triangulaire qui veloutait d'un vert sombre la pente d'une colline, et s'avançait en tressautant vers le château de la pauvre Geneviève de Brabant.[19] Ce château était coupé selon une ligne courbe qui n'était guère que la limite d'un des ovales de verre ménagés dans le châssis qu'on glissait entre les coulisses de la lanterne. Ce n'était qu'un pan de château, et il avait devant lui une lande où rêvait Geneviève, qui portait une ceinture bleue. Le château et la lande étaient jaunes, et je n'avais pas attendu de les voir pour connaître leur couleur, car, avant les verres du châssis, la sonorité mordorée du nom de Brabant me l'avait montrée avec évidence.[20] Golo s'arrêtait un instant pour écouter avec tristesse le boniment[21] lu à haute voix par ma grand'tante, et qu'il avait l'air de comprendre parfaitement, conformant son attitude, avec une docilité qui n'excluait pas une certaine majesté, aux indications du texte; puis il s'éloignait du même pas saccadé. Et rien ne pouvait arrêter sa lente chevauchée. Si on bougeait la lanterne, je distinguais le cheval de

[18] **à l'instar de** in the manner of . . . "like the first architects and stained-glass makers of Gothic days."

[19] . . . **Brabant** Golo is the traitor and Geneviève de Brabant the heroine of an old fifth- or sixth-century legend. Golo, the senechal, wrongly accused Geneviève, wife of his master, Count Siegfried, of having been unfaithful to her husband. The legend was the subject of an operetta set to music by Offenbach in 1859. In the novel, the Guermantes belong to the Brabant family.

[20] . . . **évidence** The French poet Baudelaire in the famous sonnet entitled *Correspondances* wrote, "les parfums, les couleurs et les sons se répondent," expressing the correspondences between various sense perceptions (synesthesia). Rimbaud, later, in a sonnet, *Voyelles*, developed the theme of the correspondence between the vowel sounds and colors. In the same way, the sound "Brabant" evokes, for the narrator, a gold color.

[21] **boniment** the "spiel."

Golo qui continuait à s'avancer sur les rideaux de la fenêtre, se
bombant de leurs plis, descendant dans leurs fentes. Le corps de
Golo lui-même, d'une essence aussi surnaturelle que celui de sa
monture, s'arrangeait de tout obstacle matériel, de tout objet gênant
qu'il rencontrait en le prenant comme ossature et en se le rendant
intérieur, fût-ce le bouton de la porte sur lequel s'adaptait aussitôt et
surnageait invinciblement sa robe rouge ou sa figure pâle, toujours
aussi noble et aussi mélancolique, mais qui ne laissait paraître aucun
trouble de cette transvertébration.[22]

Certes je leur trouvais du charme à ces brillantes projections qui
semblaient émaner d'un passé mérovingien[23] et promenaient autour
de moi des reflets d'histoire si anciens. Mais je ne peux dire quel
malaise me causait pourtant cette intrusion du mystère et de la beauté
dans une chambre que j'avais fini par remplir de mon moi au point
de ne pas faire plus attention à elle qu'à lui-même. L'influence
anesthésiante de l'habitude ayant cessé, je me mettais à penser, à
sentir, choses si tristes. Ce bouton de la porte de ma chambre, qui
différait pour moi de tous les autres boutons de porte du monde en
ceci qu'il semblait ouvrir tout seul, sans que j'eusse besoin de le
tourner, tant le maniement m'en était devenu inconscient, le voilà   20
qui servait maintenant de corps astral [24] à Golo. Et dès qu'on sonnait
le dîner, j'avais hâte de courir à la salle à manger, où la grosse lampe
de la suspension, ignorante de Golo et de Barbe-Bleue, et qui connaissait mes parents et le bœuf à la casserole, donnait sa lumière de tous
les soirs, et de tomber dans les bras de maman que les malheurs de
Geneviève de Brabant me rendaient plus chère, tandis que les crimes
de Golo me faisaient examiner ma propre conscience avec plus de
scrupules.

Après le dîner, hélas, j'étais bientôt obligé de quitter maman qui

---

[22] **transvertébration** When the lantern is out of focus, the image is projected outside the flat screen and Golo and his horse appear on various objects
in the room whose shape they adopt. Golo therefore seems to move from one
bone structure to another without the slightest discomfort, and is "transvertebrated." *Cf.* transmute, translate, etc. To be transvertebrated is to move from
one set of vertebrae to another.

[23] **un passé mérovingien** The Merovingians were the first dynasty of
Frankish kings who ruled France from the fifth to the eighth century.

[24] **corps astral** a theosophic and gnostic term, humorously used here. An
astral body is a form around which the spiritual framework of man is built
and which survives his destruction.

restait à causer avec les autres, au jardin s'il faisait beau, dans le petit salon où tout le monde se retirait s'il faisait mauvais. Tout le monde, sauf ma grand'mère qui trouvait que «c'est une pitié de rester enfermé à la campagne» et qui avait d'incessantes discussions avec mon père, les jours de trop grande pluie, parce qu'il m'envoyait lire dans ma chambre au lieu de rester dehors. «Ce n'est pas comme cela que vous le rendrez robuste et énergique, disait-elle tristement, surtout ce petit qui a tant besoin de prendre des forces et de la volonté.» Mon père haussait les épaules et il examinait le baromètre, car il aimait la
10 météorologie, pendant que ma mère, évitant de faire du bruit pour ne pas le troubler, le regardait avec un respect attendri, mais pas trop fixement pour ne pas chercher à percer le mystère de ses supériorités. Mais ma grand'mère, elle, par tous les temps, même quand la pluie faisait rage et que Françoise avait précipitamment rentré les précieux fauteuils d'osier de peur qu'ils ne fussent mouillés, on la voyait dans le jardin vide et fouetté par l'averse, relevant ses mèches désordonnées et grises pour que son front s'imbibât mieux de la salubrité du vent et de la pluie. Elle disait: «Enfin, on respire!» et parcourait les allées détrempées—trop symétriquement alignées à son gré par le nouveau
20 jardinier dépourvu du sentiment de la nature et auquel mon père avait demandé depuis le matin si le temps s'arrangerait—de son petit pas enthousiaste et saccadé, réglé sur les mouvements divers qu'excitaient dans son âme l'ivresse de l'orage, la puissance de l'hygiène, la stupidité de mon éducation et la symétrie des jardins, plutôt que sur le désir inconnu d'elle d'éviter à sa jupe prune les taches de boue sous lesquelles elle disparaissait jusqu'à une hauteur qui était toujours pour sa femme de chambre un désespoir et un problème.[25]

Quand ces tours de jardin de ma grand'mère avaient lieu après dîner, une chose avait le pouvoir de la faire rentrer: c'était, à un des
30 moments où la révolution de sa promenade la ramenait périodiquement, comme un insecte, en face des lumières du petit salon où les

___

[25] . . . un problème The grandmother's pace as she walks in the garden varies much more according to the strong inner rhythm of her stream of consciousness than in relation to outside contingencies, such as mud, of which she is unconscious; "delight in the storm, the power of hygiene, the stupidity of my education and of symmetrically designed gardens rather than according to the desire, never felt by her, of avoiding mud stains under which her skirt always disappeared to an extent which for her chambermaid was an eternal source of despair and a problem."

liqueurs étaient servies sur la table à jeu—si ma grand'tante lui criait:
«Bathilde! viens donc empêcher ton mari de boire du cognac!» Pour
la taquiner, en effet (elle avait apporté dans la famille de mon père
un esprit si différent que tout le monde la plaisantait et la tourmen-
tait), comme les liqueurs étaient défendues à mon grand-père, ma
grand'tante lui en faisait boire quelques gouttes. Ma pauvre grand'-
mère entrait, priait ardemment son mari de ne pas goûter au cognac;
il se fâchait, buvait tout de même sa gorgée, et ma grand'mère repartait, triste, découragée, souriante pourtant, car elle était si humble de
cœur et si douce que sa tendresse pour les autres et le peu de cas   10
qu'elle faisait de sa propre personne et de ses souffrances, se con-
ciliaient dans son regard en un sourire où, contrairement à ce qu'on
voit dans le visage de beaucoup d'humains, il n'y avait d'ironie que
pour elle-même, et pour nous tous comme un baiser de ses yeux qui
ne pouvaient voir ceux qu'elle chérissait sans les caresser passionnément du regard. Ce supplice que lui infligeait ma grand'tante, le
spectacle des vaines prières de ma grand'mère et de sa faiblesse,
vaincue d'avance, essayant inutilement d'ôter à mon grand-père le
verre à liqueur, c'était de ces choses à la vue desquelles on s'habitue
plus tard jusqu'à les considérer en riant et à prendre le parti du per-   20
sécuteur assez résolument et gaiement pour se persuader à soi-même
qu'il ne s'agit pas de persécution; elles me causaient alors une telle
horreur, que j'aurais aimé battre ma grand'tante. Mais dès que j'entendais: «Bathilde, viens donc empêcher ton mari de boire du cognac!» déjà homme par la lâcheté, je faisais ce que nous faisons tous,
une fois que nous sommes grands, quand il y a devant nous des
souffrances et des injustices: je ne voulais pas les voir; je montais
sangloter tout en haut de la maison à côté de la salle d'études, sous
les toits, dans une petite pièce sentant l'iris, et que parfumait aussi un
cassis sauvage poussé au dehors entre les pierres de la muraille et qui   30
passait une branche de fleurs par la fenêtre entr'ouverte. Destinée à
un usage plus spécial et plus vulgaire,[26] cette pièce, d'où l'on voyait
pendant le jour jusqu'au donjon de Roussainville-le-Pin, servit longtemps de refuge pour moi, sans doute parce qu'elle était la seule qu'il
me fût permis de fermer à clef, à toutes celles de mes occupations qui
réclamaient une inviolable solitude: la lecture, la rêverie, les larmes

---

[26] . . . **plus spécial et plus vulgaire** The room the narrator here designates indirectly is a water-closet.

et la volupté. Hélas! je ne savais pas que, bien plus tristement que les
petits écarts de régime de son mari, mon manque de volonté, ma
santé délicate, l'incertitude qu'ils projetaient sur mon avenir, préoccupaient ma grand'mère au cours de ces déambulations incessantes,
de l'après-midi et du soir, où on voyait passer et repasser, obliquement
levé vers le ciel, son beau visage aux joues brunes et sillonnées,
devenues au retour de l'âge presque mauves comme les labours à
l'automne, barrées, si elle sortait, par une voilette à demi relevée, et
sur lesquelles, amené là par le froid ou quelque triste pensée, était
10 toujours en train de sécher un pleur involontaire.

Ma seule consolation, quand je montais me coucher, était que
maman viendrait m'embrasser quand je serais dans mon lit. Mais ce
bonsoir durait si peu de temps, elle redescendait si vite, que le moment où je l'entendais monter, puis où passait dans le couloir à double
porte le bruit léger de sa robe de jardin en mousseline bleue, à laquelle pendaient de petits cordons de paille tressée, était pour moi un
moment douloureux. Il annonçait celui qui allait le suivre, où elle
m'aurait quitté, où elle serait redescendue. De sorte que ce bonsoir
que j'aimais tant, j'en arrivais à souhaiter qu'il vînt le plus tard pos-
20 sible, à ce que se prolongeât le temps de répit où maman n'était pas
encore venue. Quelquefois quand, après m'avoir embrassé, elle ouvrait ma porte pour partir, je voulais la rappeler, lui dire «embrasse-
moi une fois encore», mais je savais qu'aussitôt elle aurait son visage
fâché, car la concession qu'elle faisait à ma tristesse et à mon agitation en montant m'embrasser, en m'apportant ce baiser de paix,
agaçait mon père qui trouvait ces rites absurdes, et elle eût voulu
tâcher de m'en faire perdre le besoin, l'habitude, bien loin de me
laisser prendre celle de lui demander, quand elle était déjà sur le pas
de la porte, un baiser de plus. Or la voir fâchée détruisait tout le
30 calme qu'elle m'avait apporté un instant avant, quand elle avait
penché vers mon lit sa figure aimante, et me l'avait tendue comme
une hostie pour une communion de paix où mes lèvres puiseraient sa
présence réelle et le pouvoir de m'endormir. Mais ces soirs-là, où
maman en somme restait si peu de temps dans ma chambre, étaient
doux encore en comparaison de ceux où il y avait du monde à dîner
et où, à cause de cela, elle ne montait pas me dire bonsoir. Le monde
se bornait habituellement à M. Swann,[27] qui, en dehors de quelques

---

[27] **M. Swann** The narrator here introduces the first character who does
not belong to the family, and whose importance the reader already knows

étrangers de passage, était à peu près la seule personne qui vînt chez
nous à Combray, quelquefois pour dîner en voisin (plus rarement
depuis qu'il avait fait ce mauvais mariage, parce que mes parents ne
voulaient pas recevoir sa femme), quelquefois après le dîner, à
l'improviste. Les soirs où, assis devant la maison sous le grand marronnier, autour de la table de fer, nous entendions au bout du jardin,
non pas le grelot profus et criard qui arrosait, qui étourdissait au
passage de son bruit ferrugineux, intarissable et glacé, toute personne
de la maison qui le déclenchait en entrant «sans sonner», mais le
double tintement timide, ovale et doré de la clochette pour les 10
étrangers, tout le monde aussitôt se demandait: «Une visite, qui cela
peut-il être?» mais on savait bien que cela ne pouvait être que
M. Swann; ma grand'tante parlant à haute voix, pour prêcher
d'exemple, sur un ton qu'elle s'efforçait de rendre naturel, disait de
ne pas chuchoter ainsi; que rien n'est plus désobligeant pour une
personne qui arrive et à qui cela fait croire qu'on est en train de dire
des choses qu'elle ne doit pas entendre; et on envoyait en éclaireur ma
grand'mère, toujours heureuse d'avoir un prétexte pour faire un tour
de jardin de plus, et qui en profitait pour arracher subrepticement au
passage quelques tuteurs des rosiers afin de rendre aux roses un peu 20
de naturel, comme une mère qui, pour les faire bouffer, passe la main
dans les cheveux de son fils que le coiffeur a trop aplatis.

Nous restions tous suspendus aux nouvelles que ma grand'mère
allait nous apporter de l'ennemi, comme si on eût pu hésiter entre un
grand nombre possible d'assaillants, et bientôt après mon grand-père
disait: «Je reconnais la voix de Swann.» On ne le reconnaissait en
effet qu'à la voix, on distinguait mal son visage au nez busqué, aux
yeux verts, sous un haut front entouré de cheveux blonds presque
roux, coiffés à la Bressant,[28] parce que nous gardions le moins de
lumière possible au jardin pour ne pas attirer les moustiques, et 30
j'allais, sans en avoir l'air, dire qu'on apportât les sirops; ma grand'-
mère attachait beaucoup d'importance, trouvant cela plus aimable, à

---

must be considerable since he gives his name to the first part of the novel.
The complexity and mystery of the person who emerges from the semi-
darkness of the garden is suggested through a succession of quick sketches
and allusions which give glimpses of several Swanns, past and present. Proust's
method of presenting his characters in the novel is entirely different from
that of the naturalists.

[28] **Bressant** nineteenth-century actor who started a fashion in haircuts for
men. The Bressant haircut is rather similar to a crew-cut.

ce qu'ils n'eussent pas l'air de figurer d'une façon exceptionnelle, et pour les visites seulement. M. Swann, quoique beaucoup plus jeune que lui, était très lié avec mon grand-père, qui avait été un des meilleurs amis de son père, homme excellent mais singulier, chez qui, paraît-il, un rien suffisait parfois pour interrompre les élans du cœur, changer le cours de la pensée. J'entendais plusieurs fois par an mon grand-père raconter à table des anecdotes toujours les mêmes sur l'attitude qu'avait eue M. Swann le père, à la mort de sa femme qu'il avait veillée jour et nuit. Mon grand-père qui ne l'avait pas vu depuis

10 longtemps était accouru auprès de lui dans la propriété que les Swann possédaient aux environs de Combray, et avait réussi, pour qu'il n'assistât pas à la mise en bière, à lui faire quitter un moment, tout en pleurs, la chambre mortuaire. Ils firent quelques pas dans le parc où il y avait un peu de soleil. Tout d'un coup, M. Swann prenant mon grand-père par le bras s'était écrié: «Ah! mon vieil ami, quel bonheur de se promener ensemble par ce beau temps! Vous ne trouvez pas ça joli tous ces arbres, ces aubépines et mon étang dont vous ne m'avez jamais félicité? Vous avez l'air comme un bonnet de nuit. Sentez-vous ce petit vent? Ah! on a beau dire, la vie a du bon

20 tout de même, mon cher Amédée!» Brusquement le souvenir de sa femme morte lui revint, et trouvant sans doute trop compliqué de chercher comment il avait pu à un pareil moment se laisser aller à un mouvement de joie, il se contenta, par un geste qui lui était familier chaque fois qu'une question ardue se présentait à son esprit, de passer la main sur son front, d'essuyer ses yeux et les verres de son lorgnon. Il ne put pourtant pas se consoler de la mort de sa femme, mais pendant les deux années qu'il lui survécut, il disait à mon grand-père: «C'est drôle, je pense très souvent à ma pauvre femme, mais je ne peux y penser beaucoup à la fois.» «Souvent mais peu

30 à la fois, comme le pauvre père Swann», était devenu une des phrases favorites de mon grand-père qui la prononçait à propos des choses les plus différentes. Il m'aurait paru que ce père de Swann était un monstre, si mon grand-père que je considérais comme meilleur juge et dont la sentence, faisant jurisprudence pour moi, m'a souvent servi dans la suite à absoudre des fautes que j'aurais été enclin à condamner, ne s'était récrié: «Mais comment? c'était un cœur d'or!»

Pendant bien des années, où pourtant, surtout avant son mariage,

M. Swann, le fils, vint souvent les voir à Combray, ma grand'tante et
mes grands-parents ne soupçonnèrent pas qu'il ne vivait plus du
tout dans la société qu'avait fréquentée sa famille et que sous
l'espèce d'incognito que lui faisait chez nous ce nom de Swann, ils
hébergeaient—avec la parfaite innocence d'honnêtes hôteliers qui
ont chez eux, sans le savoir, un célèbre brigand—un des membres les
plus élégants du Jockey-Club, ami préféré du comte de Paris et du
prince de Galles, un des hommes les plus choyés de la haute société
du faubourg Saint-Germain.[29]

L'ignorance où nous étions de cette brillante vie mondaine que   10
menait Swann tenait évidemment en partie à la réserve et à la discrétion de son caractère, mais aussi à ce que les bourgeois d'alors se
faisaient de la société une idée un peu hindoue, et la considéraient
comme composée de castes fermées où chacun, dès sa naissance, se
trouvait placé dans le rang qu'occupaient ses parents, et d'où rien, à
moins des hasards d'une carrière exceptionnelle ou d'un mariage
inespéré, ne pouvait vous tirer pour vous faire pénétrer dans une caste
supérieure. M. Swann, le père, était agent de change;[30] le «fils
Swann» se trouvait faire partie pour toute sa vie d'une caste où les
fortunes, comme dans une catégorie de contribuables, variaient entre   20
tel et tel revenu. On savait quelles avaient été les fréquentations du
père, on savait donc quelles étaient les siennes, avec quelles personnes
il était «en situation» de frayer. S'il en connaissait d'autres, c'étaient
relations de jeune homme sur lesquelles des amis anciens de sa
famille, comme étaient mes parents, fermaient d'autant plus bienveil-
lamment les yeux qu'il continuait, depuis qu'il était orphelin, à venir
très fidèlement nous voir; mais il y avait fort à parier que ces gens
inconnus de nous qu'il voyait étaient de ceux qu'il n'aurait pas osé
saluer si, étant avec nous, il les avait rencontrés. Si l'on avait voulu à
toute force appliquer à Swann un coefficient social qui lui fût person-   30
nel, entre les autres fils d'agents de situation égale à celle de ses

---

[29] **Saint-Germain**   The Jockey Club was the most exclusive and fashionable
men's club in France, founded in 1833 to promote horse-breeding and racing.
Le Comte de Paris was the grandson of King Louis-Philippe and pretender
to the throne of France; the Prince of Wales was then the future Edward VII
of England. The Faubourg St.-Germain is a residential section on the left
bank of the Seine in Paris where the French aristocracy mostly lived. Swann
obviously frequents the most aristocratic and exclusive social set in France.
[30] **agent de change**   a stock broker.

parents, ce coefficient eût été pour lui un peu inférieur parce que, très simple de façons et ayant toujours eu une «toquade»[31] d'objets anciens et de peinture, il demeurait maintenant dans un vieil hôtel où il entassait ses collections et que ma grand'mère rêvait de visiter, mais qui était situé quai d'Orléans,[32] quartier que ma grand'tante trouvait infamant d'habiter. «Êtes-vous seulement connaisseur? Je vous demande cela dans votre intérêt, parce que vous devez vous faire repasser des croûtes[33] par les marchands», lui disait ma grand'tante; elle ne lui supposait en effet aucune compétence, et n'avait pas haute 10 idée, même au point de vue intellectuel, d'un homme qui, dans la conversation, évitait les sujets sérieux et montrait une précision fort prosaïque, non seulement quand il nous donnait, en entrant dans les moindres détails, des recettes de cuisine, mais même quand les sœurs de ma grand'mère parlaient de sujets artistiques. Provoqué par elles à donner son avis, à exprimer son admiration pour un tableau, il gardait un silence presque désobligeant, et se rattrapait en revanche s'il pouvait fournir sur le musée où il se trouvait, sur la date où il avait été peint, un renseignement matériel. Mais d'habitude il se contentait de chercher à nous amuser en racontant chaque fois une 20 histoire nouvelle qui venait de lui arriver avec des gens choisis parmi ceux que nous connaissions, avec le pharmacien de Combray, avec notre cuisinière, avec notre cocher. Certes ces récits faisaient rire ma grand'tante, mais sans qu'elle distinguât bien si c'était à cause du rôle ridicule que s'y donnait toujours Swann ou de l'esprit qu'il mettait à les conter: «On peut dire que vous êtes un vrai type, monsieur Swann!» Comme elle était la seule personne un peu vulgaire de notre famille, elle avait soin de faire remarquer aux étrangers, quand on parlait de Swann, qu'il aurait pu, s'il avait voulu, habiter boulevard Haussmann ou avenue de l'Opéra,[34] qu'il était le fils de

[31] **toquade** "a craze for." From the verb *toquer* to touch or hit. *Etre toqué* is to be slightly crazy.

[32] **quai d'Orléans** one of the embankments along the Seine, on the Ile St. Louis, in the center of Paris, which the narrator's aunt does not consider so fashionable as the new residential quarters built under the Second Empire. It is one of the most beautiful locations in Paris.

[33] **croûte** a painting of no value, a dud or lemon. "They'll palm off their bad paintings on you."

[34] **. . . Opéra** Le boulevard Haussmann and l'avenue de l'Opéra are two of the big avenues which were opened in Paris, to modernize it, under Napo-

M. Swann qui avait dû lui laisser quatre ou cinq millions, mais que c'était sa fantaisie. Fantaisie qu'elle jugeait au reste devoir être si divertissante pour les autres, qu'à Paris, quand M. Swann venait le 1ᵉʳ janvier lui apporter son sac de marrons glacés,[35] elle ne manquait pas, s'il y avait du monde, de lui dire: «Eh bien! M. Swann, vous habitez toujours près de l'Entrepôt des vins, pour être sûr de ne pas manquer le train quand vous prenez le chemin de Lyon?»[36] Et elle regardait du coin de l'œil, par-dessus son lorgnon, les autres visiteurs.

Mais si l'on avait dit à ma grand'mère que ce Swann qui en tant que fils Swann était parfaitement «qualifié» pour être reçu par toute 10 la «belle bourgeoisie», par les notaires ou les avoués les plus estimés de Paris (privilège qu'il semblait laisser tomber un peu en que-nouille),[37] avait, comme en cachette, une vie toute différente; qu'en sortant de chez nous, à Paris, après nous avoir dit qu'il rentrait se coucher, il rebroussait chemin à peine la rue tournée et se rendait dans tel salon que jamais l'œil d'aucun agent ou associé d'agent ne contempla, cela eût paru aussi extraordinaire à ma tante qu'aurait pu l'être pour une dame plus lettrée la pensée d'être personnellement liée avec Aristée dont elle aurait compris qu'il allait, après avoir causé avec elle, plonger au sein des royaumes de Thétis, dans un 20 empire soustrait aux yeux des mortels, et où Virgile nous le montre reçu à bras ouverts;[38] ou, pour s'en tenir à une image qui avait plus de chance de lui venir à l'esprit, car elle l'avait vue peinte sur nos

---

leon III, by Baron Haussmann. They were still modern and new at the time Proust describes, and favoured for residence by the rising bourgeoisie.

[35] **marrons glacés** In France, New Year's Day rather than Christmas, is the day for visiting relatives and friends and for exchanging greetings and gifts. The *marrons glacés*—chestnuts dipped in sugar and candied—are a tra-ditional gift on that day, especially in Paris. It is only in the last quarter of a century or so that Christmas in France has generally become a *fête* as im-portant as New Year's Day.

[36] **. . . de Lyon** L'entrepôt des vins is the warehouse in Paris where wines are stored under bond. It is situated not far from the Gare de Lyon, terminal station for the well-known P.L.M.,—*i.e.,* Paris, Lyon, Méditerranée —lines.

[37] **. . . quenouille** idiomatic expression—"privilege of which he seemed to make little use." *Une quenouille* is a distaff, used by women; when, in the Middle Ages, a privilege fell to the distaff—*i.e.,* to a woman—she was gener-ally too weak to take advantage of it.

[38] **. . . à bras ouverts** incident described by Virgil in the second part of the *Fourth Georgic.* Aristée, a mythological Greek semi-divinity, son of Apollo and a nymph, went to ask help of Thetis, Greek Goddess of the sea.

assiettes à petits fours de Combray, d'avoir eu à dîner Ali-Baba, lequel, quand il se saura seul, pénétrera dans la caverne éblouissante de trésors insoupçonnés.

Un jour qu'il était venu nous voir à Paris, après dîner, en s'excusant d'être en habit, Françoise ayant, après son départ, dit tenir du cocher qu'il avait dîné «chez une princesse»,—«Oui, chez une princesse du demi-monde!»[39] avait répondu ma tante en haussant les épaules sans lever les yeux de sur son tricot, avec une ironie sereine.

Aussi, ma grand'tante en usait-elle cavalièrement avec lui. Comme
10 elle croyait qu'il devait être flatté par nos invitations, elle trouvait tout naturel qu'il ne vînt pas nous voir l'été sans avoir à la main un panier de pêches ou de framboises de son jardin, et que de chacun de ses voyages d'Italie il m'eût rapporté des photographies de chefs-d'œuvre.

On ne se gênait guère pour l'envoyer quérir dès qu'on avait besoin d'une recette de sauce gribiche[40] ou de salade à l'ananas pour de grands dîners où on ne l'invitait pas, ne lui trouvant pas un prestige suffisant pour qu'on pût le servir à des étrangers qui venaient pour la première fois. Si la conversation tombait sur les princes de la Maison de France: «des gens que nous ne connaîtrons jamais ni vous ni moi
20 et nous nous en passons, n'est-ce pas», disait ma grand'tante à Swann qui avait peut-être dans sa poche une lettre de Twickenham;[41] elle lui faisait pousser le piano et tourner les pages les soirs où la sœur de ma grand'mère chantait, ayant, pour manier cet être ailleurs si recherché, la naïve brusquerie d'un enfant qui joue avec un bibelot de collection sans plus de précautions qu'avec un objet bon marché. Sans doute le Swann que connurent à la même époque tant de clubmen était bien différent de celui que créait ma grand'tante, quand le soir, dans le petit jardin de Combray, après qu'avaient retenti les deux coups hésitants de la clochette, elle injectait et vivifiait de tout ce qu'elle
30 savait sur la famille Swann l'obscur et incertain personnage qui se détachait, suivi de ma grand'mère, sur un fond de ténèbres, et qu'on

---

[39] **demi-monde** belonging to the shady circles of society, of doubtful reputation and no princess at all. The word became widespread after the younger Dumas used it as a title for a play (1885).

[40] **gribiche** one of the sauces used with cold fish; the recipe is given in Escoffier's famous cookbook.

[41] **Twickenham** fashionable English resort in Middlesex where the Prince of Wales, the future Edward VII sometimes resided and where the members of the exiled French royal family of Orleans lived.

reconnaissait à la voix. Mais même au point de vue des plus insignifiantes choses de la vie, nous ne sommes pas un tout matériellement constitué, identique pour tout le monde et dont chacun n'a qu'à aller prendre connaissance comme d'un cahier des charges[42] ou d'un testament; notre personnalité sociale est une création de la pensée des autres. Même l'acte si simple que nous appelons «voir une personne que nous connaissons» est en partie un acte intellectuel. Nous remplissons l'apparence physique de l'être que nous voyons de toutes les notions que nous avons sur lui, et dans l'aspect total que nous nous représentons, ces notions ont certainement la plus grande part. Elles finissent par gonfler si parfaitement les joues, par suivre en une adhérence si exacte la ligne du nez, elles se mêlent si bien de nuancer la sonorité de la voix comme si celle-ci n'était qu'une transparente enveloppe, que chaque fois que nous voyons ce visage et que nous entendons cette voix, ce sont ces notions que nous retrouvons, que nous écoutons. Sans doute, dans le Swann qu'ils s'étaient constitué, mes parents avaient omis par ignorance de faire entrer une foule de particularités de sa vie mondaine qui étaient cause que d'autres personnes, quand elles étaient en sa présence, voyaient les élégances régner dans son visage et s'arrêter à son nez busqué comme à leur frontière naturelle; mais aussi ils avaient pu entasser dans ce visage désaffecté de son prestige, vacant et spacieux, au fond de ces yeux dépréciés, le vague et doux résidu—mi-mémoire, mi-oubli—des heures oisives passées ensemble après nos dîners hebdomadaires, autour de la table de jeu ou au jardin, durant notre vie de bon voisinage campagnard. L'enveloppe corporelle de notre ami en avait été si bien bourrée, ainsi que de quelques souvenirs relatifs à ses parents, que ce Swann-là était devenu un être complet et vivant, et que j'ai l'impression de quitter une personne pour aller vers une autre qui en est distincte, quand, dans ma mémoire, du Swann que j'ai connu plus tard avec exactitude, je passe à ce premier Swann—à ce premier Swann dans lequel je retrouve les erreurs charmantes de ma jeunesse et qui d'ailleurs ressemble moins à l'autre qu'aux personnes que j'ai connues à la même époque, comme s'il en était de notre vie ainsi que d'un musée où tous les portraits d'un même temps ont un air de famille, une même tonalité—à ce premier Swann rempli de

---

[42] **cahier des charges** a legal document which enumerates the conditions of sale of property.

loisir, parfumé par l'odeur du grand marronnier, des paniers de framboises et d'un brin d'estragon.

Pourtant un jour que ma grand'mère était allée demander un service à une dame qu'elle avait connue au Sacré-Cœur[43] (et avec laquelle, à cause de notre conception des castes, elle n'avait pas voulu rester en relations, malgré une sympathie réciproque), la marquise de Villeparisis, de la célèbre famille de Bouillon,[44] celle-ci lui avait dit: «Je crois que vous connaissez beacoup M. Swann qui est un grand ami de mes neveux des Laumes.» Ma grand'mère était revenue
10 de sa visite enthousiasmée par la maison qui donnait sur des jardins et où Mme de Villeparisis lui conseillait de louer, et aussi par un giletier et sa fille, qui avaient leur boutique dans la cour et chez qui elle était entrée demander qu'on fît un point à sa jupe qu'elle avait déchirée dans l'escalier. Ma grand'mère avait trouvé ces gens parfaits, elle déclarait que la petite était une perle et que le giletier était l'homme le plus distingué, le mieux qu'elle eût jamais vu. Car pour elle, la distinction était quelque chose d'absolument indépendant du rang social. Elle s'extasiait sur une réponse que le giletier lui avait faite, disant à maman: «Sévigné[45] n'aurait pas mieux dit!» et, en
20 revanche, d'un neveu de Mme de Villeparisis qu'elle avait rencontré chez elle: «Ah! ma fille, comme il est commun!»

Or le propos relatif à Swann avait eu pour effet, non pas de relever celui-ci dans l'esprit de ma grand'tante, mais d'y abaisser Mme de Villeparisis. Il semblait que la considération que, sur la foi de ma grand'mère, nous accordions à Mme de Villeparisis, lui créât un devoir de ne rien faire qui l'en rendît moins digne et auquel elle avait manqué en apprenant l'existence de Swann, en permettant à des parents à elle de le fréquenter. «Comment! elle connaît Swann? Pour une personne que tu prétendais parente du maréchal de Mac-
30 Mahon!»[46] Cette opinion de mes parents sur les relations de Swann leur parut ensuite confirmée par son mariage avec une femme de la

---

[43] **Sacré-Coeur**   a convent school in Paris run by a semi-cloistered order of nuns, for girls belonging to the aristocracy and well-established bourgeoisie.
[44] **Bouillon**   The Bouillon family claims descent from Godefroy de Bouillon, famous crusader and first king of Jerusalem (1099).
[45] **Sévigné**   The Marquise de Sévigné, talented letter-writer of the seventeenth century, is one of the favorite authors of the narrator's grandmother and mother, who often quote her.
[46] **Mac-Mahon**   Marshal of France and first President of the Third Republic (1873-1879).

pire société, presque une cocotte[47] que, d'ailleurs, il ne chercha jamais à présenter, continuant à venir seul chez nous, quoique de moins en moins, mais d'après laquelle ils crurent pouvoir juger—supposant que c'était là qu'il l'avait prise—le milieu, inconnu d'eux, qu'il fréquentait habituellement. Mais une fois, mon grand-père lut dans son journal que M. Swann était un des plus fidèles habitués des déjeuners du dimanche chez le duc de X..., dont le père et l'oncle avaient été les hommes d'État les plus en vue du règne de Louis-Philippe. Or mon grand-père était curieux de tous les petits faits qui pouvaient l'aider à entrer par la 10 pensée dans la vie privée d'hommes comme Molé, comme le duc Pasquier, comme le duc de Broglie.[48] Il fut enchanté d'apprendre que Swann fréquentait des gens qui les avaient connus. Ma grand'tante au contraire interpréta cette nouvelle dans un sens défavorable à Swann: quelqu'un qui choisissait ses fréquentations en dehors de la caste où il était né, en dehors de sa «classe» sociale, subissait à ses yeux un fâcheux déclassement. Il lui semblait qu'on renonçât d'un coup au fruit de toutes les belles relations avec des gens bien posés, qu'avaient honorablement entretenues et engrangées pour leurs en-fants les familles prévoyantes (ma grand'tante avait même cessé de 20 voir le fils d'un notaire de nos amis parce qu'il avait épousé une altesse et était par là descendu pour elle du rang respecté de fils de notaire à celui d'un de ces aventuriers anciens valets de chambre ou garçons d'écurie, pour qui on raconte que les reines eurent parfois des bontés). Elle blâma le projet qu'avait mon grand-père d'interroger Swann, le soir prochain où il devait venir dîner, sur ces amis que nous lui découvrions. D'autre part les deux sœurs de ma grand'mère, vieilles filles qui avaient sa noble nature, mais non son esprit, dé-clarèrent ne pas comprendre le plaisir que leur beau-frère pouvait trouver à parler de niaiseries pareilles. C'étaient des personnes d'as- 30 pirations élevées et qui à cause de cela même étaient incapables de s'intéresser à ce qu'on appelle un potin,[49] eût-il même un intérêt

[47] **cocotte** a "kept" woman.

[48] **Broglie** Molé, Pasquier, and Broglie are statesmen and members of the aristocracy who played an important rôle in politics in the first half of the nineteenth century during the Restoration (1815-1830), and the reign of Louis-Philippe (1830-1848).

[49] **potin** an item of gossip which generally concerns the private affairs of the individuals about whom it is told.

historique, et d'une façon générale à tout ce qui ne se rattachait pas directement à un objet esthétique ou vertueux. Le désintéressement de leur pensée était tel, à l'égard de tout ce qui, de près ou de loin, semblait se rattacher à la vie mondaine, que leur sens auditif—ayant fini par comprendre son inutilité momentanée dès qu'à dîner la conversation prenait un ton frivole ou seulement terre à terre sans que ces deux vieilles demoiselles aient pu la ramener aux sujets qui leur étaient chers,—mettait alors au repos ses organes récepteurs et leur laissait subir un véritable commencement d'atrophie. Si alors mon
10 grand-père avait besoin d'attirer l'attention des deux sœurs, il fallait qu'il eût recours à ces avertissements physiques dont usent les médecins aliénistes à l'égard de certains maniaques de la distraction: coups frappés à plusieurs reprises sur un verre avec la lame d'un couteau, coïncidant avec une brusque interpellation de la voix et du regard, moyens violents que ces psychiatres transportent souvent dans les rapports courants avec des gens bien portants, soit par habitude professionnelle, soit qu'ils croient tout le monde un peu fou.

Elles furent plus intéressées quand la veille du jour où Swann devait venir dîner, et leur avait personnellement envoyé une caisse de
20 vin d'Asti, ma tante, tenant un numéro du *Figaro*[50] où à côté du nom d'un tableau qui était à une Exposition de Corot,[51] il y avait ces mots: «de la collection de M. Charles Swann», nous dit: «Vous avez vu que Swann a «les honneurs» du *Figaro?*»—«Mais je vous ai toujours dit qu'il avait beaucoup de goût», dit ma grand'mère.— «Naturellement toi, du moment qu'il s'agit d'être d'un autre avis que nous», répondit ma grand'tante qui, sachant que ma grand'mère n'était jamais du même avis qu'elle, et n'étant pas bien sûre que ce fût à elle-même que nous donnions toujours raison, voulait nous arracher une condamnation en bloc des opinions de ma grand'mère
30 contre lesquelles elle tâchait de nous solidariser de force avec les siennes. Mais nous restâmes silencieux. Les sœurs de ma grand'mère ayant manifesté l'intention de parler à Swann de ce mot du *Figaro,* ma grand'tante le leur déconseilla. Chaque fois qu'elle voyait aux

---

[50] *Le Figaro* newspaper first founded in 1825 which became important under the Third Republic and still exists today. It carried a column on society news and one on art and literature to which Proust sometimes contributed. Named after the impertinent, inventive, and witty Figaro, principal character of Beaumarchais' *Le Barbier de Séville* and *Le Mariage de Figaro.*
[51] **Corot** French painter (1796-1875) especially famous for his landscapes.

autres un avantage si petit fût-il qu'elle n'avait pas, elle se persuadait que c'était non un avantage, mais un mal, et elle les plaignait pour ne pas avoir à les envier. «Je crois que vous ne lui feriez pas plaisir; moi je sais bien que cela me serait très désagréable de voir mon nom imprimé tout vif comme cela dans le journal, et je ne serais pas flattée du tout qu'on m'en parlât.» Elle ne s'entêta pas d'ailleurs à persuader les sœurs de ma grand'mère; car celles-ci par horreur de la vulgarité poussaient si loin l'art de dissimuler sous des périphrases ingénieuses une allusion personnelle, qu'elle passait souvent inaperçue de celui même à qui elle s'adressait. Quant à ma mère, elle ne pensait qu'à 10 tâcher d'obtenir de mon père qu'il consentît à parler à Swann non de sa femme, mais de sa fille qu'il adorait et à cause de laquelle, disait-on, il avait fini par faire ce mariage. «Tu pourrais ne lui dire qu'un mot, lui demander comment elle va. Cela doit être si cruel pour lui.» Mais mon père se fâchait: «Mais non! tu as des idées absurdes. Ce serait ridicule.»

Mais le seul d'entre nous pour qui la venue de Swann devint l'objet d'une préoccupation douloureuse, ce fut moi. C'est que les soirs où des étrangers, ou seulement M. Swann, étaient là, maman ne montait pas dans ma chambre. Je dînais avant tout le monde et je venais en- 20 suite m'asseoir à table, jusqu'à huit heures où il était convenu que je devais monter; ce baiser précieux et fragile que maman me confiait d'habitude dans mon lit au moment de m'endormir, il me fallait le transporter de la salle à manger dans ma chambre et le garder pendant tout le temps que je me déshabillais, sans que se brisât sa douceur, sans que se répandît et s'évaporât sa vertu volatile, et, justement ces soirs-là où j'aurais eu besoin de le recevoir avec plus de pré- caution, il fallait que je le prisse, que je le dérobasse brusquement, publiquement, sans même avoir le temps et la liberté d'esprit néces- saires pour porter à ce que je faisais cette attention des maniaques 30 qui s'efforcent de ne pas penser à autre chose pendant qu'ils ferment une porte, pour pouvoir, quand l'incertitude maladive leur revient, lui opposer victorieusement le souvenir du moment où ils l'ont fermée. Nous étions tous au jardin quand retentirent les deux coups hésitants de la clochette. On savait que c'était Swann; néanmoins tout le monde se regarda d'un air interrogateur et on envoya ma grand'- mère en reconnaissance. «Pensez à le remercier intelligiblement de son vin, vous savez qu'il est délicieux et la caisse est énorme», recom-

manda mon grand-père à ses deux belles-sœurs. «Ne commencez pas
à chuchoter, dit ma grand'tante. Comme c'est confortable d'arriver
dans une maison où tout le monde parle bas!»—«Ah! voilà M.
Swann. Nous allons lui demander s'il croit qu'il fera beau demain»,
dit mon père. Ma mère pensait qu'un mot d'elle effacerait toute la
peine que dans notre famille on avait pu faire à Swann depuis son
mariage. Elle trouva le moyen de l'emmener un peu à l'écart. Mais je
la suivis; je ne pouvais me décider à la quitter d'un pas en pensant
que tout à l'heure il faudrait que je la laisse dans la salle à manger
10 et que je remonte dans ma chambre, sans avoir comme les autres
soirs la consolation qu'elle vînt m'embrasser. «Voyons, monsieur
Swann, lui dit-elle, parlez-moi un peu de votre fille; je suis sûre
qu'elle a déjà le goût des belles œuvres comme son papa.»—«Mais
venez donc vous asseoir avec nous tous sous la véranda», dit mon
grand-père en s'approchant. Ma mère fut obligée de s'interrompre,
mais elle tira de cette contrainte même une pensée délicate de plus,
comme les bons poètes que la tyrannie de la rime force à trouver leurs
plus grandes beautés: «Nous reparlerons d'elle quand nous serons
tous les deux, dit-elle à mi-voix à Swann. Il n'y a qu'une maman qui
20 soit digne de vous comprendre. Je suis sûre que la sienne serait de
mon avis.» Nous nous assîmes tous autour de la table de fer. J'aurais
voulu ne pas penser aux heures d'angoisse que je passerais ce soir
seul dans ma chambre sans pouvoir m'endormir; je tâchais de me
persuader qu'elles n'avaient aucune importance, puisque je les aurais
oubliées demain matin, de m'attacher à des idées d'avenir qui
auraient dû me conduire comme sur un pont au delà de l'abîme
prochain qui m'effrayait. Mais mon esprit tendu par ma préoccupation, rendu convexe comme le regard que je dardais sur ma mère, ne
se laissait pénétrer par aucune impression étrangère. Les pensées
30 entraient bien en lui, mais à condition de laisser dehors tout élément
de beauté ou simplement de drôlerie qui m'eût touché ou distrait.
Comme un malade grâce à un anesthésique assiste avec une pleine
lucidité à l'opération qu'on pratique sur lui, mais sans rien sentir, je
pouvais me réciter des vers que j'aimais ou observer les efforts que
mon grand-père faisait pour parler à Swann du duc d'Audiffret-
Pasquier, sans que les premiers me fissent éprouver aucune émotion,
les seconds aucune gaîté. Ces efforts furent infructueux. A peine mon

grand-père eut-il posé à Swann une question relative à cet orateur qu'une des sœurs de ma grand'mère aux oreilles de qui cette question résonna comme un silence profond mais intempestif et qu'il était poli de rompre, interpella l'autre: «Imagine-toi, Céline, que j'ai fait la connaissance d'une jeune institutrice suédoise qui m'a donné sur les coopératives dans les pays scandinaves des détails tout ce qu'il y a de plus intéressants. Il faudra qu'elle vienne dîner ici un soir.»—«Je crois bien! répondit sa sœur Flora, mais je n'ai pas perdu mon temps non plus. J'ai rencontré M. Vinteuil, un vieux savant qui connaît beaucoup Maubant,[52] et à qui Maubant a expliqué dans le plus grand 10 détail comment il s'y prend pour composer un rôle. C'est tout ce qu'il y a de plus intéressant. C'est un voisin de M. Vinteuil, je n'en savais rien; et il est très aimable.»—«Il n'y a pas que M. Vinteuil qui ait des voisins aimables», s'écria ma tante Céline d'une voix que la timidité rendait forte et la préméditation factice, tout en jetant sur Swann ce qu'elle appelait un regard significatif. En même temps ma tante Flora, qui avait compris que cette phrase était le remerciement de Céline pour le vin d'Asti, regardait également Swann avec un air mêlé de congratulation et d'ironie, soit simplement pour souligner le trait d'esprit de sa sœur, soit qu'elle enviât Swann de l'avoir inspiré, 20 soit qu'elle ne pût s'empêcher de se moquer de lui parce qu'elle le croyait sur la sellette. «Je crois qu'on pourra réussir à avoir ce monsieur à dîner, continua Flora; quand on le met sur Maubant ou sur Mme Materna,[53] il parle des heures sans s'arrêter.»—«Ce doit être délicieux», soupira mon grand-père dans l'esprit de qui la nature avait malheureusement aussi complètement omis d'inclure la possibilité de s'intéresser passionnément aux coopératives suédoises ou à la composition des rôles de Maubant, qu'elle avait oublié de fournir celui des sœurs de ma grand'mère du petit grain de sel qu'il faut ajouter soi-même, pour y trouver quelque saveur, à un récit sur la 30 vie intime de Molé ou du comte de Paris. «Tenez, dit Swann à mon grand-père, ce que je vais vous dire a plus de rapports que cela n'en a l'air avec ce que vous me demandiez, car sur certains points les choses n'ont pas énormément changé. Je relisais ce matin dans Saint-

---

[52] **Maubant** nineteenth-century actor of the Comédie Française.
[53] **Mme Materna** Austrian singer (1876-1897) who specialized in Wagnerian opera and sang in Vienna, Paris, London, and New York.

Simon[54] quelque chose qui vous aurait amusé. C'est dans le volume sur son ambassade d'Espagne; ce n'est pas un des meilleurs, ce n'est guère qu'un journal merveilleusement écrit, ce qui fait déjà une première différence avec les assommants journaux que nous nous croyons obligés de lire matin et soir.»—«Je ne suis pas de votre avis, il y a des jours où la lecture des journaux me semble fort agréable...», interrompit ma tante Flora, pour montrer qu'elle avait lu la phrase sur le Corot de Swann dans le *Figaro.* «Quand ils parlent de choses ou de gens qui nous intéressent!» enchérit ma tante Céline. «Je ne dis 10 pas non, répondit Swann étonné. Ce que je reproche aux journaux, c'est de nous faire faire attention tous les jours à des choses insignifiantes tandis que nous lisons trois ou quatre fois dans notre vie les livres où il y a des choses essentielles. Du moment que nous déchirons fiévreusement chaque matin la bande du journal, alors on devrait changer les choses et mettre dans le journal, moi je ne sais pas, les... Pensées de Pascal![55] (il détacha ce mot d'un ton d'emphase ironique pour ne pas avoir l'air pédant). Et c'est dans le volume doré sur tranches que nous n'ouvrons qu'une fois tous les dix ans, ajouta-t-il en témoignant pour les choses mondaines ce dédain qu'affectent 20 certains hommes du monde, que nous lirions que la reine de Grèce est allée à Cannes ou que la princesse de Léon a donné un bal costumé. Comme cela la juste proportion serait rétablie.» Mais regrettant de s'être laissé aller à parler même légèrement de choses sérieuses: «Nous avons une bien belle conversation, dit-il ironiquement, je ne sais pas pourquoi nous abordons ces «sommets», et se tournant vers mon grand-père: «Donc Saint-Simon raconte que Maulevrier avait eu l'audace de tendre la main à ses fils. Vous savez, c'est ce Maulevrier dont il dit: «Jamais je ne vis dans cette épaisse bouteille que de

---

[54] **Saint-Simon** the Duke of Saint-Simon, author of memoirs which give a highly colored and partial picture of court life and intrigues during the last years of the reign of Louis XIV and the Regency of Louis d'Orléans.

[55] **Pascal** Pascal (1623-1662), brilliant and profound mathematician, physicist, and writer. He became converted to Jansenism and withdrew to Port Royal where he died. The notes he had been compiling for an *Apology for the Christian Religion* were published posthumously under the title of "Pensées." They contain a vivid description and a penetrating analysis of the nature of man.

The conversation here, as all conversations in the novel, should be read aloud. It is a subtly ironic take-off of many dinnertime conversations and it also reveals characteristic traits of the people talking.

l'humeur, de la grossièreté et des sottises.»[56]—«Épaisses ou non, je connais des bouteilles où il y a tout autre chose,» dit vivement Flora, qui tenait à avoir remercié Swann elle aussi, car le présent de vin d'Asti s'adressait aux deux. Céline se mit à rire. Swann interloqué reprit: «Je ne sais si ce fut ignorance ou panneau, écrit Saint-Simon, il voulut donner la main à mes enfants. Je m'en aperçus assez tôt pour l'en empêcher.»[57] Mon grand-père s'extasiait déjà sur «ignorance ou panneau», mais Mlle Céline, chez qui le nom de Saint-Simon—un littérateur—avait empêché l'anesthésie complète des facultés auditives, s'indignait déjà: «Comment? vous admirez cela? Eh bien! c'est du joli! Mais qu'est-ce que cela peut vouloir dire; est-ce qu'un homme n'est pas autant qu'un autre? Qu'est-ce que cela peut faire qu'il soit duc ou cocher s'il a de l'intelligence et du cœur? Il avait une belle manière d'élever ses enfants, votre Saint-Simon, s'il ne leur disait pas de donner la main à tous les honnêtes gens. Mais c'est abominable, tout simplement. Et vous osez citer cela?» Et mon grand-père navré, sentant l'impossibilité, devant cette obstruction, de chercher à faire raconter à Swann les histoires qui l'eussent amusé, disait à voix basse à maman: «Rappelle-moi donc le vers que tu m'as appris et qui me soulage tant dans ces moments-là. Ah! oui: «Seigneur, que de vertus vous nous faites haïr!» Ah! comme c'est bien!»

Je ne quittais pas ma mère des yeux, je savais que quand on serait à table, on ne me permettrait pas de rester pendant toute la durée du dîner et que, pour ne pas contrarier mon père, maman ne me laisserait pas l'embrasser à plusieurs reprises devant le monde, comme si ç'avait été dans ma chambre. Aussi je me promettais, dans la salle à manger, pendant qu'on commencerait à dîner et que je sentirais approcher l'heure, de faire d'avance de ce baiser qui serait si court et furtif, tout ce que j'en pouvais faire seul, de choisir avec mon regard la place de la joue que j'embrasserais, de préparer ma pensée pour pouvoir grâce à ce commencement mental de baiser consacrer toute

[56]. . . sottises *Mémoires de St.-Simon,* edition A. de Boislisle (Paris, Hachette, 1927), XXXIX, p. 310.
Maulevrier was ambassador to Spain where St.-Simon was sent as ambassador extraordinary at the time of the marriage of the Infanta to the young King of France, Louis XV. St.-Simon heartily despised Maulevrier, for no good reason. *Humeur* means bad temper.
[57]. . . empêcher *ibid.,* XXXIX, p. 311.
"I don't know whether through ignorance or by design . . ." St.-Simon thought himself as infinitely superior to Maulevrier by birth.

la minute que m'accorderait maman à sentir sa joue contre mes
lèvres, comme un peintre qui ne peut obtenir que de courtes séances
de pose, prépare sa palette, et a fait d'avance de souvenir, d'après ses
notes, tout ce pour quoi à la rigueur il pouvait se passer de la présence du modèle. Mais voici qu'avant que le dîner fût sonné mon
grand-père eut la férocité inconsciente de dire: «Le petit a l'air
fatigué, il devrait monter se coucher. On dîne tard du reste ce soir.»
Et mon père, qui ne gardait pas aussi scrupuleusement que ma
grand'mère et que ma mère la foi des traités, dit: «Oui, allons, va te
10 coucher.» Je voulus embrasser maman, à cet instant on entendit la
cloche du dîner. «Mais non, voyons, laisse ta mère, vous vous êtes
assez dit bonsoir comme cela, ces manifestations sont ridicules.
Allons, monte!» Et il me fallut partir sans viatique;[58] il me fallut
monter chaque marche de l'escalier, comme dit l'expression populaire,
à «contre-cœur», montant contre mon cœur qui voulait retourner
près de ma mère parce qu'elle ne lui avait pas, en m'embrassant,
donné licence de me suivre. Cet escalier détesté où je m'engageais
toujours si tristement, exhalait une odeur de vernis qui avait en
quelque sorte absorbé, fixé, cette sorte particulière de chagrin que je
20 ressentais chaque soir, et la rendait peut-être plus cruelle encore pour
ma sensibilité parce que, sous cette forme olfactive, mon intelligence
n'en pouvait plus prendre sa part. Quand nous dormons et qu'une
rage de dents n'est encore perçue par nous que comme une jeune fille
que nous nous efforçons deux cents fois de suite de tirer de l'eau ou
que comme un vers de Molière que nous nous répétons sans arrêter,
c'est un grand soulagement de nous réveiller et que notre intelligence
puisse débarrasser l'idée de rage de dents de tout déguisement
héroïque ou cadencé.[59] C'est l'inverse de ce soulagement que

---

[58] **viatique** the communion or Eucharist which, in the Catholic Church,
is given to the dying. From here on the narrator compares the act of going
to bed to a sort of death; his nightgown is a shroud, his room a grave, his
bed a coffin.

[59] **. . . cadencé** The child's distress when he has to go to bed is not linked
to any understandable cause. It is *un état d'être* which the smell of varnish
automatically creates in him. This interplay between a physical state and a
psychological state is contrasted with what happens in certain dreams. There a
purely physical violent toothache can be transformed into a form of psychological distress, the throbbing nerves merely transmitting the notion of a painful cadence or repetition. The distress vanishes—though not the pain—when,
in waking, its physical cause is discovered. The smell of varnish and the child's
distress cannot be rationally dissociated since they are sensations associated

j'éprouvais quand mon chagrin de monter dans ma chambre entrait en moi d'une façon infiniment plus rapide, presque instantanée, à la fois insidieuse et brusque, par l'inhalation—beaucoup plus toxique que la pénétration morale—de l'odeur de vernis particulière à cet escalier. Une fois dans ma chambre, il fallut boucher toutes les issues, fermer les volets, creuser mon propre tombeau, en défaisant mes couvertures, revêtir le suaire de ma chemise de nuit. Mais avant de m'ensevelir dans le lit de fer qu'on avait ajouté dans la chambre parce que j'avais trop chaud l'été sous les courtines de reps du grand lit,[60] j'eus un mouvement de révolte, je voulus essayer d'une ruse de 10 condamné. J'écrivis à ma mère en la suppliant de monter pour une chose grave que je ne pouvais lui dire dans ma lettre. Mon effroi était que Françoise, la cuisinière de ma tante, qui était chargée de s'occuper de moi quand j'étais à Combray, refusât de porter mon mot. Je me doutais que pour elle, faire une commission à ma mère quand il y avait du monde lui paraîtrait aussi impossible que pour le portier d'un théâtre de remettre une lettre à un acteur pendant qu'il est en scène. Elle possédait à l'égard des choses qui peuvent ou ne peuvent pas se faire un code impérieux, abondant, subtil et intransigeant sur des distinctions insaisissables ou oiseuses (ce qui lui donnait l'appa- 20 rence de ces lois antiques qui, à côté de prescriptions féroces comme de massacrer les enfants à la mamelle, défendent avec une délicatesse exagérée de faire bouillir le chevreau dans le lait de sa mère, ou de manger dans un animal le nerf de la cuisse). Ce code, si l'on en jugeait par l'entêtement soudain qu'elle mettait à ne pas vouloir faire certaines commissions que nous lui donnions, semblait avoir prévu des complexités sociales et des raffinements mondains tels que rien dans l'entourage de Françoise et dans sa vie de domestique de village n'avait pu les lui suggérer; et l'on était obligé de se dire qu'il y avait en elle un passé français très ancien, noble et mal compris, comme 30 dans ces cités manufacturières où de vieux hôtels[61] témoignent qu'il y eut jadis une vie de cour, et où les ouvriers d'une usine de produits chimiques travaillent au milieu de délicates sculptures qui repré-

---

only because they exist simultaneously in time and place and are simultaneously and unconsciously perceived by the child. They are organically, not causally, linked and one becomes a sort of symbol of the other.
[60] **reps** the rep curtains draped around the four-poster bed.
[61] **hôtels** The word *hôtel* here designates a large and fairly ancient private town house.

sentent le miracle de saint Théophile,[62] ou les quatre fils Aymon.[63] Dans le cas particulier, l'article du code à cause duquel il était peu probable que sauf le cas d'incendie Françoise allât déranger maman en présence de M. Swann pour un aussi petit personnage que moi, exprimait simplement le respect qu'elle professait non seulement pour les parents—comme pour les morts, les prêtres et les rois—mais encore pour l'étranger à qui on donne l'hospitalité, respect qui m'aurait peut-être touché dans un livre mais qui m'irritait toujours dans sa bouche, à cause du ton grave et attendri qu'elle prenait pour en parler, et

10   davantage ce soir où le caractère sacré qu'elle conférait au dîner avait pour effet qu'elle refuserait d'en troubler la cérémonie. Mais pour mettre une chance de mon côté, je n'hésitai pas à mentir et à lui dire que ce n'était pas du tout moi qui avais voulu écrire à maman, mais que c'était maman qui, en me quittant, m'avait recommandé de ne pas oublier de lui envoyer une réponse relativement à un objet qu'elle m'avait prié de chercher; et elle serait certainement très fâchée si on ne lui remettait pas ce mot. Je pense que Françoise ne me crut pas, car, comme les hommes primitifs dont les sens étaient plus puissants que les nôtres, elle discernait immédiatement, à des signes insaisissa-

20   bles pour nous, toute vérité que nous voulions lui cacher; elle regarda pendant cinq minutes l'enveloppe comme si l'examen du papier et l'aspect de l'écriture allaient la renseigner sur la nature du contenu ou lui apprendre à quel article de son code elle devait se référer. Puis elle sortit d'un air résigné qui semblait signifier: «C'est-il pas mal-heureux pour des parents d'avoir un enfant pareil!» Elle revint au bout d'un moment me dire qu'on n'en était encore qu'à la glace, qu'il était impossible au maître d'hôtel de remettre la lettre en ce moment devant tout le monde, mais que, quand on serait au rince-bouche,[64] on trouverait le moyen de la faire passer à maman. Aussitôt mon

---

[62] **Théophile**   There are several saints named Theophilus who performed miracles. Proust probably refers to Theophilus "the penitent," a popular apoc-ryphal saint, hero of a medieval miracle play, *Le Miracle de Théophile,* by Rutebeuf; he was unjustly deprived of his office, signed a pact with Satan, but was saved in the end by the intervention of the Virgin Mary.

[63] **Aymon**   These four young knights are the heroes of many a medieval legend. They incurred the anger of Charlemagne and in the ensuing strife performed many miraculous exploits, always escaping pursuit, all four mounted on their magic horse, Bayard, an unusual performance which medie-val artists liked to represent.

[64] **rince-bouche**   finger bowl.

anxiété tomba; maintenant ce n'était plus comme tout à l'heure pour jusqu'à demain que j'avais quitté ma mère, puisque mon petit mot allait, la fâchant sans doute (et doublement parce que ce manège[65] me rendrait ridicule aux yeux de Swann), me faire du moins entrer invisible et ravi dans la même pièce qu'elle, allait lui parler de moi à l'oreille; puisque cette salle à manger interdite, hostile, où, il y avait un instant encore, la glace elle-même—le «granité»[66]—et les rince-bouche me semblaient recéler des plaisirs malfaisants et mortelle-ment tristes parce que maman les goûtait loin de moi, s'ouvrait à moi et, comme un fruit devenu doux qui brise son enveloppe, allait faire 10 jaillir, projeter jusqu'à mon cœur enivré l'attention de maman tandis qu'elle lirait mes lignes. Maintenant je n'étais plus séparé d'elle; les barrières étaient tombées, un fil délicieux nous réunissait. Et puis, ce n'était pas tout: maman allait sans doute venir!

L'angoisse que je venais d'éprouver, je pensais que Swann s'en T serait bien moqué s'il avait lu ma lettre et en avait deviné le but; or, au contraire, comme je l'ai appris plus tard, une angoisse semblable fut le tourment de longues années de sa vie, et personne aussi bien que lui peut-être n'aurait pu me comprendre; lui, cette angoisse qu'il y a à sentir l'être qu'on aime dans un lieu de plaisir où l'on n'est pas, où l'on 20 ne peut pas le rejoindre, c'est l'amour qui la lui a fait connaître, l'amour auquel elle est en quelque sorte prédestinée, par lequel elle sera accaparée, spécialisée; mais quand, comme pour moi, elle est entrée en nous avant qu'il ait encore fait son apparition dans notre vie, elle flotte en l'attendant, vague et libre, sans affectation déterminée, au service un jour d'un sentiment, le lendemain d'un autre, tantôt de la tendresse filiale ou de l'amitié pour un camarade.—Et la joie avec laquelle je fis mon premier apprentissage quand Françoise revint me dire que ma lettre serait remise, Swann l'avait bien connue aussi, cette joie trompeuse que nous donne quelque ami, quelque parent de la 30 femme que nous aimons, quand arrivant à l'hôtel ou au théâtre où elle se trouve, pour quelque bal, redoute, ou première[67] où il va la retrouver, cet ami nous aperçoit errant dehors, attendant désespéré-

---

[65] manège   a scheme or stratagem; here a trick, a roundabout way of doing things.
[66] granité   a special kind of ice-cream containing burned nuts.
[67] . . . première   Redoute is the French equivalent of the English rout, designating any fashionable evening party; a première is the first, therefore fashionable, night of any performance: theatre, opera, or ballet.

ment quelque occasion de communiquer avec elle. Il nous reconnaît, nous aborde familièrement, nous demande ce que nous faisons là. Et comme nous inventons que nous avons quelque chose d'urgent à dire à sa parente ou amie, il nous assure que rien n'est plus simple, nous fait entrer dans le vestibule et nous promet de nous l'envoyer avant cinq minutes. Que nous l'aimons—comme en ce moment j'aimais Françoise—l'intermédiaire bien intentionné qui d'un mot vient de nous rendre supportable, humaine et presque propice la fête inconcevable, infernale, au sein de laquelle nous croyions que des tourbillons ennemis, pervers et délicieux entraînaient loin de nous, la faisant rire de nous, celle que nous aimons. Si nous en jugeons par lui, le parent qui nous a accosté et qui est lui aussi un des initiés des cruels mystères, les autres invités de la fête ne doivent rien avoir de bien démoniaque. Ces heures inaccessibles et suppliciantes où elle allait goûter des plaisirs inconnus, voici que par une brèche inespérée nous y pénétrons; voici qu'un des moments dont la succession les aurait composées, un moment aussi réel que les autres, même peut-être plus important pour nous, parce que notre maîtresse y est plus mêlée, nous nous le représentons, nous le possédons, nous y intervenons, nous l'avons créé presque: le moment où on va lui dire que nous sommes là, en bas. Et sans doute les autres moments de la fête ne devaient pas être d'une essence bien différente de celui-là, ne devaient rien avoir de plus délicieux et qui dût tant nous faire souffrir, puisque l'ami bienveillant nous a dit: «Mais elle sera ravie de descendre! Cela lui fera beaucoup plus de plaisir de causer avec vous que de s'ennuyer là-haut.» Hélas! Swann en avait fait l'expérience, les bonnes intentions d'un tiers sont sans pouvoir sur une femme qui s'irrite de se sentir poursuivie jusque dans une fête par quelqu'un qu'elle n'aime pas. Souvent, l'ami redescend seul.

Ma mère ne vint pas, et sans ménagements pour mon amour-propre (engagé à ce que la fable de la recherche dont elle était censée m'avoir prié de lui dire le résultat ne fût pas démenti) me fit dire par Françoise ces mots: «Il n'y a pas de réponse» que depuis j'ai si souvent entendus des concierges de «palaces» ou des valets de pied de tripots,[68] rapporter à quelque pauvre fille qui s'étonne: «Comment, il n'a rien dit, mais c'est impossible! Vous avez pourtant bien

---

[68] **tripots** A *palace* is a luxury hotel; a *tripot,* a gambling house; a *valet de pied,* a footman.

remis ma lettre. C'est bien, je vais attendre encore.» Et—de même qu'elle assure invariablement n'avoir pas besoin du bec supplémentaire[69] que le concierge veut allumer pour elle, et reste là, n'entendant plus que les rares propos sur le temps qu'il fait échangés entre le concierge et un chasseur qu'il envoie tout d'un coup, en s'apercevant de l'heure, faire rafraîchir dans la glace la boisson d'un client—ayant décliné l'offre de Françoise de me faire de la tisane[70] ou de rester auprès de moi, je la laissai retourner à l'office, je me couchai et je fermai les yeux en tâchant de ne pas entendre la voix de mes parents qui prenaient le café au jardin. Mais au bout de quelques secondes, 10 je sentis qu'en écrivant ce mot à maman, en m'approchant, au risque de la fâcher, si près d'elle que j'avais cru toucher le moment de la revoir, je m'étais barré la possibilité de m'endormir sans l'avoir revue, et les battements de mon cœur de minute en minute devenaient plus douloureux parce que j'augmentais mon agitation en me prêchant un calme qui était l'acceptation de mon infortune. Tout à coup mon anxiété tomba, une félicité m'envahit comme quand un médicament puissant commence à agir et nous enlève une douleur: je venais de prendre la résolution de ne plus essayer de m'endormir sans avoir revu maman, de l'embrasser coûte que coûte, bien que ce fût avec la certi- 20 tude d'être ensuite fâché pour longtemps avec elle, quand elle remonterait se coucher. Le calme qui résultait de mes angoisses finies me mettait dans une allégresse extraordinaire, non moins que l'attente, la soif et la peur du danger. J'ouvris la fenêtre sans bruit et m'assis au pied de mon lit; je ne faisais presque aucun mouvement afin qu'on ne m'entendît pas d'en bas. Dehors, les choses semblaient, elles aussi, figées en une muette attention à ne pas troubler le clair de lune, qui doublant et reculant chaque chose par l'extension devant elle de son reflet, plus dense et concret qu'elle-même, avait à la fois aminci et agrandi le paysage comme un plan replié jusque-là, qu'on développe. 30 Ce qui avait besoin de bouger, quelque feuillage de marronnier, bougeait. Mais son frissonnement minutieux, total, exécuté jusque dans ses moindres nuances et ses dernières délicatesses, ne bavait pas sur le reste, ne se fondait pas avec lui, restait circonscrit. Exposés

[69] **supplémentaire** an extra gas-burner.
[70] **tisane** an infusion, like tea, made from dried herbs such as mint, or flowers, such as lime blossoms or camomile. Popular in France as a soothing evening drink.

sur ce silence qui n'en absorbait rien, les bruits les plus éloignés, ceux qui devaient venir de jardins situés à l'autre bout de la ville, se percevaient détaillés avec un tel «fini» qu'ils semblaient ne devoir cet effet de lointain qu'à leur pianissimo, comme ces motifs en sourdine si bien exécutés par l'orchestre du Conservatoire[71] que, quoiqu'on n'en perde pas une note, on croit les entendre cependant loin de la salle du concert, et que tous les vieux abonnés—les sœurs de ma grand'mère aussi quand Swann leur avait donné ses places—tendaient l'oreille comme s'ils avaient écouté les progrès lointains d'une
10 armée en marche qui n'aurait pas encore tourné la rue de Trévise.[72]

Je savais que le cas dans lequel je me mettais était de tous celui qui pouvait avoir pour moi, de la part de mes parents, les conséquences les plus graves, bien plus graves en vérité qu'un étranger n'aurait pu le supposer, de celles qu'il aurait cru que pouvaient produire seules des fautes vraiment honteuses. Mais dans l'éducation qu'on me donnait, l'ordre des fautes n'était pas le même que dans l'éducation des autres enfants, et on m'avait habitué à placer avant toutes les autres (parce que sans doute il n'y en avait pas contre lesquelles j'eusse besoin d'être plus soigneusement gardé) celles dont je comprends
20 maintenant que leur caractère commun est qu'on y tombe en cédant à une impulsion nerveuse. Mais alors on ne prononçait pas ce mot, on ne déclarait pas cette origine qui aurait pu me faire croire que j'étais excusable d'y succomber ou même peut-être incapable d'y résister. Mais je les reconnaissais bien à l'angoisse qui les précédait comme à la rigueur du châtiment qui les suivait; et je savais que celle que je venais de commettre était de la même famille que d'autres pour lesquelles j'avais été sévèrement puni, quoique infiniment plus grave. Quand j'irais me mettre sur le chemin de ma mère au moment où elle monterait se coucher, et qu'elle verrait que j'étais resté levé
30 pour lui redire bonsoir dans le couloir, on ne me laisserait plus rester à la maison, on me mettrait au collège le lendemain, c'était certain. Eh bien! dussé-je me jeter par la fenêtre cinq minutes après, j'aimerais encore mieux cela. Ce que je voulais maintenant c'était maman, c'était lui dire bonsoir, j'étais allé trop loin dans la voie qui menait à la réalisation de ce désir pour pouvoir rebrousser chemin.

J'entendis les pas de mes parents qui accompagnaient Swann; et

---

[71] **Conservatoire** national school of music and diction in Paris.
[72] **la rue de Trévise** one of the streets in Combray.

quand le grelot de la porte m'eut averti qu'il venait de partir, j'allai
à la fenêtre. Maman demandait à mon père s'il avait trouvé la lan-
gouste bonne et si M. Swann avait repris de la glace au café et à la
pistache. «Je l'ai trouvée bien quelconque, dit ma mère; je crois que
la prochaine fois il faudra essayer d'un autre parfum.»—«Je ne peux
pas dire comme je trouve que Swann change, dit ma grand'tante, il
est d'un vieux!»[73] Ma grand'tante avait tellement l'habitude de voir
toujours en Swann un même adolescent, qu'elle s'étonnait de le trouver tout à coup moins jeune que l'âge qu'elle continuait à lui donner.
Et mes parents du reste commençaient à lui trouver cette vieillesse 10
anormale, excessive, honteuse et méritée des célibataires, de tous
ceux pour qui il semble que le grand jour qui n'a pas de lendemain
soit plus long que pour les autres, parce que pour eux il est vide, et
que les moments s'y additionnent depuis le matin sans se diviser
ensuite entre des enfants. «Je crois qu'il a beaucoup de soucis avec
sa coquine de femme qui vit au su de tout Combray avec un certain
monsieur de Charlus. C'est la fable de la ville.»[74] Ma mère fit remarquer qu'il avait pourtant l'air bien moins triste depuis quelque temps.
«Il fait aussi moins souvent ce geste qu'il a tout à fait comme son
père de s'essuyer les yeux et de se passer la main sur le front. Moi je 20
crois qu'au fond il n'aime plus cette femme.»—«Mais naturellement
il ne l'aime plus, répondit mon grand-père. J'ai reçu de lui il y a déjà
longtemps une lettre à ce sujet, à laquelle je me suis empressé de ne
pas me conformer, et qui ne laisse aucun doute sur ses sentiments,
au moins d'amour, pour sa femme. Hé bien! vous voyez, vous ne
l'avez pas remercié pour l'asti», ajouta mon grand-père en se tournant vers ses deux belles-sœurs. «Comment, nous ne l'avons par remercié? je crois, entre nous, que je lui ai même tourné cela assez
délicatement», répondit ma tante Flora. «Oui, tu as très bien arrangé
cela: je t'ai admirée», dit ma tante Céline.—«Mais toi, tu as été très 30
bien aussi.»—«Oui, j'étais assez fière de ma phrase sur les voisins aimables.»—«Comment, c'est cela que vous appelez remercier! s'écria
mon grand-père. J'ai bien entendu cela, mais du diable si j'ai cru[75]
que c'était pour Swann. Vous pouvez être sûres qu'il n'a rien compris.»—«Mais voyons, Swann n'est pas bête, je suis certaine qu'il a

[73] . . . vieux "How old he looks."
[74] . . . ville "It's the talk of the town."
[75] . . . j'ai cru . . . ". . . but the devil take me if I guessed . . ."

apprécié. Je ne pouvais cependant pas lui dire le nombre de bouteilles et le prix du vin!» Mon père et ma mère restèrent seuls, et s'assirent un instant; puis mon père dit: «Hé bien! si tu veux, nous allons monter nous coucher.»—«Si tu veux, mon ami, bien que je n'aie pas l'ombre de sommeil; ce n'est pas cette glace au café si anodine qui a pu pourtant me tenir si éveillée; mais j'aperçois de la lumière dans l'office et puisque la pauvre Françoise m'a attendue, je vais lui demander de dégrafer mon corsage pendant que tu vas te déshabiller.» Et ma mère ouvrit la porte treillagée[76] du vestibule qui donnait sur
10 l'escalier. Bientôt, je l'entendis qui montait fermer sa fenêtre. J'allai sans bruit dans le couloir; mon cœur battait si fort que j'avais de la peine à avancer, mais du moins il ne battait plus d'anxiété, mais d'épouvante et de joie. Je vis dans la cage de l'escalier la lumière projetée par la bougie de maman. Puis je la vis elle-même, je m'élançai. A la première seconde, elle me regarda avec étonnement, ne comprenant pas ce qui était arrivé. Puis sa figure prit une expression de colère, elle ne me dit même pas un mot, et en effet pour bien moins que cela on ne m'adressait plus la parole pendant plusieurs jours. Si maman m'avait dit un mot, ç'aurait été admettre qu'on pouvait me
20 reparler et d'ailleurs cela peut-être m'eût paru plus terrible encore, comme un signe que devant la gravité du châtiment qui allait se préparer, le silence, la brouille, eussent été puérils. Une parole, c'eût été le calme avec lequel on répond à un domestique quand on vient de décider de le renvoyer; le baiser qu'on donne à un fils qu'on envoie s'engager alors qu'on le lui aurait refusé si on devait se contenter d'être fâché deux jours avec lui. Mais elle entendit mon père qui montait du cabinet de toilette où il était allé se déshabiller, et, pour éviter la scène qu'il me ferait, elle me dit d'une voix entrecoupée par la colère: «Sauve-toi, sauve-toi, qu'au moins ton père ne t'ait vu
30 ainsi attendant comme un fou!» Mais je lui répétais: «Viens me dire bonsoir», terrifié en voyant que le reflet de la bougie de mon père s'élevait déjà sur le mur, mais aussi usant de son approche comme d'un moyen de chantage et espérant que maman, pour éviter que mon père me trouvât encore là si elle continuait à refuser, allait me dire: «Rentre dans ta chambre, je vais venir.» Il était trop tard, mon père était devant nous. Sans le vouloir, je murmurai ces mots que personne n'entendit: «Je suis perdu!»

[76] **porte treillagée** latticed door.

Il n'en fut pas ainsi. Mon père me refusait constamment des permissions qui m'avaient été consenties dans les pactes plus larges octroyés par ma mère et ma grand'mère, parce qu'il ne se souciait pas des «principes» et qu'il n'y avait pas avec lui de «Droit des gens».[77] Pour une raison toute contingente, ou même sans raison, il me supprimait au dernier moment telle promenade si habituelle, si consacrée, qu'on ne pouvait m'en priver sans parjure, ou bien, comme il avait encore fait ce soir, longtemps avant l'heure rituelle, il me disait: «Allons, monte te coucher, pas d'explication!» Mais aussi, parce qu'il n'avait pas de principes (dans le sens de ma grand'- mère), il n'avait pas à proprement parler d'intransigeance. Il me regarda un instant d'un air étonné et fâché, puis dès que maman lui eut expliqué en quelques mots embarrassés ce qui était arrivé, il lui dit: «Mais va donc avec lui, puisque tu disais justement que tu n'as pas envie de dormir, reste un peu dans sa chambre, moi je n'ai besoin de rien.»—«Mais, mon ami, répondit timidement ma mère, que j'aie envie ou non de dormir, ne change rien à la chose, on ne peut pas habituer cet enfant...»—«Mais il ne s'agit pas d'habituer, dit mon père en haussant les épaules, tu vois bien que ce petit a du chagrin, il a l'air désolé, cet enfant; voyons, nous ne sommes pas des bourreaux! Quand tu l'auras rendu malade, tu seras bien avancée! Puisqu'il y a deux lits dans sa chambre, dis donc à Françoise de te préparer le grand lit et couche pour cette nuit auprès de lui. Allons, bonsoir, moi qui ne suis pas si nerveux que vous, je vais me coucher.»

On ne pouvait pas remercier mon père; on l'eût agacé par ce qu'il appelait des sensibleries. Je restai sans oser faire un mouvement; il était encore devant nous, grand, dans sa robe de nuit blanche sous le cachemire de l'Inde violet et rose qu'il nouait autour de sa tête depuis qu'il avait des névralgies, avec le geste d'Abraham dans la gravure d'après Benozzo Gozzoli[78] que m'avait donnée M. Swann, disant à Sarah qu'elle a à se départir du côté d'Isaac. Il y a bien des années de cela. La muraille de l'escalier où je vis monter le reflet de sa bougie n'existe plus depuis longtemps. En moi aussi bien des

---

[77] **Droit des gens** Rights of Man.
[78] **Benozzo Gozzoli** Florentine painter, fifteenth century. He painted the frescoes in the Campo Santo of Pisa among which are several scenes from the life of Abraham. *Se départir:* to desist. There is a humorous connection between the situation of Isaac, his father and mother, and the narrator's own situation.

choses ont été détruites que je croyais devoir durer toujours, et de nouvelles se sont édifiées, donnant naissance à des peines et à des joies nouvelles que je n'aurais pu prévoir alors, de même que les anciennes me sont devenues difficiles à comprendre. Il y a bien longtemps aussi que mon père a cessé de pouvoir dire à maman: «Va avec le petit.» La possibilité de telles heures ne renaîtra jamais pour moi. Mais depuis peu de temps, je recommence à très bien percevoir, si je prête l'oreille, les sanglots que j'eus la force de contenir devant mon père et qui n'éclatèrent que quand je me retrouvai seul avec 10 maman. En réalité ils n'ont jamais cessé; et c'est seulement parce que la vie se tait maintenant davantage autour de moi que je les entends de nouveau, comme ces cloches de couvents que couvrent si bien les bruits de la ville pendant le jour qu'on les croirait arrêtées mais qui se remettent à sonner dans le silence du soir.

Maman passa cette nuit-là dans ma chambre; au moment où je venais de commettre une faute telle que je m'attendais à être obligé de quitter la maison, mes parents m'accordaient plus que je n'eusse jamais obtenu d'eux comme récompense d'une belle action. Même à l'heure où elle se manifestait par cette grâce, la conduite de mon 20 père à mon égard gardait ce quelque chose d'arbitraire et d'immérité qui la caractérisait, et qui tenait à ce que généralement elle résultait plutôt de convenances fortuites que d'un plan prémédité. Peut-être même que ce que j'appelais sa sévérité, quand il m'envoyait me coucher, méritait moins ce nom que celle de ma mère ou de ma grand'mère, car sa nature, plus différente en certains points de la mienne que n'était la leur, n'avait probablement pas deviné jusqu'ici combien j'étais malheureux tous les soirs, ce que ma mère et ma grand'mère savaient bien; mais elles m'aimaient assez pour ne pas consentir à m'épargner de la souffrance, elles voulaient m'apprendre 30 à la dominer afin de diminuer ma sensibilité nerveuse et fortifier ma volonté. Pour mon père, dont l'affection pour moi était d'une autre sorte, je ne sais pas s'il aurait eu ce courage: pour une fois où il venait de comprendre que j'avais du chagrin, il avait dit à ma mère: «Va donc le consoler.» Maman resta cette nuit-là dans ma chambre et, comme pour ne gâter d'aucun remords ces heures si différentes de ce que j'avais eu le droit d'espérer, quand Françoise, comprenant qu'il se passait quelque chose d'extraordinaire en voyant maman assise près de moi, qui me tenait la main et me laissait pleurer sans me gronder, lui demanda: «Mais Madame, qu'a donc Monsieur à pleurer ainsi?» maman lui répondit: «Mais il ne sait pas lui-même, Françoise, il est énervé; préparez-moi vite le grand lit et montez vous coucher.» Ainsi, pour la première fois, ma tristesse n'était plus considérée comme une faute punissable mais comme un mal involontaire qu'on venait de reconnaître officiellement, comme un état nerveux dont je n'étais pas responsable; j'avais le soulagement de n'avoir plus à mêler de scrupules à l'amertume de mes larmes, je pouvais pleurer sans péché. Je n'étais pas non plus médiocrement fier vis-à-vis de Françoise de ce retour des choses humaines, qui, une heure après 10 que maman avait refusé de monter dans ma chambre et m'avait fait dédaigneusement répondre que je devrais dormir, m'élevait à la dignité de grande personne et m'avait fait atteindre tout d'un coup à une sorte de puberté du chagrin, d'émancipation des larmes. J'aurais dû être heureux: je ne l'étais pas. Il me semblait que ma mère venait de me faire une première concession qui devait lui être douloureuse, que c'était une première abdication de sa part devant l'idéal qu'elle avait conçu pour moi, et que pour la première fois, elle, si courageuse, s'avouait vaincue. Il me semblait que si je venais de remporter une victoire c'était contre elle, que j'avais réussi comme 20 auraient pu faire la maladie, des chagrins, ou l'âge, à détendre sa volonté, à faire fléchir sa raison, et que cette soirée commençait une ère, resterait comme une triste date. Si j'avais osé maintenant, j'aurais dit à maman: «Non je ne veux pas, ne couche pas ici.» Mais je connaissais la sagesse pratique, réaliste comme on dirait aujourd'hui, qui tempérait en elle la nature ardemment idéaliste de ma grand'mère, et je savais que, maintenant que le mal était fait, elle aimerait mieux m'en laisser du moins goûter le plaisir calmant et ne pas déranger mon père. Certes, le beau visage de ma mère brillait encore de jeunesse ce soir-là où elle me tenait si doucement les mains et cherchait 30 à arrêter mes larmes; mais justement il me semblait que cela n'aurait pas dû être, sa colère eût été moins triste pour moi que cette douceur nouvelle que n'avait pas connue mon enfance; il me semblait que je venais d'une main impie et secrète de tracer dans son âme une première ride et d'y faire apparaître un premier cheveu blanc. Cette pensée redoubla mes sanglots, et alors je vis maman, qui jamais ne se laissait aller à aucun attendrissement avec moi, être tout d'un coup gagnée par le mien et essayer de retenir une envie de pleurer.

Comme elle sentit que je m'en étais aperçu, elle me dit en riant:
«Voilà mon petit jaunet, mon petit serin,[79] qui va rendre sa maman
aussi bêtasse que lui, pour peu que cela continue. Voyons, puisque
tu n'as pas sommeil ni ta maman non plus, ne restons pas à nous
énerver, faisons quelque chose, prenons un de tes livres.» Mais je n'en
avais pas là. «Est-ce que tu aurais moins de plaisir si je sortais déjà
les livres que ta grand'mère doit te donner pour ta fête? Pense bien:
tu ne seras pas déçu de ne rien avoir après-demain?» J'étais au contraire enchanté et maman alla chercher un paquet de livres dont je
10 ne pus deviner, à travers le papier qui les enveloppait, que la taille
courte et large, amis qui, sous ce premier aspect, pourtant sommaire
et voilé, éclipsaient déjà la boîte à couleurs du Jour de l'An et les vers
à soie de l'an dernier. C'était la *Mare au Diable, François le Champi,*
la *Petite Fadette* et les *Maîtres Sonneurs.*[80] Ma grand'mère, ai-je su
depuis, avait d'abord choisi les poésies de Musset,[81] un volume de
Rousseau et *Indiana;* car si elle jugeait les lectures futiles aussi mal-
saines que les bonbons et les pâtisseries, elle ne pensait pas que les
grands souffles du génie eussent sur l'esprit même d'un enfant une
influence plus dangereuse et moins vivifiante que sur son corps le
20 grand air et le vent du large. Mais mon père l'ayant presque traitée
de folle en apprenant les livres qu'elle voulait me donner, elle était
retournée elle-même à Jouy-le-Vicomte chez le libraire pour que je
ne risquasse pas de ne pas avoir mon cadeau (c'était un jour brûlant
et elle était rentrée si souffrante que le médecin avait averti ma mère
de ne pas la laisser se fatiguer ainsi) et elle s'était rabattue sur les
quatre romans champêtres de George Sand. «Ma fille, disait-elle à
maman, je ne pourrais me décider à donner à cet enfant quelque
chose de mal écrit.»

En réalité, elle ne se résignait jamais à rien acheter dont on ne pût

[79] **serin** terms of endearment; literally: "my little buttercup, my little
canary." *i.e.,* "my silly little boy."
[80] . . . **Maîtres Sonneurs** titles of novels by George Sand (1806-1876),
French woman novel-writer. These novels deal with idealized peasant life in
her province of Berry, and are considered suitable for children, whereas
Indiana, also by George Sand, first chosen by the narrator's grandmother, is a
romantic novel in which the rights of passion and the cause of free love are
advocated.
[81] **Musset** Alfred de Musset (1810-1857), romantic poet, novelist, and playwright. *Rousseau:* Jean Jacques Rousseau (1712-1778), a precursor of the Ro-
mantics. Musset and Rousseau could hardly be considered as suitable reading
for a young child in an ordinary bourgeois family.

tirer un profit intellectuel, et surtout celui que nous procurent les belles choses en nous apprenant à chercher notre plaisir ailleurs que dans les satisfactions du bien-être et de la vanité. Même quand elle avait à faire à quelqu'un un cadeau dit utile, quand elle avait à donner un fauteuil, des couverts, une canne, elle les cherchait «anciens», comme si leur longue désuétude ayant effacé leur caractère d'utilité, ils paraissaient plutôt disposés pour nous raconter la vie des hommes d'autrefois que pour servir aux besoins de la nôtre. Elle eût aimé que j'eusse dans ma chambre des photographies des monuments ou des paysages les plus beaux. Mais au moment d'en faire l'emplette, 10 et bien que la chose représentée eût une valeur esthétique, elle trouvait que la vulgarité, l'utilité reprenaient trop vite leur place dans le mode mécanique de représentation, la photographie. Elle essayait de ruser et, sinon d'éliminer entièrement la banalité commerciale, du moins de la réduire, d'y substituer, pour la plus grande partie, de l'art encore, d'y introduire comme plusieurs «épaisseurs» d'art: au lieu de photographies de la Cathédrale de Chartres, des Grandes Eaux de Saint-Cloud, du Vésuve, elle se renseignait auprès de Swann si quelque grand peintre ne les avait pas représentés, et préférait me donner des photographies de la Cathédrale de Chartres par Corot, 20 des Grandes Eaux de Saint-Cloud par Hubert Robert, du Vésuve par Turner,[82] ce qui faisait un degré d'art de plus. Mais si le photographe avait été écarté de la représentation du chef-d'œuvre ou de la nature et remplacé par un grand artiste, il reprenait ses droits pour reproduire cette interprétation même. Arrivée à l'échéance de la vulgarité, ma grand'mère tâchait de la reculer encore. Elle demandait à Swann si l'œuvre n'avait pas été gravée, préférant, quand c'était possible, des gravures anciennes et ayant encore un intérêt au delà d'elles-mêmes, par exemple celles qui représentent un chef-d'œuvre dans un

---

[82] **. . . Turner** Chartres Cathedral, one of the most famous gothic cathedrals in Europe (twelfth and thirteenth centuries), was painted by Corot in 1830.

Saint-Cloud: seventeenth-century château just outside Paris, burned in 1871; the park, however, remains; the fountains, as at Versailles, were combined so that the various jets of water make an architectural pattern. The term *grandes eaux* designates the *vue d'ensemble* when all the fountains are on.

Hubert Robert: eighteenth-century French painter who painted several châteaux and parks around Paris.

The English painter *Turner* painted many Italian landscapes after his first trip to Italy in 1819.

état où nous ne pouvons plus le voir aujourd'hui (comme la gravure de la *Cène* de Léonard avant sa dégradation, par Morgan).[83] Il faut dire que les résultats de cette manière de comprendre l'art de faire un cadeau ne furent pas toujours très brillants. L'idée que je pris de Venise d'après un dessin du Titien[84] qui est censé avoir pour fond la lagune, était certainement beaucoup moins exacte que celle que m'eussent donnée de simples photographies. On ne pouvait plus faire le compte à la maison, quand ma grand'tante voulait dresser un réquisitoire[85] contre ma grand'mère, des fauteuils, offerts par elle à de jeunes
10 fiancés ou à de vieux époux, qui, à la première tentative qu'on avait faite pour s'en servir, s'étaient immédiatement effondrés sous le poids d'un des destinataires. Mais ma grand'mère aurait cru mesquin de trop s'occuper de la solidité d'une boiserie où se distinguait encore une fleurette, un sourire, quelquefois une belle imagination du passé. Même ce qui dans ces meubles répondait à un besoin, comme c'était d'une façon à laquelle nous ne sommes plus habitués, la charmait comme les vieilles manières de dire où nous voyons une métaphore, effacée, dans notre moderne langage, par l'usure de l'habitude. Or, justement, les romans champêtres de George Sand qu'elle me donnait
20 pour ma fête, étaient pleins, ainsi qu'un mobilier ancien, d'expressions tombées en désuétude et redevenues imagées, comme on n'en trouve plus qu'à la campagne. Et ma grand'mère les avait achetés de préférence à d'autres, comme elle eût loué plus volontiers une propriété où il y aurait eu un pigeonnier gothique, ou quelqu'une de ces vieilles choses qui exercent sur l'esprit une heureuse influence en lui donnant la nostalgie d'impossibles voyages dans le temps.

Maman s'assit à côté de mon lit; elle avait pris *François le Champi*

[83] . . . **Morgan** *The Last Supper,* painted by Leonardo da Vinci in Sta. Maria della Grazie in Milan, began to deteriorate very rapidly because of a certain oil Leonardo used in his paintings. Within a hundred years after it had been painted it was in a state of decay. By 1601 only a few colored blocks were left. Since then it has been restored more than once.

Raphael Morghen (not Morgan) was an engraver of the late eighteenth century whose most famous print shows Leonardo's *Last Supper* before the nineteenth century restorations which the narrator calls "degradations."

[84] **Titien** Titian (1477-1576) was a Venetian painter. The lagoon of Venice, occasionally with the Venetian fleet at anchor, sometimes appears in his paintings and drawings as a background for imaginary scenes.

[85] **dresser un réquisitoire** to draw up an act of accusation.

à qui sa couverture rougeâtre et son titre incompréhensible[86] donnaient pour moi une personnalité distincte et un attrait mystérieux.
Je n'avais jamais lu encore de vrais romans. J'avais entendu dire que
George Sand était le type du romancier. Cela me disposait déjà à
imaginer dans *François le Champi* quelque chose d'indéfinissable
et de délicieux. Les procédés de narration destinés à exciter la curiosité ou l'attendrissement, certaines façons de dire qui éveillent l'in-
quiétude et la mélancolie, et qu'un lecteur un peu instruit reconnaît
pour communs à beaucoup de romans, me paraissaient simples—à
moi qui considérais un livre nouveau non comme une chose ayant   10
beaucoup de semblables, mais comme une personne unique, n'ayant
de raison d'exister qu'en soi—une émanation troublante de l'essence
particulière à *François le Champi*. Sous ces événements si journaliers,
ces choses si communes, ces mots si courants, je sentais comme une
intonation, une accentuation étrange. L'action s'engagea; elle me
parut d'autant plus obscure que dans ce temps-là, quand je lisais,
je rêvassais souvent, pendant des pages entières, à tout autre chose.
Et aux lacunes que cette distraction laissait dans le récit, s'ajoutait,
quand c'était maman qui me lisait à haute voix, qu'elle passait toutes
les scènes d'amour. Aussi tous les changements bizarres qui se pro-   20
duisent dans l'attitude respective de la meunière et de l'enfant et qui
ne trouvent leur explication que dans les progrès d'un amour nais-
sant me paraissaient empreints d'un profond mystère dont je me
figurais volontiers que la source devait être dans ce nom inconnu et
si doux de «Champi» qui mettait sur l'enfant, qui le portait sans
que je susse pourquoi, sa couleur vive, empourprée et charmante.
Si ma mère était une lectrice infidèle, c'était aussi, pour les ouvrages
où elle trouvait l'accent d'un sentiment vrai, une lectrice admirable
par le respect et la simplicité de l'interprétation, par la beauté et la
douceur du son. Même dans la vie, quand c'étaient des êtres et non   30
des œuvres d'art qui excitaient ainsi son attendrissement ou son admiration, c'était touchant de voir avec quelle déférence elle écartait
de sa voix, de son geste, de ses propos, tel éclat de gaîté qui eût pu

---

[86] **son titre incompréhensible** *incomprehensible* because the word
champi is an old French word which survives only in provincial patois and
which the child has never heard. *Champi* means "un enfant trouvé dans les
champs"; a foundling.

faire mal à cette mère qui avait autrefois perdu un enfant, tel rappel
de fête, d'anniversaire, qui aurait pu faire penser ce vieillard à son
grand âge, tel propos de ménage qui aurait paru fastidieux à ce jeune
savant. De même, quand elle lisait la prose de George Sand, qui
respire toujours cette bonté, cette distinction morale que maman avait
appris de ma grand'mère à tenir pour supérieures à tout dans la vie,
et que je ne devais lui apprendre que bien plus tard à ne pas tenir
également pour supérieures à tout dans les livres, attentive à bannir
de sa voix toute petitesse, toute affectation qui eût pu empêcher le flot
10 puissant d'y être reçu, elle fournissait toute la tendresse naturelle,
toute l'ample douceur qu'elles réclamaient à ces phrases qui semblaient écrites pour sa voix et qui pour ainsi dire tenaient tout entières
dans le registre de sa sensibilité. Elle retrouvait pour les attaquer dans
le ton qu'il faut l'accent cordial qui leur préexiste et les dicta, mais
que les mots n'indiquent pas; grâce à lui elle amortissait au passage
toute crudité dans les temps des verbes, donnait à l'imparfait et au
passé défini la douceur qu'il y a dans la bonté, la mélancolie qu'il y a
dans la tendresse, dirigeait la phrase qui finissait vers celle qui allait
commencer, tantôt pressant, tantôt ralentissant la marche des syllabes
20 pour les faire entrer, quoique leurs quantités fussent différentes, dans
un rythme uniforme, elle insufflait à cette prose si commune une sorte
de vie sentimentale et continue.

Mes remords étaient calmés, je me laissais aller à la douceur de
cette nuit où j'avais ma mère auprès de moi. Je savais qu'une telle nuit
ne pourrait se renouveler; que le plus grand désir que j'eusse au
monde, garder ma mère dans ma chambre pendant ces tristes heures
nocturnes, était trop en opposition avec les nécessités de la vie et le
vœu de tous, pour que l'accomplissement qu'on lui avait accordé ce
soir pût être autre chose que factice et exceptionnel. Demain mes
30 angoisses reprendraient et maman ne resterait pas là. Mais quand
mes angoisses étaient calmées, je ne les comprenais plus; puis demain
soir était encore lointain; je me disais que j'aurais le temps d'aviser,
bien que ce temps-là ne pût m'apporter aucun pouvoir de plus,
puisqu'il s'agissait de choses qui ne dépendaient pas de ma volonté
et que seul me faisait paraître plus évitables l'intervalle qui les
séparait encore de moi.

*
*　*

C'est ainsi que, pendant longtemps, quand, réveillé la nuit, je me ressouvenais de Combray, je n'en revis jamais que cette sorte de pan lumineux, découpé au milieu d'indistinctes ténèbres, pareil à ceux que l'embrasement d'un feu de bengale[87] ou quelque projection électrique éclairent et sectionnent dans un édifice dont les autres parties restent plongées dans la nuit: à la base assez large, le petit salon, la salle à manger, l'amorce de l'allée obscure par où arriverait M. Swann, l'auteur inconscient de mes tristesses, le vestibule où je m'acheminais vers la première marche de l'escalier, si cruel à monter, qui constituait à lui seul le tronc fort étroit de cette pyramide irrégulière; et, au faîte, ma chambre à coucher avec le petit couloir à porte vitrée pour l'entrée de maman; en un mot, toujours vu à la même heure, isolé de tout ce qu'il pouvait y avoir autour, se détachant seul sur l'obscurité, le décor strictement nécessaire (comme celui qu'on voit indiqué en tête des vieilles pièces pour les représentations en province) au drame de mon déshabillage; comme si Combray n'avait consisté qu'en deux étages reliés par un mince escalier et comme s'il n'y avait jamais été que sept heures du soir. A vrai dire, j'aurais pu répondre à qui m'eût interrogé que Combray comprenait encore autre chose et existait à d'autres heures. Mais comme ce que je m'en serais rappelé m'eût été fourni seulement par la mémoire volontaire, la mémoire de l'intelligence, et comme les renseignements qu'elle donne sur le passé ne conservent rien de lui, je n'aurais jamais eu envie de songer à ce reste de Combray. Tout cela était en réalité mort pour moi.

Mort à jamais? C'était possible.

Il y a beaucoup de hasard en tout ceci, et un second hasard, celui de notre mort, souvent ne nous permet pas d'attendre longtemps les faveurs du premier.

Je trouve très raisonnable la croyance celtique que les âmes de ceux que nous avons perdus sont captives dans quelque être inférieur, dans une bête, un végétal, une chose inanimée, perdues en effet pour nous jusqu'au jour, qui pour beaucoup ne vient jamais, où nous nous trouvons passer près de l'arbre, entrer en possession de l'objet qui est leur prison. Alors elles tressaillent, nous appellent, et sitôt que nous les avons reconnues, l'enchantement est brisé. Délivrées par nous, elles ont vaincu la mort et reviennent vivre avec nous.

[87] . . . **bengale** Bengal fires, used in fireworks displays, light up the background with colored light, somewhat as a fire does.

Il en est ainsi de notre passé. C'est peine perdue que nous cherchions à l'évoquer, tous les efforts de notre intelligence sont inutiles. Il est caché hors de son domaine et de sa portée, en quelque objet matériel (en la sensation que nous donnerait cet objet matériel) que nous ne soupçonnons pas. Cet objet, il dépend du hasard que nous le rencontrions avant de mourir, ou que nous ne le rencontrions pas.

Il y avait déjà bien des années que, de Combray, tout ce qui n'était pas le théâtre et le drame de mon coucher n'existait plus pour moi, quand un jour d'hiver, comme je rentrais à la maison, ma mère,
10 voyant que j'avais froid, me proposa de me faire prendre, contre mon habitude, un peu de thé. Je refusai d'abord et, je ne sais pourquoi, je me ravisai. Elle envoya chercher un de ces gâteaux courts et dodus appelés Petites Madeleines qui semblent avoir été moulés dans la valve rainurée d'une coquille de Saint-Jacques.[88] Et bientôt, machinalement, accablé par la morne journée et la perspective d'un triste lendemain, je portai à mes lèvres une cuillerée du thé où j'avais laissé s'amollir un morceau de madeleine. Mais à l'instant même où la gorgée mêlée des miettes du gâteau toucha mon palais, je tressaillis, attentif à ce qui se passait d'extraordinaire en moi. Un plaisir
20 délicieux m'avait envahi, isolé, sans la notion de sa cause. Il m'avait aussitôt rendu les vicissitudes de la vie indifférentes, ses désastres inoffensifs, sa brièveté illusoire, de la même façon qu'opère l'amour, en me remplissant d'une essence précieuse: ou plutôt cette essence n'était pas en moi, elle était moi. J'avais cessé de me sentir médiocre, contingent, mortel. D'où avait pu me venir cette puissante joie? Je sentais qu'elle était liée au goût du thé et du gâteau, mais qu'elle le dépassait infiniment, ne devait pas être de même nature. D'où venait-elle? Que signifiait-elle? Où l'appréhender? Je bois une seconde gorgée où je ne trouve rien de plus que dans la première, une
30 troisième qui m'apporte un peu moins que la seconde. Il est temps que je m'arrête, la vertu du breuvage semble diminuer. Il est clair que la vérité que je cherche n'est pas en lui, mais en moi. Il l'y a éveillée, mais ne la connaît pas, et ne peut que répéter indéfiniment, avec de moins en moins de force, ce même témoignage que je ne sais pas interpréter et que je veux au moins pouvoir lui redemander et retrouver intact à ma disposition, tout à l'heure, pour un éclaircisse-

[88] . . . **Saint-Jacques** The *Madeleine* is a small cake made in a mould shaped like a scallop-shell.

COMMENT ?

ment décisif. Je pose la tasse et me tourne vers mon esprit. C'est à lui
de trouver la vérité. Mais comment? Grave incertitude, toutes les fois
que l'esprit se sent dépassé par lui-même; quand lui, le chercheur,
est tout ensemble le pays obscur où il doit chercher et où tout son
bagage ne lui sera de rien. Chercher? pas seulement: créer. Il est en
face de quelque chose qui n'est pas encore et que seul il peut réaliser,
puis faire entrer dans sa lumière.

Et je recommence à me demander quel pouvait être cet état inconnu, qui n'apportait aucune preuve logique mais l'évidence de sa
félicité, de sa réalité devant laquelle les autres s'évanouissaient. Je   10
veux essayer de le faire réapparaître. Je rétrograde par la pensée au   *PAR*
moment où je pris la première cuillerée de thé. Je retrouve le même   *ESPRIT*
état, sans une clarté nouvelle. Je demande à mon esprit un effort de
plus, de ramener encore une fois la sensation qui s'enfuit. Et, pour
que rien ne brise l'élan dont il va tâcher de la ressaisir, j'écarte tout
obstacle, toute idée étrangère, j'abrite mes oreilles et mon attention
contre les bruits de la chambre voisine. Mais sentant mon esprit qui
se fatigue sans réussir, je le force au contraire à prendre cette distraction que je lui refusais, à penser à autre chose, à se refaire avant une
tentative suprême. Puis une deuxième fois, je fais le vide devant lui,   20
je remets en face de lui la saveur encore récente de cette première
gorgée et je sens tressaillir en moi quelque chose qui se déplace,
voudrait s'élever, quelque chose qu'on aurait désancré, à une grande
profondeur; je ne sais ce que c'est, mais cela monte lentement;
j'éprouve la résistance et j'entends la rumeur des distances traversées.

Certes, ce qui palpite ainsi au fond de moi, ce doit être l'image, le
souvenir visuel, qui, lié à cette saveur, tente de la suivre jusqu'à moi.
Mais il se débat trop loin, trop confusément; à peine si je perçois le
reflet neutre où se confond l'insaisissable tourbillon des couleurs
remuées; mais je ne puis distinguer la forme, lui demander, comme   30
au seul interprète possible, de me traduire le témoignage de sa con-
temporaine, de son inséparable compagne, la saveur, lui demander
de m'apprendre de quelle circonstance particulière, de quelle époque
du passé il s'agit.

Arrivera-t-il jusqu'à la surface de ma claire conscience, ce souvenir,
l'instant ancien que l'attraction d'un instant identique est venue de
si loin solliciter, émouvoir, soulever tout au fond de moi? Je ne sais.
Maintenant je ne sens plus rien, il est arrêté, redescendu peut-être;

qui sait s'il remontera jamais de sa nuit ? Dix fois il me fait recommencer, me pencher vers lui. Et chaque fois la lâcheté qui nous détourne de toute tâche difficile, de toute œuvre importante, m'a conseillé de laisser cela, de boire mon thé en pensant simplement à mes ennuis d'aujourd'hui, à mes désirs de demain qui se laissent remâcher sans peine.

Et tout d'un coup le souvenir m'est apparu. Ce goût, c'était celui du petit morceau de madeleine que le dimanche matin à Combray (parce que ce jour-là je ne sortais pas avant l'heure de la messe), quand j'allais lui dire bonjour dans sa chambre, ma tante Léonie m'offrait après l'avoir trempé dans son infusion de thé ou de tilleul. La vue de la petite madeleine ne m'avait rien rappelé avant que je n'y eusse goûté ; peut-être parce que, en ayant souvent aperçu depuis, sans en manger, sur les tablettes des pâtissiers, leur image avait quitté ces jours de Combray pour se lier à d'autres plus récents ; peut-être parce que, de ces souvenirs abandonnés si longtemps hors de la mémoire, rien ne survivait, tout s'était désagrégé ; les formes—et celle aussi du petit coquillage de pâtisserie, si grassement sensuel sous son plissage sévère et dévot—s'étaient abolies, ou, ensommeillées, avaient perdu la force d'expansion qui leur eût permis de rejoindre la conscience. Mais, quand d'un passé ancien rien ne subsiste, après la mort des êtres, après la destruction des choses, seules, plus frêles mais plus vivaces, plus immatérielles, plus persistantes, plus fidèles, l'odeur et la saveur restent encore longtemps, comme des âmes, à se rappeler, à attendre, à espérer, sur la ruine de tout le reste, à porter sans fléchir, sur leur gouttelette presque impalpable, l'édifice immense du souvenir.

Et dès que j'eus reconnu le goût du morceau de madeleine trempé dans le tilleul que me donnait ma tante (quoique je ne susse pas encore et dusse remettre à bien plus tard de découvrir pourquoi ce souvenir me rendait si heureux), aussitôt la vieille maison grise sur la rue, où était sa chambre, vint comme un décor de théâtre s'appliquer au petit pavillon donnant sur le jardin, qu'on avait construit pour mes parents sur ses derrières (ce pan tronqué que seul j'avais revu jusque-là) ; et avec la maison, la ville, la Place où on m'envoyait avant déjeuner, les rues où j'allais faire des courses depuis le matin jusqu'au soir et par tous les temps, les chemins qu'on prenait si le temps était beau. Et comme dans ce jeu où les Japonais s'amusent à tremper dans un bol de porcelaine rempli d'eau de petits morceaux de papier jusque-là indistincts qui, à peine y sont-ils plongés s'étirent, se contournent, se colorent, se différencient, deviennent des fleurs, des maisons, des personnages consistants et reconnaissables, de même maintenant toutes les fleurs de notre jardin et celles du parc de M. Swann, et les nymphéas de la Vivonne, et les bonnes gens du village et leurs petits logis, et l'église et tout Combray et ses environs, tout cela qui prend forme et solidité, est sorti, ville et jardins, de ma tasse de thé.

ꙮ II ꙮ

COMBRAY de loin, à dix lieues à la ronde,[89] vu du chemin de fer quand
nous y arrivions la dernière semaine avant Pâques, ce n'était qu'une
église résumant la ville, la représentant, parlant d'elle et pour elle aux
lointains, et, quand on approchait, tenant serrés autour de sa haute
mante sombre, en plein champ, contre le vent, comme une pastoure[90]
ses brebis, les dos laineux et gris des maisons rassemblées qu'un reste
de remparts du moyen âge cernait çà et là d'un trait aussi parfaitement circulaire qu'une petite ville dans un tableau de primitif.[91] A
l'habiter, Combray était un peu triste, comme ses rues dont les
10 maisons construites en pierres noirâtres du pays, précédées de degrés
extérieurs, coiffées de pignons qui rabattaient l'ombre devant elles,[92]
étaient assez obscures pour qu'il fallût dès que le jour commençait à
tomber relever les rideaux dans les «salles»;[93] des rues aux graves

[89] . . . la ronde from within a twenty-five mile radius. *Lieue* is 4 to
4½ kms.
[90] pastoure shepherdess; an old and now literary form. *Mante* is a cloak.
Proust in this description emphasizes the medieval aspect of the town, and
the presence in it of what we call the past.
[91] primitif a painting by a primitive master. The "primitive" masters
painted before the Renaissance period and the revolution it brought in technique and subjects.
[92] . . . devant elles "built with the black stone of that region, with steps
in front, and topped with gables which projected long shadows down in front
of them."
[93] les salles provincial name given to living-rooms

84

noms de saints (desquels plusieurs se rattachaient à l'histoire des premiers seigneurs de Combray): rue Saint-Hilaire, rue Saint-Jacques où était la maison de ma tante, rue Sainte-Hildegarde, où donnait la grille, et rue du Saint-Esprit sur laquelle s'ouvrait la petite porte latérale de son jardin; et ces rues de Combray existent dans une partie de ma mémoire si reculée, peintes de couleurs si différentes de celles qui maintenant revêtent pour moi le monde, qu'en vérité elles me paraissent toutes, et l'église qui les dominait sur la Place, plus irréelles encore que les projections de la lanterne magique; et qu'à certains moments, il me semble que pouvoir encore traverser la rue   10 Saint-Hilaire, pouvoir louer une chambre rue de l'Oiseau—à la vieille hôtellerie de l'Oiseau Flesché,[94] des soupiraux de laquelle montait une odeur de cuisine qui s'élève encore par moments en moi aussi intermittente et aussi chaude—serait une entrée en contact avec l'Au-delà plus merveilleusement surnaturelle que de faire la connaissance de Golo et de causer avec Geneviève de Brabant.

La cousine de mon grand-père—ma grand'tante—chez qui nous habitions, était la mère de cette tante Léonie qui, depuis la mort de son mari, mon oncle Octave, n'avait plus voulu quitter, d'abord Combray, puis à Combray sa maison, puis sa chambre, puis son lit et   20 ne «descendait» plus, toujours couchée dans un état incertain de chagrin, de débilité physique, de maladie, d'idée fixe et de dévotion. Son appartement particulier donnait sur la rue Saint-Jacques qui aboutissait beaucoup plus loin au Grand-Pré (par opposition au Petit-Pré, verdoyant au milieu de la ville, entre trois rues), et, qui, unie, grisâtre, avec les trois hautes marches de grès presque devant chaque porte, semblait comme un défilé pratiqué par un tailleur d'images gothiques à même la pierre où il eût sculpté une crèche ou un calvaire.[95] Ma tante n'habitait plus effectivement que deux chambres contiguës, restant l'après-midi dans l'une pendant qu'on aérait l'autre.   30 C'étaient de ces chambres de province qui—de même qu'en certains pays des parties entières de l'air ou de la mer sont illuminées ou par-

[94] **Flesché** archaic: pierced by an arrow (*une flèche*). Describes the sign-board of the inn. *Les soupiraux* are the basement windows.
[95] . . . **calvaire** "which, monotonous and grey, with in front of almost every door, three high sandstone steps, was like a deep mountain-pass, cut, by some sculptor of gothic scenes, right out of the very same block of stone he used to carve a manger or a ͏ͭ᷉vary."

fumées par des myriades de protozoaires que nous ne voyons pas—
nous enchantent des mille odeurs qu'y dégagent les vertus, la sagesse,
les habitudes, toute une vie secrète, invisible, surabondante et morale
que l'atmosphère y tient en suspens; odeurs naturelles encore, certes,
et couleur du temps comme celles de la campagne voisine, mais déjà
casanières,[96] humaines et renfermées, gelée exquise, industrieuse et
limpide de tous les fruits de l'année qui ont quitté le verger pour
l'armoire; saisonnières, mais mobilières et domestiques, corrigeant le
piquant de la gelée blanche par la douceur du pain chaud, oisives et
10 ponctuelles comme une horloge de village, flâneuses et rangées, in-
soucieuses et prévoyantes, lingères, matinales, dévotes, heureuses d'une
paix qui n'apporte qu'un surcroît d'anxiété et d'un prosaïsme qui sert
de grand réservoir de poésie à celui qui la traverse sans y avoir vécu.
L'air y était saturé de la fine fleur[97] d'un silence si nourricier, si suc-
culent, que je ne m'y avançais qu'avec une sorte de gourmandise,
surtout par ces premiers matins encore froids de la semaine de Pâques
où je le goûtais mieux parce que je venais seulement d'arriver à
Combray: avant que j'entrasse souhaiter le bonjour à ma tante, on
me faisait attendre un instant dans la première pièce où le soleil,
20 d'hiver encore, était venu se mettre au chaud devant le feu, déjà
allumé entre les deux briques et qui badigeonnait[98] toute la chambre
d'une odeur de suie, en faisait comme un de ces grands «devants de
four» de campagne, ou de ces manteaux de cheminée[99] de châteaux,
sous lesquels on souhaite que se déclarent dehors la pluie, la neige,
même quelque catastrophe diluvienne pour ajouter au confort de la
réclusion la poésie de l'hivernage; je faisais quelques pas du prie-Dieu
aux fauteuils en velours frappé, toujours revêtus d'un appui-tête au

---

[96] **casanières** People who like to stay at home are "casaniers." The smells
in the room are seasonal, like outdoor smells, yet they are definitely indoor
smells. The smells in a provincial room are described again by "correspondence"; they are transposed into terms of taste and abstract notations of ethics.

[97] **fine fleur** the subtlest emanation; used here to suggest the comparison
with flour; *la fleur de farine* is choice flour. The room is like a great oven, the
smells make a dough which, in the heat, cooks like a cake.

[98] **badigeonner** to cover over with a rough coat of paint, whitewash,
or plaster. The smell of smoke is pervasive and gives an atmosphere to the
room as definitely as a coat of paint might.

[99] **. . . manteaux de cheminée** *Devant de four* is an open space in front
of the large country oven; the *manteau de cheminée* is the space around the
large open fireplace under the overhanging mantle of the chimney.

crochet;[1] et le feu cuisant comme une pâte les appétissantes odeurs dont l'air de la chambre était tout grumeleux et qu'avait déjà fait travailler et «lever» la fraîcheur humide et ensoleillée du matin, il les feuilletait, les dorait, les godait, les boursouflait, en faisant un invisible et palpable gâteau provincial, un immense «chausson» où, à peine goûtés les aromes plus croustillants, plus fins, plus réputés, mais plus secs aussi du placard, de la commode, du papier à ramages, je revenais toujours avec une convoitise inavouée m'engluer dans l'odeur médiane, poisseuse, fade, indigeste et fruitée du couvre-lit à fleurs.[2]

Dans la chambre voisine, j'entendais ma tante qui causait toute seule à mi-voix. Elle ne parlait jamais qu'assez bas parce qu'elle croyait avoir dans la tête quelque chose de cassé et de flottant qu'elle eût déplacé en parlant trop fort, mais elle ne restait jamais longtemps, même seule, sans dire quelque chose, parce qu'elle croyait que c'était salutaire pour sa gorge et qu'en empêchant le sang de s'y arrêter, cela rendrait moins fréquents les étouffements et les angoisses dont elle souffrait; puis, dans l'inertie absolue où elle vivait, elle prêtait à ses moindres sensations une importance extraordinaire; elle les douait d'une motilité[3] qui lui rendait difficile de les garder pour elle, et à défaut de confident à qui les communiquer, elle se les annonçait à elle-même, en un perpétuel monologue qui était sa seule forme d'activité. Malheureusement, ayant pris l'habitude de penser tout haut, elle ne faisait pas toujours attention à ce qu'il n'y eût[4] personne dans la chambre voisine, et je l'entendais souvent se dire à elle-même: «Il faut que je me rappelle bien que je n'ai pas dormi» (car ne jamais

[1] **appui-tête au crochet** an antimacassar placed in true provincial fashion where the head rests on an armchair, to protect the chair. Two small antimacassars, similar to the larger one in pattern, generally adorned the two arms of the chair.

[2] **. . . à fleurs** "and the fire, baking like dough the appetizing smells with which the atmosphere in the room was clotted and which the damp and sunny freshness of the morning had caused to 'rise,' made them puff and bulge, glazed them, and set them, turning them into an invisible and palpable provincial cake, an immense pie to which—after having tasted the crisper aroma, more subtle and famous but drier—of the cupboard, the chest of drawers and the flowered wall paper, I always came back with unconscious greed to plunge into the central, thick, sticky, flat, indigestible, fruity smell of the flowered bedspread."

[3] **motilité** faculty of motion.

[4] **eût** past subjunctive: that there should be no one: *i.e.*, that no one was.

dormir était sa grande prétention dont notre langage à tous gardait
le respect et la trace: le matin Françoise ne venait pas «l'éveiller»,
mais «entrait» chez elle; quand ma tante voulait faire un somme
dans la journée, on disait qu'elle voulait «réfléchir» ou «reposer»; et
quand il lui arrivait de s'oublier en causant jusqu'à dire: «ce qui m'a
réveillée» ou «j'ai rêvé que», elle rougissait et se reprenait au plus
vite).

Au bout d'un moment, j'entrais l'embrasser; Françoise faisait in-
fuser son thé; ou, si ma tante se sentait agitée, elle demandait à la
10 place sa tisane, et c'était moi qui étais chargé de faire tomber du sac
de pharmacie dans une assiette la quantité de tilleul qu'il fallait
mettre ensuite dans l'eau bouillante. Le desséchement des tiges les
avait incurvées en un capricieux treillage dans les entrelacs duquel
s'ouvraient les fleurs pâles, comme si un peintre les eût arrangées, les
eût fait poser de la façon la plus ornementale.[5] Les feuilles, ayant
perdu ou changé leur aspect, avaient l'air des choses les plus disparates, d'une aile transparente de mouche, de l'envers blanc d'une
étiquette, d'un pétale de rose, mais qui eussent été[6] empilées, con-
cassées ou tressées comme dans la confection d'un nid. Mille petits
20 détails inutiles—charmante prodigalité du pharmacien—qu'on eût
supprimés dans une préparation factice, me donnaient, comme un
livre où on s'émerveille de rencontrer le nom d'une personne de
connaissance, le plaisir de comprendre que c'était bien des tiges de
vrais tilleuls, comme ceux que je voyais avenue de la Gare, modifiées,
justement parce que c'étaient non des doubles, mais elles-mêmes et
qu'elles avaient vieilli.[7] Et chaque caractère nouveau n'y étant que
la métamorphose d'un caractère ancien, dans de petites boules grises
je reconnaissais les boutons verts qui ne sont pas venus à terme; mais

---

[5] . . . ornementale "The stems, as they dried, had curved and now
formed a fantastic weave, a trellis on which the pale lime flowers opened as
though a painter had deliberately set them there, making them pose in the
most decorative designs."

[6] eussent été past subjunctive: which might have been: *i.e.,* which looked
as if they had been.

[7] . . . avaient vieilli "A thousand small unnecessary details—charming
extravagance of the chemist—which would have been suppressed in an arti-
ficial preparation, gave me, like a book in which one reads with astonished
delight the name of an acquaintance, the pleasure of realizing that these
were indeed stems from real lime-trees, like those I could see in the Avenue
de la Gare, altered precisely because they were not imitations, but the stems
themselves which had grown old."

surtout l'éclat rose, lunaire et doux qui faisait se détacher les fleurs dans la forêt fragile des tiges où elles étaient suspendues comme de petites roses d'or—signe, comme la lueur qui révèle encore sur une muraille la place d'une fresque effacée, de la différence entre les parties de l'arbre qui avaient été «en couleur» et celles qui ne l'avaient pas été—me montrait que ces pétales étaient bien ceux qui avant de fleurir le sac de pharmacie avaient embaumé les soirs de printemps.[8] Cette flamme rose de cierge, c'était leur couleur encore, mais à demi éteinte et assoupie dans cette vie diminuée qu'était la leur maintenant et qui est comme le crépuscule des fleurs. Bientôt ma tante pouvait 10 tremper dans l'infusion bouillante dont elle savourait le goût de feuille morte ou de fleur fanée une petite madeleine dont elle me tendait un morceau quand il était suffisamment amolli.

D'un côté de son lit était une grande commode jaune en bois de citronnier et une table qui tenait à la fois de l'officine et du maître-autel, où, au-dessus d'une statuette de la Vierge et d'une bouteille de Vichy-Célestins, on trouvait des livres de messe et des ordonnances de médicaments, tout ce qu'il fallait pour suivre de son lit les offices et son régime, pour ne manquer l'heure ni de la pepsine, ni des Vêpres.[9] De l'autre côté, son lit longeait la fenêtre, elle avait la rue 20 sous les yeux et y lisait du matin au soir, pour se désennuyer, à la façon des princes persans, la chronique quotidienne mais immémo-riale[10] de Combray, qu'elle commentait ensuite avec Françoise.

[8] . . . **printemps** Lime flowers grow in small clusters with two small leaves at the end of each stalk. Leaves, stalk, and blossoms are dried together. The blossoms are in various stages of bloom. As the opened flowers dry, they take on a rosy hue which is described here as "lunar" and compared to the tint left on the wall after the color of a fresco has worn off, revealing the spots where the fresco had formerly been. The whole description is linked to the theme of the perpetual metamorphosis of all things in time and of their identity nonetheless, their recognizable "essence" through all changes. The passage also goes back to Chapter I and explains the episode of the madeleine.

[9] . . . **Vêpres** The chest of drawers is like a high altar with its statue of the Virgin and prayerbook, and also like a dispensary with the bottle of mineral water (Vichy-Célestins) and medical prescriptions; God and medicine are the two deities which share equally Tante Léonie's devotions. Mineral water is very widely used in France in the treatment of a quantity of different ills. France has a number of famous spas such as Vichy, Vittel, and Evian whose mineral waters are used for particular medical treatments. "Vichy-Célestins" is a special brand of Vichy water.

[10] **immémoriale** The small town of Combray has kept rhythms of life and habits which go back into an unrecorded, "immemorial" past.

Je n'étais pas avec ma tante depuis cinq minutes, qu'elle[11] me renvoyait par peur que je la fatigue. Elle tendait à mes lèvres son triste front pâle et fade sur lequel, à cette heure matinale, elle n'avait pas encore arrangé ses faux cheveux, et où les vertèbres[12] transparaissaient comme les pointes d'une couronne d'épines ou les grains d'un rosaire, et elle me disait: «Allons, mon pauvre enfant, va-t'en, va te préparer pour la messe; et si en bas tu rencontres Françoise, dis-lui de ne pas s'amuser trop longtemps avec vous, qu'elle monte bientôt voir si je n'ai besoin de rien.»

10　　Françoise, en effet, qui était depuis des années à son service et ne se doutait pas alors qu'elle entrerait un jour tout à fait au nôtre,[13] délaissait un peu ma tante pendant les mois où nous étions là. Il y avait eu dans mon enfance, avant que nous allions à Combray, quand ma tante Léonie passait encore l'hiver à Paris chez sa mère, un temps où je connaissais si peu Françoise que, le 1er janvier, avant d'entrer chez ma grand'tante, ma mère me mettait dans la main une pièce de cinq francs et me disait: «Surtout ne te trompe pas de personne. Attends pour donner que tu m'entendes dire: «Bonjour Françoise»; en même temps je te toucherai légèrement le bras.» A peine arrivions-

20　　nous dans l'obscure antichambre de ma tante que nous apercevions dans l'ombre, sous les tuyaux d'un bonnet éblouissant, raide et fragile comme s'il avait été de sucre filé,[14] les remous concentriques d'un sourire de reconnaissance anticipé.[15] C'était Françoise, immobile et debout dans l'encadrement de la petite porte du corridor comme une statue de sainte dans sa niche. Quand on était un peu habitué à ces ténèbres de chapelle, on distinguait sur son visage l'amour désin-

---

[11] **qu'elle**　before she.

[12] **vertèbres**　Gide refused Proust's manuscript partly because of the improper use of the word "vertebra" to designate the bone structure of the head. (See Introduction, p. 6.)

[13] **. . . au nôtre**　The narrator here, as often in the course of the story, anticipates. Françoise, who naturally, in the Combray period, is unaware of it, will have an exceptionally long life in the service of the narrator until the very end of the book. The narrator, in his description, now goes back and gives a quick sketch of a former Françoise. Just as he did for Swann he introduces us to Françoise by giving successive sketches of Françoise's person at different periods in her life.

[14] **sucre filé**　spun sugar. Françoise still wears the peasant *coiffe* of her province: white, fluted, and stiff with starch.

[15] **. . . anticipé**　Françoise knows the gift is coming, so her smile of gratitude precedes the child's gift.

téressé de l'humanité, le respect attendri pour les hautes classes qu'exaltait dans les meilleures régions de son cœur l'espoir des étrennes.[16] Maman me pinçait le bras avec violence et disait d'une voix forte: «Bonjour Françoise.» A ce signal mes doigts s'ouvraient et je lâchais la pièce qui trouvait pour la recevoir une main confuse, mais tendue. Mais depuis que nous allions à Combray je ne connaissais personne mieux que Françoise; nous étions ses préférés, elle avait pour nous, au moins pendant les premières années, avec autant de considération que pour ma tante, un goût plus vif, parce que nous ajoutions, au prestige de faire partie de la famille (elle avait pour les 10 liens invisibles que noue entre les membres d'une famille la circulation d'un même sang, autant de respect qu'un tragique grec), le charme de n'être pas ses maîtres habituels. Aussi, avec quelle joie elle nous recevait, nous plaignant de n'avoir pas encore plus beau temps, le jour de notre arrivée, la veille de Pâques, où souvent il faisait un vent glacial, quand maman lui demandait des nouvelles de sa fille et de ses neveux, si son petit-fils était gentil, ce qu'on comptait faire de lui, s'il ressemblait à sa grand'mère.

Et quand il n'y avait plus de monde là, maman qui savait que Françoise pleurait encore ses parents morts depuis des années, lui 20 parlait d'eux avec douceur, lui demandait mille détails sur ce qu'avait été leur vie.

Elle avait deviné que Françoise n'aimait pas son gendre et qu'il lui gâtait le plaisir qu'elle avait à être avec sa fille, avec qui elle ne causait pas aussi librement quand il était là. Aussi, quand Françoise allait les voir, à quelques lieues de Combray, maman lui disait en souriant: «N'est-ce pas Françoise, si Julien a été obligé de s'absenter et si vous avez Marguerite à vous toute seule pour toute la journée, vous serez désolée, mais vous vous ferez une raison?» Et Françoise disait en riant: «Madame sait tout; madame est pire que les rayons X (elle 30 disait x avec une difficulté affectée et un sourire pour se railler elle-même, ignorante, d'employer ce terme savant), qu'on a fait venir pour Mme Octave et qui voient ce que vous avez dans le cœur», et disparaissait, confuse qu'on s'occupât d'elle, peut-être pour qu'on ne la vît pas pleurer; maman était la première personne qui lui donnât cette douce émotion de sentir que sa vie, ses bonheurs, ses chagrins de paysanne pouvaient présenter de l'intérêt, être un motif de joie ou de

[16] **étrennes** New Year's gift.

tristesse pour une autre qu'elle-même. Ma tante se résignait à se
priver un peu d'elle pendant notre séjour, sachant combien ma mère
appréciait le service de cette bonne si intelligente et active, qui était
aussi belle dès cinq heures du matin dans sa cuisine, sous son bonnet
dont le tuyautage éclatant et fixe avait l'air d'être en biscuit,[17] que
pour aller à la grand'messe; qui faisait tout bien, travaillant comme
un cheval, qu'elle fût bien portante ou non, mais sans bruit, sans avoir
l'air de rien faire, la seule des bonnes de ma tante qui, quand maman
demandait de l'eau chaude ou du café noir, les apportait vraiment
10 bouillants; elle était un de ces serviteurs qui, dans une maison, sont
à la fois ceux qui déplaisent le plus au premier abord à un étranger,
peut-être parce qu'ils ne prennent pas la peine de faire sa conquête et
n'ont pas pour lui de prévenance, sachant très bien qu'ils n'ont aucun
besoin de lui, qu'on cesserait de le recevoir plutôt que de les renvoyer;
et qui sont en revanche ceux à qui tiennent le plus les maîtres qui ont
éprouvé leurs capacités réelles, et ne se soucient pas de cet agrément
superficiel, de ce bavardage servile qui fait favorablement impression
à un visiteur, mais qui recouvre souvent une inéducable nullité.

Quand Françoise, après avoir veillé à ce que mes parents eussent
20 tout ce qu'il leur fallait, remontait une première fois chez ma tante
pour lui donner sa pepsine et lui demander ce qu'elle prendrait pour
déjeuner, il était bien rare qu'il ne fallût pas donner déjà son avis ou
fournir des explications sur quelque événement d'importance:

—Françoise, imaginez-vous que Mme Goupil est passée plus d'un
quart d'heure en retard pour aller chercher sa sœur; pour peu qu'elle
s'attarde sur son chemin cela ne me surprendrait point qu'elle arrive
après l'élévation.

—Hé! il n'y aurait rien d'étonnant, répondait Françoise.

—Françoise, vous seriez venue[18] cinq minutes plus tôt, vous auriez
30 vu passer Mme Imbert qui tenait des asperges deux fois grosses
comme celles de la mère Callot; tâchez donc de savoir par sa bonne
où elle les a eues. Vous qui, cette année, nous mettez des asperges à
toutes les sauces, vous auriez pu en prendre de pareilles pour nos
voyageurs.

—Il n'y aurait rien d'étonnant qu'elles viennent de chez M. le Curé,
disait Françoise.

[17] **biscuit** porcelain, dead-white in color.
[18] **vous seriez venue** if you had come.

—Ah! je vous crois bien, ma pauvre Françoise, répondait ma tante en haussant les épaules. Chez M. le Curé! Vous savez bien qu'il ne fait pousser que de petites méchantes asperges de rien. Je vous dis que celles-là étaient grosses comme le bras. Pas comme le vôtre, bien sûr, mais comme mon pauvre bras qui a encore tant maigri cette année.

—Françoise, vous n'avez pas entendu ce carillon qui m'a cassé la tête?

—Non, madame Octave.

—Ah! ma pauvre fille, il faut que vous l'ayez solide votre tête, 10 vous pouvez remercier le Bon Dieu. C'était la Maguelone qui était venue chercher le docteur Piperaud. Il est ressorti tout de suite avec elle et ils ont tourné par la rue de l'Oiseau. Il faut qu'il y ait quelque enfant de malade.

—Eh! là, mon Dieu, soupirait Françoise, qui ne pouvait pas entendre parler d'un malheur arrivé à un inconnu, même dans une partie du monde éloignée, sans commencer à gémir.

—Françoise, mais pour qui donc a-t-on sonné la cloche des morts? [19] Ah! mon Dieu, ce sera pour Mme Rousseau. Voilà-t-il pas que j'avais oublié qu'elle a passé l'autre nuit. Ah! il est temps que le 20 Bon Dieu me rappelle, je ne sais plus ce que j'ai fait de ma tête depuis la mort de mon pauvre Octave. Mais je vous fais perdre votre temps, ma fille.

—Mais non, madame Octave, mon temps n'est pas si cher; celui qui l'a fait ne nous l'a pas vendu. Je vas[20] seulement voir si mon feu ne s'éteint pas.

Ainsi Françoise et ma tante appréciaient-elles ensemble au cours de cette séance matinale, les premiers événements du jour. Mais quelquefois ces événements revêtaient un caractère si mystérieux et si grave que ma tante sentait qu'elle ne pourrait pas attendre le moment 30 où Françoise monterait, et quatre coups de sonnette formidables retentissaient dans la maison.

---

[19] la cloche des morts   the bell that tolls at funerals; the knell.
[20] Je vas   je vais; vas is current popular usage still today. The conversations between Tante Léonie and Françoise reproduce the particular tang of local, provincial speech, habits, and interests. In particular, Proust emphasizes the traces of old French in Françoise's speech; it is part of her peasant personality and shows the vital presence, in her. of medieval France.

—Mais, madame Octave, ce n'est pas encore l'heure de la pepsine, disait Françoise. Est-ce que vous vous êtes senti une faiblesse?

—Mais non, Françoise, disait ma tante, c'est-à-dire, si, vous savez bien que maintenant les moments où je n'ai pas de faiblesse sont bien rares; un jour je passerai comme Mme Rousseau sans avoir eu le temps de me reconnaître;[21] mais ce n'est pas pour cela que je sonne. Croyez-vous pas que je viens de voir comme je vous vois Mme Goupil, avec une fillette que je ne connais point? Allez donc chercher deux sous de sel chez Camus. C'est bien rare si Théodore ne peut pas vous dire qui
10 c'est.

—Mais ça sera[22] la fille de M. Pupin, disait Françoise qui préférait s'en tenir à une explication immédiate, ayant été déjà deux fois depuis le matin chez Camus.

—La fille de M. Pupin! Oh! je vous crois bien, ma pauvre Françoise! Avec cela que je ne l'aurais pas reconnue?

—Mais je ne veux pas dire la grande, madame Octave, je veux dire la gamine, celle qui est en pension à Jouy. Il me ressemble[23] de l'avoir déjà vue ce matin.

—Ah! à moins de ça,[24] disait ma tante. Il faudrait qu'elle soit venue
20 pour les fêtes. C'est cela! Il n'y a pas besoin de chercher, elle sera venue pour les fêtes. Mais alors nous pourrions bien voir tout à l'heure Mme Sazerat venir sonner chez sa sœur pour le déjeuner. Ce sera ça! J'ai vu le petit de chez Galopin qui passait avec une tarte! Vous verrez que la tarte allait chez Mme Goupil.

—Dès l'instant que Mme Goupil a de la visite, madame Octave, vous n'allez pas tarder à voir tout son monde rentrer pour le déjeuner, car il commence à ne plus être de bonne heure, disait Françoise qui, pressée de redescendre s'occuper du déjeuner, n'était pas fâchée de laisser à ma tante cette distraction en perspective.
30 —Oh! pas avant midi, répondait ma tante d'un ton résigné, tout en jetant sur la pendule un coup d'œil inquiet, mais furtif pour ne pas laisser voir qu'elle, qui avait renoncé à tout, trouvait pourtant, à

[21] . . . **de me reconnaître** without having time to know where I am.
[22] **ça sera** it must be. The future here indicates probability.
[23] **ressemble de** *il me semble l'avoir.* Françoise, having learned her French by ear almost entirely, confuses words which sound alike: *ressembler, sembler,* and perhaps *se ressentir de.*
[24] . . . **de ça** "could be, could be."

apprendre que Mme Goupil avait à déjeuner,²⁵ un plaisir aussi vif, et qui se ferait malheureusement attendre encore un peu plus d'une heure. Et encore cela tombera pendant mon déjeuner! ajoutait-elle à mi-voix pour elle-même. Son déjeuner lui était une distraction suffisante pour qu'elle n'en souhaitât pas une autre en même temps. «Vous n'oublierez pas au moins de me donner mes œufs à la crème dans une assiette plate?» C'étaient les seules qui fussent ornées de sujets, et ma tante s'amusait à chaque repas à lire la légende de celle qu'on lui servait ce jour-là. Elle mettait ses lunettes, déchiffrait: Ali-Baba et les quarante voleurs, Aladin ou la Lampe merveilleuse,²⁶ 10 et disait en souriant: Très bien, très bien.

—Je serais bien allée chez Camus... disait Françoise en voyant que ma tante ne l'y enverrait plus.

—Mais non, ce n'est plus la peine, c'est sûrement Mlle Pupin. Ma pauvre Françoise, je regrette de vous avoir fait monter pour rien.

Mais ma tante savait bien que ce n'était pas pour rien qu'elle avait sonné Françoise, car, à Combray, une personne «qu'on ne connaissait point» était un être aussi peu croyable qu'un dieu de la mythologie, et de fait on ne se souvenait pas que, chaque fois que s'était produite, dans la rue du Saint-Esprit ou sur la place, une de ces apparitions 20 stupéfiantes, des recherches bien conduites n'eussent pas fini par réduire le personnage fabuleux aux proportions d'une «personne qu'on connaissait», soit personnellement, soit abstraitement, dans son état civil, en tant qu'ayant tel degré de parenté avec des gens de Combray. C'était le fils de Mme Sauton qui rentrait du service,²⁷ la nièce de l'abbé Perdreau qui sortait du couvent, le frère du curé, percepteur à Châteaudun qui venait de prendre sa retraite ou qui était venu passer les fêtes. On avait eu en les apercevant l'émotion de croire qu'il y avait à Combray des gens qu'on ne connaissait point simplement parce qu'on ne les avait pas reconnus ou identifiés tout de 30 suite. Et pourtant, longtemps à l'avance, Mme Sauton et le curé avaient prévenu qu'ils attendaient leurs «voyageurs». Quand le soir je montais, en rentrant, raconter notre promenade à ma tante, si j'avais l'imprudence de lui dire que nous avions rencontré près du

---

²⁵ **avait à déjeuner** *avait du monde à déjeuner.*
²⁶ **. . . merveilleuse** stories from the *Arabian Nights.*
²⁷ **service** currently used for *service militaire,* the obligatory period of military training for all young Frenchmen.

Pont-Vieux, un homme que mon grand-père ne connaissait pas: «Un homme que grand-père ne connaissait point, s'écriait-elle. Ah! je te crois bien!» Néanmoins un peu émue de cette nouvelle, elle voulait en avoir le cœur net,[28] mon grand-père était mandé. «Qui donc est-ce que vous avez rencontré près du Pont-Vieux, mon oncle? un homme que vous ne connaissiez point?»—«Mais si, répondait mon grand-père, c'était Prosper, le frère du jardinier de Mme Bouillebœuf.»— «Ah! bien», disait ma tante, tranquillisée et un peu rouge; haussant les épaules avec un sourire ironique, elle ajoutait: «Aussi il me disait que vous aviez rencontré un homme que vous ne connaissiez point!» Et on me recommandait d'être plus circonspect une autre fois et de ne plus agiter ainsi ma tante par des paroles irréfléchies. On connaissait tellement bien tout le monde, à Combray, bêtes et gens, que si ma tante avait vu par hasard passer un chien «qu'elle ne connaissait point», elle ne cessait d'y penser et de consacrer à ce fait incompréhensible ses talents d'induction et ses heures de liberté.

—Ce sera le chien de Mme Sazerat, disait Françoise, sans grande conviction, mais dans un but d'apaisement et pour que ma tante ne se «fende pas la tête.»[29]

—Comme si je ne connaissais pas le chien de Mme Sazerat! répondait ma tante dont l'esprit critique n'admettait pas si facilement un fait.

—Ah! ce sera le nouveau chien que M. Galopin a rapporté de Lisieux.

—Ah! à moins de ça.

—Il paraît que c'est une bête bien affable, ajoutait Françoise qui tenait le renseignement de Théodore, spirituelle comme une personne, toujours de bonne humeur, toujours aimable, toujours quelque chose de gracieux. C'est rare qu'une bête qui n'a que cet âge-là soit déjà si galante. Madame Octave, il va falloir que je vous quitte, je n'ai pas le temps de m'amuser, voilà bientôt dix heures, mon fourneau n'est seulement pas éclairé,[30] et j'ai encore à plumer mes asperges.[31]

[28] **en avoir le coeur net** idiomatic. To get something off one's mind; to get it straight.

[29] **ne se «fende pas la tête»** idiomatic. Se fendre la tête: literally, to split one's head; figuratively, to worry to death over something.

[30] **éclairé** a very common popular confusion between éclairer to give light and allumer to light.

[31] **plumer les asperges** to scrape the asparagus shoots before cooking them. Plumer is generally used for birds, meaning to pluck.

—Comment, Françoise, encore des asperges! mais c'est une vraie maladie d'asperges que vous avez cette année, vous allez en fatiguer nos Parisiens!

—Mais non, madame Octave, ils aiment bien ça. Ils rentreront de l'église avec de l'appétit et vous verrez qu'ils ne les mangeront pas avec le dos de la cuiller.[32]

—Mais à l'église, ils doivent y être déjà; vous ferez bien de ne pas perdre de temps. Allez surveiller votre déjeuner.

Pendant que ma tante devisait ainsi avec Françoise, j'accompagnais mes parents à la messe.[33] Que je l'aimais, que je la revois bien, notre 10 Église! Son vieux porche par lequel nous entrions, noir, grêlé comme une écumoire, était dévié et profondément creusé aux angles (de même que le bénitier où il nous conduisait) comme si le doux effleurement des mantes des paysannes entrant à l'église et de leurs doigts timides prenant de l'eau bénite, pouvait, répété pendant des siècles, acquérir une force destructive, infléchir la pierre et l'entailler de sillons comme en trace la roue des carrioles dans la borne contre laquelle elle bute tous les jours.[34] Ses pierres tombales, sous lesquelles la noble poussière des abbés de Combray, enterrés là, faisait au chœur comme un pavage spirituel, n'étaient plus elles-mêmes de la matière 20 inerte et dure, car le temps les avait rendues douces et fait couler comme du miel hors des limites de leur propre équarrissure qu'ici elles avaient dépassées d'un flot blond, entraînant à la dérive une majuscule gothique en fleurs, noyant les violettes blanches du marbre; et en deçà desquelles, ailleurs, elles s'étaient résorbées, con-tractant encore l'elliptique inscription latine, introduisant un caprice de plus dans la disposition de ces caractères abrégés, rapprochant deux lettres d'un mot dont les autres avaient été démesurément dis-

---

[32] . . . le dos de la cuiller picturesque, idiomatic expression. To eat with the back of the spoon, i.e., reluctantly.

[33] messe The high mass on Sunday morning is, especially in the provinces, a social as well as a religious occasion followed by an abundant and festive dinner.

[34] . . . jours "Its old porch, through which we entered, black and as full of holes as a sieve, was crooked and worn deeply at all the angles—like the holy-water stoup to which it led—as if the soft touch of the peasant cloaks of the women who entered the church and timidly dipped their fingers into the holy-water, century after century, had, in the long run, acquired a destruc-tive force, making the stone deviate, carving in it ruts like those made by cart-wheels on stone posts against which they bump every day."

tendues.[35] Ses vitraux ne chatoyaient jamais tant que les jours où le
soleil se montrait peu, de sorte que, fît-il gris dehors, on était sûr qu'il
ferait beau dans l'église; l'un était rempli dans toute sa grandeur par
un seul personnage pareil à un Roi de jeu de cartes, qui vivait là-haut,
sous un dais architectural, entre ciel et terre; (et dans le reflet oblique
et bleu duquel, parfois les jours de semaine, à midi, quand il n'y a
pas d'office—à l'un de ces rares moments où l'église aérée, vacante,
plus humaine, luxueuse, avec du soleil sur son riche mobilier, avait
l'air presque habitable comme le hall de pierre sculptée et de verre
10 peint, d'un hôtel de style moyen âge—on voyait s'agenouiller un
instant Mme Sazerat, posant sur le prie-Dieu voisin un paquet tout
ficelé de petits fours qu'elle venait de prendre chez le pâtissier d'en
face et qu'elle allait rapporter pour le déjeuner); dans un autre une
montagne de neige rose, au pied de laquelle se livrait un combat,
semblait avoir givré à même la verrière qu'elle boursouflait de son
trouble grésil comme une vitre à laquelle il serait resté des flocons
éclairés par quelque aurore (par la même sans doute qui empourprait
le retable de l'autel de tons si frais qu'ils semblaient plutôt posés là
momentanément par une lueur du dehors prête à s'évanouir que par
20 des couleurs attachées à jamais à la pierre);[36] et tous étaient si anciens
qu'on voyait çà et là leur vieillesse argentée étinceler de la poussière
des siècles et montrer brillante et usée jusqu'à la corde la trame de
leur douce tapisserie de verre. Il y en avait un qui était un haut com-
partiment divisé en une centaine de petits vitraux rectangulaires où
dominait le bleu, comme un grand jeu de cartes pareil à ceux qui

---

[35] . . . **distendues** The narrator describes the tombstones set in the pave-
ment of the old church over which so many feet have passed that the stone
seems to have lost its rigidity. The stones are no longer squared and flat but
seem to spread like honey, carrying with them the gothic letters of the Latin
inscriptions, spreading them out or contracting them irregularly. Time, here
again, plays with the stone the same game as with the lime blossoms.

[36] . . . **pierre** "in another [window] a pink mountain of snow—a battle
was being fought at its foot—seemed to coat with hoar-frost the glass itself
which appeared to be thickly covered with icy sleet like a window pane on
which still cling a few snowflakes colored by the light of dawn—the same
dawn, no doubt, which cast a crimson light over the reredos coloring it with
tints so fresh that they seemed to have been projected there by some outside
light, about to fade away, for a brief instant only, rather than to have originated in the colors painted in the window and permanently attached to the
stone."

devaient distraire le roi Charles VI;[37] mais soit qu'un rayon eût brillé,
soit que mon regard en bougeant eût promené à travers la verrière
tour à tour éteinte et rallumée un mouvant et précieux incendie,
l'instant d'après elle avait pris l'éclat changeant d'une traîne de paon,
puis elle tremblait et ondulait en une pluie flamboyante et fantastique
qui dégouttait du haut de la voûte sombre et rocheuse, le long des
parois humides, comme si c'était dans la nef de quelque grotte irisée
de sinueux stalactites que je suivais mes parents, qui portaient leur
paroissien; un instant après les petits vitraux en losange avaient pris
la transparence profonde, l'infrangible dureté de saphirs qui eussent   10
été juxtaposés sur quelque immense pectoral,[38] mais derrière lesquels
on sentait, plus aimé que toutes ces richesses, un sourire momentané
de soleil; il était aussi reconnaissable dans le flot bleu et doux dont il
baignait les pierreries que sur le pavé de la place ou la paille du
marché; et, même à nos premiers dimanches quand nous étions
arrivés avant Pâques, il me consolait que la terre fût encore nue et
noire, en faisant épanouir, comme en un printemps historique et qui
datait des successeurs de saint Louis,[39] ce tapis éblouissant et doré de
myosotis en verre.

Deux tapisseries de haute lice[40] représentaient le couronnement   20
d'Esther[41] (la tradition voulait qu'on eût donné à Assuérus les traits
d'un roi de France et à Esther ceux d'une dame de Guermantes dont

---

[37] **Charles VI** King of France (1368-1422). He went mad and found diversion in playing cards, particularly games similar to solitaire.

[38] **. . . pectoral** "but—either because a ray of light had struck it, or because my eyes moving over the window started a shifting and rare blaze in the mobile hues of the stained glass, now dark, now illuminated—the next instant it glittered with the sheen of a peacock's tail. Then it wavered, undulated, and became a flaming, fantastic shower of rain which streamed from the top of the dark and rocky vault down the dank walls as if, when I followed my parents clasping their prayerbook in their hands, I had entered an iridescent grotto gleaming with sinuous stalactites; a moment later, the little lozenges in the window had taken on the deep transparency, the unbreakable hardness of sapphires placed side by side on an enormous breast-plate . . ."

[39] **saint Louis** Louis IX (1226-1270), King of France.

[40] **haute lice** high warp; in the weaving of the tapestry the warp is vertical; for *basse lice* the warp is horizontal.

[41] **Esther** The story of Esther and Ahasuerus is told in the Old Testament, in the book of Esther. Ahasuerus, king of Persia and Media chose for his wife, Esther, a Jewish maiden who was able to save her people from his persecution.

il était amoureux) auxquelles leurs couleurs, en fondant, avaient
ajouté une expression, un relief, un éclairage: un peu de rose flottait
aux lèvres d'Esther au delà du dessin de leur contour; le jaune de sa
robe s'étalait si onctueusement, si grassement, qu'elle en prenait une
sorte de consistance et s'enlevait vivement sur l'atmosphère refoulée;
et la verdure des arbres restée vive dans les parties basses du panneau
de soie et de laine, mais ayant «passé» dans le haut, faisait se
détacher en plus pâle, au-dessus des troncs foncés, les hautes
branches jaunissantes, dorées et comme à demi effacées par la brusque
10 et oblique illumination d'un soleil invisible.[42] Tout cela, et plus
encore les objets précieux venus à l'église de personnages qui étaient
pour moi presque des personnages de légende (la croix d'or travaillée,
disait-on, par saint Éloi et donnée par Dagobert,[43] le tombeau des
fils de Louis le Germanique,[44] en porphyre et en cuivre émaillé), à
cause de quoi je m'avançais dans l'église, quand nous gagnions nos
chaises, comme dans une vallée visitée des fées, où le paysan s'émerveille de voir dans un rocher, dans un arbre, dans une mare, la trace
palpable de leur passage surnaturel; tout cela faisait d'elle pour moi
quelque chose d'entièrement différent du reste de la ville: un édifice
20 occupant, si l'on peut dire, un espace à quatre dimensions—la
quatrième étant celle du Temps—déployant à travers les siècles son
vaisseau qui, de travée en travée, de chapelle en chapelle, semblait
vaincre et franchir, non pas seulement quelques mètres, mais des
époques successives d'où il sortait victorieux;[45] dérobant le rude et
farouche XIe siècle dans l'épaisseur de ses murs, d'où il n'apparaissait
avec ses lourds cintres bouchés et aveuglés de grossiers moellons que

[42] . . . soleil invisible "the yellow of her dress was spread with such
unctuous abundance that the dress had acquired a kind of consistency and
stood out vividly as if it had pushed back the air around it, and the green of
the trees which was still bright in the lower part of the silk and wool panel,
but which at the top had faded, emphasized, above the dark trunks, the
yellowing branches, gilded and half obliterated by the sudden and oblique
ray of an invisible sun."

[43] Dagobert King of France (628-638), the last Merovingian who, with
the help of Saint Éloi, bishop of Noyon, effectively ruled his kingdom. He is
immortalized in the popular song: "Le bon roi Dagobert . . ."

[44] Louis le Germanique one of the three grandsons of Charlemagne.

[45] . . . victorieux In the church the different styles of architecture are
concrete manifestations of the simultaneous and present existence of what we
call the past. The church developed in time and yet is one, a recognizable
spiritual entity, just as the characters in the novel will be.

par la profonde entaille que creusait près du porche l'escalier du
clocher,[46] et, même là, dissimulé par les gracieuses arcades gothiques
qui se pressaient coquettement devant lui comme de plus grandes
sœurs, pour le cacher aux étrangers, se placent en souriant devant
un jeune frère rustre, grognon et mal vêtu; élevant dans le ciel au-
dessus de la Place, sa tour qui avait contemplé saint Louis et semblait
le voir encore; et s'enfonçant avec sa crypte dans une nuit méro-
vingienne, où, nous guidant à tâtons sous la voûte obscure et puis-
samment nervurée comme la membrane d'une immense chauve-
souris de pierre, Théodore et sa sœur nous éclairaient d'une bougie le   10
tombeau de la petite fille de Sigebert,[47] sur lequel une profonde valve
—comme la trace d'un fossile—avait été creusée, disait-on, «par une
lampe de cristal qui, le soir du meurtre de la princesse franque, s'était
détachée d'elle-même des chaînes d'or où elle était suspendue à la
place de l'actuelle abside, et, sans que le cristal se brisât, sans que la
flamme s'éteignît, s'était enfoncée dans la pierre et l'avait fait mollement céder sous elle».

L'abside de l'église de Combray, peut-on vraiment en parler? Elle
était si grossière, si dénuée de beauté artistique et même d'élan
religieux. Du dehors, comme le croisement des rues sur lequel elle   20
donnait était en contre-bas, sa grossière muraille s'exhaussait d'un
soubassement en moellons nullement polis, hérissés de cailloux, et
qui n'avait rien de particulièrement ecclésiastique, les verrières semblaient percées à une hauteur excessive, et le tout avait plus l'air d'un
mur de prison que d'église.[48] Et certes, plus tard, quand je me
rappelais toutes les glorieuses absides que j'ai vues, il ne me serait
jamais venu à la pensée de rapprocher d'elles l'abside de Combray.
Seulement, un jour, au détour d'une petite rue provinciale, j'aperçus,
en face du croisement de trois ruelles, une muraille fruste et suré-

---

[46] . . . clocher "hiding the rugged and harsh eleventh century in the
thickness of its walls, from which it emerged only—its heavy arches concealed
behind a coarse stone facing—in the deep groove cut by the stairs going up
to the tower, into the wall near the porch . . ."
[47] Sigebert Frankish princess who, like her father, was assassinated.
[48] . . . d'église "Seen from outside—because the road-crossing over which
it rose was built on a lower level—its outer wall was supported by a basement
of coarse unfaced stone—rough with small imbedded stones—which didn't
seem particularly ecclesiastic; its windows appeared to have been pierced at
far too great a height, and, all in all, it resembled a prison wall rather than a
church wall."

levée, avec des verrières percées en haut et offrant le même aspect
asymétrique que l'abside de Combray. Alors je ne me suis pas demandé comme à Chartres ou à Reims avec quelle puissance y était
exprimé le sentiment religieux, mais je me suis involontairement
écrié: «L'Église!»

L'église! Familière; mitoyenne,[49] rue Saint-Hilaire, où était sa
porte nord, de ses deux voisines, la pharmacie de M. Rapin et la
maison de Mme Loiseau, qu'elle touchait sans aucune séparation;
simple citoyenne de Combray qui aurait pu avoir son numéro dans
10 la rue si les rues de Combray avaient eu des numéros, et où il semble
que le facteur aurait dû s'arrêter le matin quand il faisait sa distribu-
tion, avant d'entrer chez Mme Loiseau et en sortant de chez M. Rapin;
il y avait pourtant entre elle et tout ce qui n'était pas elle une démarcation que mon esprit n'a jamais pu arriver à franchir. Mme Loiseau
avait beau avoir à sa fenêtre des fuchsias, qui prenaient la mauvaise
habitude de laisser leurs branches courir toujours partout tête
baissée,[50] et dont les fleurs n'avaient rien de plus pressé, quand elles
étaient assez grandes, que d'aller rafraîchir leurs joues violettes et
congestionnées contre la sombre façade de l'église, les fuchsias ne
20 devenaient pas sacrés pour cela pour moi; entre les fleurs et la pierre
noircie sur laquelle elles s'appuyaient, si mes yeux ne percevaient pas
d'intervalle, mon esprit réservait un abîme.

On reconnaissait le clocher de Saint-Hilaire de bien loin, inscrivant
sa figure inoubliable à l'horizon où Combray n'apparaissait pas
encore; quand du train qui, la semaine de Pâques, nous amenait de
Paris, mon père l'apercevait qui filait tour à tour sur tous les sillons
du ciel, faisant courir en tous sens son petit coq de fer, il nous disait:
«Allons, prenez les couvertures, on est arrivé». Et dans une des plus
grandes promenades que nous faisions de Combray, il y avait un
30 endroit où la route resserrée débouchait tout à coup sur un immense
plateau fermé à l'horizon par des forêts déchiquetées que dépassait
seule la fine pointe du clocher de Saint-Hilaire, mais si mince, si rose,

[49] **mitoyenne** Like the church at Illiers, the Combray church, on one of
its sides, is set in a row of private houses, between M. Rapin's store and Mme
Loiseau's house.
mitoyen = adjoining (walls, buildings, etc.).
[50] **. . . tête baissée** an amusing use of the idiom *courir tête baissée;* literally, to rush along head down, *i.e.,* without thinking. The fuchsia blossoms
in fact grow *tête baissée.*

qu'elle semblait seulement rayée sur le ciel par un ongle qui aurait
voulu donner à ce paysage, à ce tableau rien que de nature, cette
petite marque d'art, cette unique indication humaine.[51] Quand on se
rapprochait et qu'on pouvait apercevoir le reste de la tour carrée et
à demi détruite qui, moins haute, subsistait à côté de lui, on était
frappé surtout du ton rougeâtre et sombre des pierres; et, par un
matin brumeux d'automne, on aurait dit, s'élevant au-dessus du violet
orageux des vignobles, une ruine de pourpre presque de la couleur de
la vigne vierge.

Souvent sur la place, quand nous rentrions, ma grand'mère me   10
faisait arrêter pour le regarder. Des fenêtres de sa tour, placées deux
par deux les unes au-dessus des autres, avec cette juste et originale
proportion dans les distances qui ne donne pas de la beauté et de la
dignité qu'aux visages humains, il lâchait, laissait tomber à intervalles
réguliers des volées de corbeaux qui, pendant un moment, tour-
noyaient en criant, comme si les vieilles pierres qui les laissaient
s'ébattre sans paraître les voir, devenues tout d'un coup inhabitables
et dégageant un principe d'agitation infinie, les avait frappés et
repoussés.[52] Puis, après avoir rayé en tous sens le velours violet de
l'air du soir, brusquement calmés ils revenaient s'absorber dans la   20
tour, de néfaste redevenue propice,[53] quelques-uns posés çà et là, ne
semblant pas bouger, mais happant peut-être quelque insecte, sur la
pointe d'un clocheton, comme une mouette arrêtée avec l'immobilité
d'un pêcheur à la crête d'une vague. Sans trop savoir pourquoi, ma
grand'mère trouvait au clocher de Saint-Hilaire cette absence de

---

[51] . . . **indication humaine** ". . . but so slender, so pink that it just
seemed to have been traced on the sky by the fingernail of an artist desirous
of giving to this landscape, to this pure 'nature piece,' a single mark of human
existence."

[52] . . . **repoussés** "From the tower windows, situated in pairs, one pair
above the other, with that accurate and original proportion in spacing which
gives beauty and dignity not only to human faces, it released, let fall at
regular intervals flights of crows which, for a few minutes, wheeled and
cawed, as if the old stones which let them disport themselves without seem-
ing to notice them, suddenly becoming uninhabitable and discharging some
infinitely agitating force, had struck them and driven them out."

[53] . . . **propice**   the tower which, inauspicious a moment before, now became propitious again. The narrator gives an implicitly humorous and dramatic interpretation to the movement of the crows, in terms of the hidden and
magical moods of the tower which seems to project them out malevolently
only to draw them back again as if to protect them.

vulgarité, de prétention, de mesquinerie, qui lui faisait aimer et croire riches d'une influence bienfaisante la nature quand la main de l'homme ne l'avait pas, comme faisait le jardinier de ma grand'tante, rapetissée, et les œuvres de génie. Et sans doute, toute partie de l'église qu'on apercevait la distinguait de tout autre édifice par une sorte de pensée qui lui était infuse, mais c'était dans son clocher qu'elle semblait prendre conscience d'elle-même, affirmer une existence individuelle et responsable. C'était lui qui parlait pour elle. Je crois surtout que, confusément, ma grand'mère trouvait au clocher de

10 Combray ce qui pour elle avait le plus de prix au monde, l'air naturel et l'air distingué. Ignorante en architecture, elle disait: «Mes enfants, moquez-vous de moi si vous voulez, il n'est peut-être pas beau dans les règles, mais sa vieille figure bizarre me plaît. Je suis sûre que s'il jouait du piano, il ne jouerait pas *sec*.»[54] Et en le regardant, en suivant des yeux la douce tension, l'inclinaison fervente de ses pentes de pierre qui se rapprochaient en s'élevant comme des mains jointes qui prient, elle s'unissait si bien à l'effusion de la flèche, que son regard semblait s'élancer avec elle; et en même temps elle souriait amicalement aux vieilles pierres usées dont le couchant n'éclairait plus que

20 le faîte et qui, à partir du moment où elles entraient dans cette zone ensoleillée, adoucies par la lumière, paraissaient tout d'un coup montées bien plus haut, lointaines, comme un chant repris «en voix de tête» une octave au-dessus.[55]

C'était le clocher de Saint-Hilaire qui donnait à toutes les occupations, à toutes les heures, à tous les points de vue de la ville, leur figure, leur couronnement, leur consécration. De ma chambre, je ne pouvais apercevoir que sa base qui avait été recouverte d'ardoises; mais quand, le dimanche, je les voyais, par une chaude matinée d'été, flamboyer comme un soleil noir, je me disais: «Mon Dieu! neuf

30 heures! il faut se préparer pour aller à la grand'messe si je veux avoir le temps d'aller embrasser tante Léonie avant», et je savais exactement la couleur qu'avait le soleil sur la place, la chaleur et la poussière du marché, l'ombre que faisait le store du magasin où maman entrerait peut-être avant la messe, dans une odeur de toile écrue, faire emplette

---

[54] **jouer sec** to play without feeling.
[55] . . . **une octave au-dessus** "which as soon as they entered that sunny zone, softened by the light, seemed suddenly to rise much higher, to be more remote, like a song sung in falsetto, an octave above the accompaniment."

de quelque mouchoir que lui ferait montrer, en cambrant la taille, le patron qui, tout en se préparant à fermer, venait d'aller dans l'arrière-boutique passer sa veste du dimanche et se savonner les mains qu'il avait l'habitude, toutes les cinq minutes, même dans les circonstances les plus mélancoliques, de frotter l'une contre l'autre d'un air d'entreprise, de partie fine[56] et de réussite.

Quand après la messe, on entrait dire à Théodore d'apporter une brioche[57] plus grosse que d'habitude parce que nos cousins avaient profité du beau temps pour venir de Thiberzy déjeuner avec nous, on avait devant soi le clocher qui, doré et cuit lui-même comme une plus 10 grande brioche bénie, avec des écailles et des égouttements gommeux de soleil, piquait sa pointe aiguë dans le ciel bleu.[58] Et le soir, quand je rentrais de promenade et pensais au moment où il faudrait tout à l'heure dire bonsoir à ma mère et ne plus la voir, il était au contraire si doux, dans la journée finissante, qu'il avait l'air d'être posé et enfoncé comme un coussin de velours brun sur le ciel pâli qui avait cédé sous sa pression, s'était creusé légèrement pour lui faire sa place et refluait sur ses bords;[59] et les cris des oiseaux qui tournaient autour de lui semblaient accroître son silence, élancer encore sa flèche et lui donner quelque chose d'ineffable. 20

Même dans les courses qu'on avait à faire derrière l'église, là où on ne la voyait pas, tout semblait ordonné par rapport au clocher surgi ici ou là entre les maisons, peut-être plus émouvant encore quand il apparaissait ainsi sans l'église. Et certes, il y en a bien d'autres qui sont plus beaux vus de cette façon, et j'ai dans mon souvenir des vignettes de clochers dépassant les toits, qui ont un autre caractère d'art que celles que composaient les tristes rues de Combray. Je n'oublierai jamais dans une curieuse ville de Normandie voisine de Balbec, deux charmants hôtels du XVIIIe siècle, qui me sont à beaucoup d'égards chers et vénérables et entre lesquels, quand on la 30

[56] **partie fine** a particularly select and delightful party.
[57] **brioche** a kind of loaf, a cross between cake and bread, made with fine flour, butter, and eggs. The Sunday *brioche* is traditional in France.
[58] **. . . dans le ciel bleu** "we could see, in front of us, the steeple which, itself baked and browned over like a larger, 'holy' brioche, and covered with flakes and sticky drops of sunshine, thrust its sharp point into the sky."
[59] **. . . sur ses bords** "it [the steeple] was, in contrast, so soft, at the close of day, that it seemed like a brown velvet cushion laid and pressed against the light sky which had yielded under the pressure, had sunk back slightly to make room for it and surged up around its edges."

regarde du beau jardin qui descend des perrons vers la rivière, la
flèche gothique d'une église qu'ils cachent s'élance, ayant l'air de
terminer, de surmonter leurs façades, mais d'une matière si différente,
si précieuse, si annelée, si rose, si vernie, qu'on voit bien qu'elle n'en
fait pas plus partie que de deux beaux galets unis, entre lesquels elle
est prise sur la plage, la flèche purpurine et crénelée de quelque
coquillage fuselé en tourelle et glacé d'émail.[60] Même à Paris, dans
un des quartiers les plus laids de la ville, je sais une fenêtre où on voit
après un premier, un second et même un troisième plan fait des toits
10 amoncelés de plusieurs rues, une cloche violette, parfois rougeâtre,
parfois aussi, dans les plus nobles «épreuves»[61] qu'en tire l'atmosphère, d'un noir décanté de cendres, laquelle n'est autre que le
dôme Saint-Augustin[62] et qui donne à cette vue de Paris le caractère
de certaines vues de Rome par Piranesi.[63] Mais comme dans aucune
de ces petites gravures, avec quelque goût que ma mémoire ait pu les
exécuter, elle ne put mettre ce que j'avais perdu depuis longtemps, le
sentiment qui nous fait non pas considérer une chose comme un
spectacle, mais y croire comme en un être sans équivalent, aucune
d'elles ne tient sous sa dépendance toute une partie profonde de ma
20 vie, comme fait le souvenir de ces aspects du clocher de Combray
dans les rues qui sont derrière l'église. Qu'on le vît[64] à cinq heures,

---

[60] **. . . émail** "I shall never forget, in a quaint town in Normandy not
far from Balbec, two charming eighteenth-century houses—dear to me, for
many reasons and venerable—between which if one looks from the garden
sloping down from their two porches to the river—rises the gothic steeple
of the church they hide as if to complete and crown them; but its texture is
so different, so precious, so bejewelled, so pink, so polished that it is evident
the steeple is no more a part of the two houses than the purplish, crinkly
spire of a shell—tapering off into a turret and glazed as with enamel—is
part of the two beautiful smooth pebbles lying on the beach and between
which it is caught." Balbec is an imaginary town on the seacoast of Normandy,
the setting for part of the novel.

[61] **épreuves** the proofs or test impressions made for engravings or etch-
ings. Proust no doubt has in mind the paintings of Claude Monet who painted
the same cathedral under a different light at different moments of the day.

[62] **Saint-Augustin** church built not far from the Opera in the 1860's, and
considered as very poor architecturally.

[63] **Piranesi** Italian engraver born in Venice in 1720 whose engravings of
Rome are very famous.

[64] **Qu'on le vît . . .** very long sentence, the principal clause of which is:
c'était toujours à lui . . . Construction: *Qu'on le vît . . . que si . . . soit
qu'encore . . . ou que . . .* Translation: "Whether we saw it at five, when on

quand on allait chercher les lettres à la poste, à quelques maisons de
soi, à gauche, surélevant brusquement d'une cime isolée la ligne de
faîte des toits; que si, au contraire, on voulait entrer demander des
nouvelles de Mme Sazerat, on suivît des yeux cette ligne redevenue
basse après la descente de son autre versant en sachant qu'il faudrait
tourner à la deuxième rue après le clocher; soit qu'encore, poussant
plus loin, si on allait à la gare, on le vît obliquement, montrant de
profil des arêtes et des surfaces nouvelles comme un solide surpris à
un moment inconnu de sa révolution; ou que, des bords de la
Vivonne, l'abside musculeusement ramassée et remontée par la   10
perspective semblât jaillir de l'effort que le clocher faisait pour lancer
sa flèche au cœur du ciel; c'était toujours à lui qu'il fallait revenir,
toujours lui qui dominait tout, sommant les maisons d'un pinacle
inattendu, levé devant moi comme le doigt de Dieu dont le corps eût
été caché dans la foule des humains sans que je le confondisse pour
cela avec elle.[65] Et aujourd'hui encore si, dans une grande ville de
province ou dans un quartier de Paris que je connais mal, un passant
qui m'a «mis dans mon chemin» me montre au loin, comme un
point de repère, tel beffroi d'hôpital, tel clocher de couvent levant la
pointe de son bonnet ecclésiastique au coin d'une rue que je dois   20
prendre, pour peu que ma mémoire puisse obscurément lui trouver
quelque trait de ressemblance avec la figure chère et disparue, le
passant, s'il se retourne pour s'assurer que je ne m'égare pas, peut, à
son étonnement, m'apercevoir qui, oublieux de la promenade entreprise ou de la course obligée, reste là, devant le clocher, pendant des

---

the way to get the mail at the post-office, a few houses away from us, on the
left, its isolated peak abruptly raising the ridge of rooftops, or whether, going
in the opposite direction to ask for news of Mme Sazerat, we followed with
our eyes the line which dropped down again beyond the slope on the other
side, and knew we had to take the second turning after the steeple; or again
if, going a little further along to the station, we saw it at an angle showing in
profile new lines and surfaces like a geometric form caught at some unknown
point in its revolution; or, caught sight of it from the banks of the Vivonne
where the apse, muscularly contracted and heightened by perspective, seemed
to be projected forward as a result of the effort the steeple made to project
its spire into the very heart of heaven; it was always to the steeple one was
forced to return, it was always the steeple which dominated everything, sum-
moning the houses from its unexpected pinnacle, rising in front of me like
the finger of God whose body might be hidden in the crowd of human
beings without any danger that I would mistake one for the other."
[65] elle *la foule.*

heures, immobile,[66] essayant de me souvenir, sentant au fond de moi
des terres reconquises sur l'oubli qui s'assèchent et se rebâtissent; et
sans doute alors, et plus anxieusement que tout à l'heure quand je
lui demandais de me renseigner, je cherche encore mon chemin, je
tourne une rue... mais... c'est dans mon cœur...

En rentrant de la messe, nous rencontrions souvent M. Legrandin
qui, retenu à Paris par sa profession d'ingénieur, ne pouvait, en
dehors des grandes vacances, venir à sa propriété de Combray que du
samedi soir au lundi matin. C'était un de ces hommes qui, en dehors
10 d'une carrière scientifique où ils ont d'ailleurs brillamment réussi,
possèdent une culture toute différente, littéraire, artistique, que leur
spécialisation professionnelle n'utilise pas et dont profite leur conversation. Plus lettrés que bien des littérateurs (nous ne savions pas à
cette époque que M. Legrandin eût une certaine réputation comme
écrivain et nous fûmes très étonnés de voir qu'un musicien célèbre
avait composé une mélodie sur des vers de lui), doués de plus de
«facilité» que bien des peintres, ils s'imaginent que la vie qu'ils
mènent n'est pas celle qui leur aurait convenu et apportent à leurs
occupations positives soit une insouciance mêlée de fantaisie, soit une
20 application soutenue et hautaine, méprisante, amère et consciencieuse.
Grand, avec une belle tournure,[67] un visage pensif et fin aux longues
moustaches blondes, au regard bleu et désenchanté, d'une politesse
raffinée, causeur comme nous n'en avions jamais entendu, il était aux
yeux de ma famille, qui le citait toujours en exemple, le type de
l'homme d'élite, prenant la vie de la façon la plus noble et la plus
délicate. Ma grand'mère lui reprochait seulement de parler un peu
trop bien, un peu trop comme un livre, de ne pas avoir dans son
langage le naturel qu'il y avait dans ses cravates lavallière[68] toujours
flottantes, dans son veston droit presque d'écolier. Elle s'étonnait aussi
30 des tirades enflammées qu'il entamait souvent contre l'aristocratie, la

---

[66] . . . immobile a complicated, typically Proustian sentence. The structure is the following: *Et si un passant me montre tel beffroi, tel clocher, pour
peu que ma mémoire puisse lui trouver quelque ressemblance avec la figure
chère et disparue, le passant peut m'apercevoir qui reste là, immobile.* Toward
the end of the novel, during the war of 1914-1918, the Combray church is
destroyed, hence the allusion to *la figure chère et disparue.*

[67] tournure figure, general physical appearance.

[68] cravates lavallière loosely-knotted, wide bow ties.

vie mondaine, le snobisme, «certainement le péché auquel pense saint
Paul quand il parle du péché pour lequel il n'y a pas de rémission».[69]

L'ambition mondaine était un sentiment que ma grand'mère était
si incapable de ressentir et presque de comprendre, qu'il lui paraissait
bien inutile de mettre tant d'ardeur à la flétrir. De plus, elle ne
trouvait pas de très bon goût que M. Legrandin, dont la sœur était
mariée près de Balbec avec un gentilhomme bas-normand,[70] se livrât
à des attaques aussi violentes contre les nobles, allant jusqu'à re-
procher à la Révolution[71] de ne les avoir pas tous guillotinés.

—Salut, amis! nous disait-il en venant à notre rencontre. Vous êtes   10
heureux d'habiter beaucoup ici; demain il faudra que je rentre à
Paris, dans ma niche.

—Oh! ajoutait-il, avec ce sourire doucement ironique et déçu, un
peu distrait, qui lui était particulier, certes il y a dans ma maison
toutes les choses inutiles. Il n'y manque que le nécessaire, un grand
morceau de ciel comme ici. Tâchez de garder toujours un morceau de
ciel au-dessus de votre vie, petit garçon, ajoutait-il en se tournant vers
moi. Vous avez une jolie âme, d'une qualité rare, une nature d'artiste,
ne la laissez pas manquer de ce qu'il lui faut.

Quand, à notre retour, ma tante nous faisait demander si Mme   20
Goupil était arrivée en retard à la messe, nous étions incapables de la
renseigner. En revanche nous ajoutions à son trouble en lui disant
qu'un peintre travaillait dans l'église à copier le vitrail de Gilbert le
Mauvais.[72] Françoise, envoyée aussitôt chez l'épicier, était revenue
bredouille[73] par la faute de l'absence de Théodore à qui sa double
profession de chantre ayant une part de l'entretien de l'église, et de
garçon épicier donnait, avec des relations dans tous les mondes, un
savoir universel.

—Ah! soupirait ma tante, je voudrais que ce soit déjà l'heure
d'Eulalie. Il n'y a vraiment qu'elle qui pourra me dire cela.   30

[69] **. . . rémission** St. Paul alludes to the unforgivable sin against the Holy
Ghost and not to snobbery. The sentence is spoken by Legrandin, as the
quotation marks indicate.

[70] **bas-normand** a country squire from lower Normandy, *i.e.,* the most
purely Norman part of Normandy.

[71] **Révolution** the French Revolution of 1789.

[72] **Gilbert le Mauvais** ancestor of the Guermantes family.

[73] **bredouille** hunting term: to come back empty-handed.

Eulalie était une fille boiteuse, active et sourde qui s'était «retirée» après la mort de Mme de la Bretonnerie, où elle avait été en place[74] depuis son enfance, et qui avait pris à côté de l'église une chambre, d'où elle descendait tout le temps soit aux offices, soit, en dehors des offices, dire une petite prière ou donner un coup de main à Théodore; le reste du temps elle allait voir des personnes malades comme ma tante Léonie à qui elle racontait ce qui s'était passé à la messe ou aux vêpres. Elle ne dédaignait pas d'ajouter quelque casuel[75] à la petite rente que lui servait la famille de ses anciens maîtres en allant de
10   temps en temps visiter le linge du curé ou de quelque autre personnalité marquante du monde clérical de Combray. Elle portait audessus d'une mante de drap noir un petit béguin blanc,[76] presque de religieuse, et une maladie de peau donnait à une partie de ses joues et à son nez recourbé les tons rose vif de la balsamine. Ses visites étaient la grande distraction de ma tante Léonie qui ne recevait plus guère personne d'autre, en dehors de M. le Curé. Ma tante avait peu à peu évincé tous les autres visiteurs parce qu'ils avaient le tort à ses yeux de rentrer tous dans l'une ou l'autre des deux catégories de gens qu'elle détestait. Les uns, les pires et dont elle s'était débarrassée les
20   premiers, étaient ceux qui lui conseillaient de ne pas «s'écouter»[77] et professaient, fût-ce négativement et en ne la manifestant que par certains silences de désapprobation ou par certains sourires de doute, la doctrine subversive qu'une petite promenade au soleil et un bon bifteck saignant (quand elle gardait quatorze heures sur l'estomac deux méchantes[78] gorgées d'eau de Vichy!) lui feraient plus de bien que son lit et ses médecines. L'autre catégorie se composait des personnes qui avaient l'air de croire qu'elle était plus gravement malade qu'elle ne pensait, qu'elle était aussi gravement malade qu'elle le disait. Aussi, ceux qu'elle avait laissés monter après quelques hésita-
30   tions et sur les officieuses instances de Françoise et qui, au cours de

---

[74] **être en place**   to be placed as a servant. In the past a servant like Françoise or Eulalie was placed for life with a family and, humble, hard-worked, and often poorly paid, was none the less, like Françoise, considered as a member of the household.

[75] **casuel**   extra cash, in particular for ecclesiastic "surplice fees."

[76] **béguin**   a nun's bonnet. *Les Béguines* were Flemish nuns.

[77] **s'écouter**   to pay attention to all one's small ills, to "coddle oneself."

[78] **méchantes**   miserable.

leur visite, avaient montré combien ils étaient indignes de la faveur
qu'on leur faisait en risquant timidement un: «Ne croyez-vous pas
que si vous vous secouiez un peu par un beau temps», ou qui, au contraire, quand elle leur avait dit: «Je suis bien bas, bien bas, c'est la fin,
mes pauvres amis», lui avaient répondu: «Ah! quand on n'a pas la
santé! Mais vous pouvez durer encore comme ça», ceux-là, les uns
comme les autres, étaient sûrs de ne plus jamais être reçus. Et si Françoise s'amusait de l'air épouvanté de ma tante quand de son lit elle
avait aperçu dans la rue du Saint-Esprit une de ces personnes qui
avait l'air de venir chez elle ou quand elle avait entendu un coup de   10
sonnette, elle riait encore bien plus, et comme d'un bon tour, des ruses
toujours victorieuses de ma tante pour arriver à les faire congédier
et de leur mine déconfite en s'en retournant sans l'avoir vue, et, au
fond, admirait sa maîtresse qu'elle jugeait supérieure à tous ces gens
puisqu'elle ne voulait pas les recevoir. En somme, ma tante exigeait
à la fois qu'on l'approuvât dans son régime, qu'on la plaignît pour
ses souffrances et qu'on la rassurât sur son avenir.

C'est à quoi Eulalie excellait. Ma tante pouvait lui dire vingt fois
en une minute: «C'est la fin, ma pauvre Eulalie», vingt fois Eulalie
répondait: «Connaissant votre maladie comme vous la connaissez,   20
madame Octave, vous irez à cent ans, comme me disait hier encore
Mme Sazerin.» (Une des plus fermes croyances d'Eulalie, et que le
nombre imposant des démentis apportés par l'expérience n'avait pas
suffi à entamer, était que Mme Sazerat s'appelait Mme Sazerin.)

—Je ne demande pas à aller à cent ans, répondait ma tante, qui
préférait ne pas voir assigner à ses jours un terme précis.

Et comme Eulalie savait avec cela comme personne distraire ma
tante sans la fatiguer, ses visites, qui avaient lieu régulièrement tous
les dimanches sauf empêchement inopiné, étaient pour ma tante un
plaisir dont la perspective l'entretenait ces jours-là dans un état agréa-   30
ble d'abord, mais bien vite douloureux comme une faim excessive,
pour peu qu'Eulalie fût en retard. Trop prolongée, cette volupté
d'attendre Eulalie tournait en supplice, ma tante ne cessait de regarder l'heure, bâillait, se sentait des faiblesses. Le coup de sonnette
d'Eulalie, s'il arrivait tout à la fin de la journée, quand elle ne l'espérait plus, la faisait presque se trouver mal. En réalité, le dimanche,
elle ne pensait qu'à cette visite et sitôt le déjeuner fini, Françoise

avait hâte que nous quittions la salle à manger pour qu'elle pût monter «occuper» ma tante.[79] Mais (surtout à partir du moment où les beaux jours s'installaient à Combray) il y avait bien longtemps que l'heure altière de midi, descendue de la tour de Saint-Hilaire qu'elle armoriait des douze fleurons momentanés de sa couronne sonore, avait retenti autour de notre table, auprès du pain bénit venu lui aussi familièrement en sortant de l'église, quand nous étions encore assis devant les assiettes des Mille et une Nuits, appesantis par la chaleur et surtout par le repas. Car, au fond permanent d'œufs, de
10 côtelettes, de pommes de terre, de confitures, de biscuits, qu'elle ne nous annonçait même plus, Françoise ajoutait—selon les travaux des champs et des vergers, le fruit de la marée,[80] les hasards du commerce, les politesses des voisins et son propre génie, et si bien que notre menu, comme ces quatrefeuilles[81] qu'on sculptait au XIIIe siècle au portail des cathédrales, reflétait un peu le rythme des saisons et des épisodes de la vie—: une barbue parce que la marchande lui en avait garanti la fraîcheur, une dinde parce qu'elle en avait vu une belle au marché de Roussainville-le-Pin, des cardons à la moelle[82] parce qu'elle ne nous en avait pas encore fait de cette manière-là,
20 un gigot rôti parce que le grand air creuse et qu'il avait bien le temps de descendre d'ici sept heures, des épinards pour changer, des abricots parce que c'était encore une rareté, des groseilles parce que dans quinze jours il n'y en aurait plus, des framboises que M. Swann avait apportées exprès, des cerises, les premières qui vinssent du cerisier du jardin après deux ans qu'il n'en donnait plus, du fromage à la crème que j'aimais bien autrefois, un gâteau aux amandes parce qu'elle l'avait commandé la veille, une brioche parce que c'était notre tour de l'offrir. Quand tout cela était fini, composée expressément pour nous, mais dédiée plus spécialement à mon père qui était ama-

---

[79] . . . **ma tante**   The story of Eulalie's visit is here interrupted and resumed only on page 144. It seems very plausible to think that the following pages were inserted into the development in a typically Proustian fashion, all the more because part of the text inserted had appeared before as a separate article. The next sentence is not altogether clear in its grammatical structure, emphasizing the probability of the insertion.

[80] . . . **marée**   "the harvest of the tide," *i.e.,* sea-food in season.

[81] **quatrefeuilles**   ornamental sculptured motifs with four lobes, in which medieval sculptors often pictured the typical seasonal activities of country life.

[82] . . . **moelle**   cardoon cooked with marrow. The cardoon is a vegetable, of the same family as the artichoke, the stems of which are edible.

teur, une crème au chocolat, inspiration, attention personnelle de
Françoise, nous était offerte, fugitive et légère comme une œuvre
de circonstance[83] où elle avait mis tout son talent. Celui qui eût
refusé d'en goûter en disant: «J'ai fini, je n'ai plus faim», se serait
immédiatement ravalé au rang de ces goujats qui, même dans le
présent qu'un artiste leur fait d'une de ses œuvres, regardent au poids
et à la matière alors que n'y valent que l'intention et la signature.[84]
Même en laisser une seule goutte dans le plat eût témoigné de la
même impolitesse que se lever avant la fin du morceau au nez du
compositeur.   10

Enfin ma mère me disait: «Voyons, ne reste pas ici indéfiniment,
monte dans ta chambre si tu as trop chaud dehors, mais va d'abord
prendre l'air un instant pour ne pas lire en sortant de table.» J'allais
m'asseoir près de la pompe et de son auge, souvent ornée, comme un
fond gothique, d'une salamandre, qui sculptait sur la pierre fruste
le relief mobile de son corps allégorique et fuselé,[85] sur le banc sans
dossier ombragé d'un lilas, dans ce petit coin du jardin qui s'ouvrait
par une porte de service sur la rue du Saint-Esprit et de la terre peu
soignée duquel s'élevait par deux degrés, en saillie de la maison, et
comme une construction indépendante, l'arrière-cuisine.[86] On aperce- 20
vait son dallage rouge et luisant comme du porphyre. Elle avait
moins l'air de l'antre de Françoise que d'un petit temple de Vénus.
Elle regorgeait des offrandes du crémier, du fruitier, de la marchande de légumes, venus parfois de hameaux assez lointains pour lui
dédier les prémices de leurs champs. Et son faîte était toujours cou-
ronné du roucoulement d'une colombe.

[83] . . . **circonstance**   a piece written for a definite occasion. Here, a piece
of music as the end of the paragraph indicates; flavor and music are associated
throughout the comparison.

[84] . . . **signature**   Note throughout the preceding passage the insertion
into the enumeration of a form of indirect speech giving Françoise's own com-
ments as each dish appears: a brill (flatfish), *because the fishwoman had
guaranteed that it was fresh,* etc.

[85] . . . **allégorique et fuselé**   The salamander is a kind of small lizard.
Its body became "allegorical" because it was generally thought, in the past,
that the salamander could go through fire without being burned.
fuselé = spindle-shaped.

[86] . . . **l'arrière-cuisine**   ". . . in the little corner of the garden which
opened, through the service entrance, on the rue du Saint-Esprit and on which,
elevated by two steps and jutting out from the house with all the appearance
of an independent building, rose my aunt's back kitchen."

Autrefois, je ne m'attardais pas dans le bois consacré qui l'entourait, car, avant de monter lire, j'entrais dans le petit cabinet de repos que mon oncle Adolphe, un frère de mon grand-père, ancien militaire qui avait pris sa retraite comme commandant, occupait au rez-de-chaussée, et qui, même quand les fenêtres ouvertes laissaient entrer la chaleur, sinon les rayons du soleil qui atteignaient rarement jusque-là, dégageait inépuisablement cette odeur obscure et fraîche, à la fois forestière et ancien régime,[87] qui fait rêver longuement les narines quand on pénètre dans certains pavillons de chasse[88] aban-
10 donnés. Mais depuis nombre d'années je n'entrais plus dans le cabinet de mon oncle Adolphe, ce dernier ne venant plus à Combray à cause d'une brouille qui était survenue entre lui et ma famille, par ma faute, dans les circonstances suivantes:

Une ou deux fois par mois, à Paris, on m'envoyait lui faire une visite, comme il finissait de déjeuner, en simple vareuse, servi par son domestique en veste de travail de coutil rayé violet et blanc.[89] Il se plaignait en ronchonnant que je n'étais pas venu depuis longtemps, qu'on l'abandonnait; il m'offrait un massepain ou une mandarine, nous traversions un salon dans lequel on ne s'arrêtait jamais, où on
20 ne faisait jamais de feu, dont les murs étaient ornés de moulures dorées, les plafonds peints d'un bleu qui prétendait imiter le ciel et les meubles capitonnés en satin comme chez mes grands-parents, mais jaune; puis nous passions dans ce qu'il appelait son cabinet de «travail» aux murs duquel étaient accrochées de ces gravures représentant sur fond noir une déesse charnue et rose conduisant un char, montée sur un globe, ou une étoile au front, qu'on aimait sous le second Empire[90] parce qu'on leur trouvait un air pompéien, puis qu'on détesta, et qu'on recommence à aimer pour une seule et même raison, malgré les autres qu'on donne, et qui est qu'elles ont l'air
30 second Empire. Et je restais avec mon oncle jusqu'à ce que son valet de chambre vînt lui demander de la part du cocher, pour quelle heure celui-ci devait atteler. Mon oncle se plongeait alors dans une méditation qu'aurait craint de troubler d'un seul mouvement son valet de

[87] **ancien régime** *L'ancien régime* is the régime of absolute monarchy preceding the revolution of 1789. The term is here used as an adjective.
[88] **pavillon de chasse** hunting lodge.
[89] **veste . . . de coutil . . . violet et blanc** the traditional informal costume of the valet de chambre; *coutil* = duck.
[90] **le second Empire** Napoléon III's reign (1852-1870).

chambre émerveillé, et dont il attendait avec curiosité le résultat, toujours identique. Enfin, après une hésitation suprême, mon oncle prononçait infailliblement ces mots: «Deux heures et quart», que le valet de chambre répétait avec étonnement, mais sans discuter: «Deux heures et quart? bien... je vais le dire...»

A cette époque, j'avais l'amour du théâtre, amour platonique, car mes parents ne m'avaient encore jamais permis d'y aller, et je me re-présentais d'une façon si peu exacte les plaisirs qu'on y goûtait que je n'étais pas éloigné de croire que chaque spectateur regardait comme dans un stéréoscope un décor qui n'était que pour lui, quoique 10 semblable aux milliers d'autres que regardait, chacun pour soi, le reste des spectateurs.

Tous les matins je courais jusqu'à la colonne Moriss[91] pour voir les spectacles qu'elle annonçait. Rien n'était plus désintéressé et plus heureux que les rêves offerts à mon imagination par chaque pièce annoncée, et qui étaient conditionnés à la fois par les images insépa-rables des mots qui en composaient le titre et aussi de la couleur des af-fiches encore humides et boursouflées de colle sur lesquelles il se dé-tachait. Si ce n'est une de ces œuvres étranges comme *le Testament de César Girodot* et *Œdipe-Roi*[92] lesquelles s'inscrivaient, non sur 20 l'affiche verte de l'Opéra-Comique, mais sur l'affiche lie de vin de la Comédie-Française,[93] rien ne me paraissait plus différent de l'aigrette étincelante et blanche des *Diamants de la Couronne* que le satin lisse et mystérieux du *Domino Noir*,[94] et, mes parents m'ayant dit que quand j'irais pour la première fois au théâtre j'aurais à choisir entre ces deux pièces, cherchant à approfondir successivement le titre de l'une et le titre de l'autre, puisque c'était tout ce que je connaissais d'elles, pour tâcher de saisir en chacun le plaisir qu'il me promettait et de le comparer à celui que recélait l'autre, j'arrivais à me repré-

[91] **colonne Moriss** round pillars in Paris on which are stuck the posters announcing plays and concerts. Named after the man who first sold the space on them for this advertising.

[92] **. . . Œdipe-Roi** Both these plays were popular at the period. The first is a comedy by a minor playwright, Belot (1859); the second is a French version, in verse, by Jules Lacroix of the Greek tragedy by Sophocles.

[93] **Comédie-Française** or Théâtre-Français, situated on the rue de Riche-lieu in Paris, near the Palais Royal. It is a national theatre with a classical repertory. It was founded in 1680 by Louis XIV.

[94] **Diamants de la Coronne . . . Domino Noir** two comic operas with librettos by Scribe and music by Augier composed in 1837 and 1841.

senter avec tant de force, d'une part une pièce éblouissante et fière, de l'autre une pièce douce et veloutée, que j'étais aussi incapable de décider laquelle aurait ma préférence, que si, pour le dessert, on m'avait donné à opter entre du riz à l'Impératrice[95] et de la crème au chocolat.

Toutes mes conversations avec mes camarades portaient sur ces acteurs dont l'art, bien qu'il me fût encore inconnu, était la première forme, entre toutes celles qu'il revêt, sous laquelle se laissait pressentir par moi l'Art. Entre la manière que l'un ou l'autre avait de débi-
10 ter, de nuancer une tirade, les différences les plus minimes me semblaient avoir une importance incalculable. Et, d'après ce que l'on m'avait dit d'eux, je les classais par ordre de talent, dans des listes que je me récitais toute la journée, et qui avaient fini par durcir dans mon cerveau et par le gêner de leur inamovibilité.

Plus tard, quand je fus au collège, chaque fois que pendant les classes je correspondais, aussitôt que le professeur avait la tête tournée, avec un nouvel ami, ma première question était toujours pour lui demander s'il était déjà allé au théâtre et s'il trouvait que le plus grand acteur était bien Got, le second Delaunay, etc. Et si, à son
20 avis, Febvre ne venait qu'après Thiron, ou Delaunay qu'après Coquelin,[96] la soudaine motilité que Coquelin, perdant la rigidité de la pierre, contractait dans mon esprit pour y passer au deuxième rang, et l'agilité miraculeuse, la féconde animation dont se voyait doué Delaunay pour reculer au quatrième, rendait la sensation du fleurissement et de la vie à mon cerveau assoupli et fertilisé.

Mais si les acteurs me préoccupaient ainsi, si la vue de Maubant sortant un après-midi du Théâtre-Français m'avait causé le saisissement et les souffrances de l'amour, combien le nom d'une étoile flamboyant à la porte d'un théâtre, combien, à la glace d'un coupé[97]
30 qui passait dans la rue avec ses chevaux fleuris de roses au frontail, la vue du visage d'une femme que je pensais être peut-être une actrice laissait en moi un trouble plus prolongé, un effort impuissant

---

[95] **riz à l'Impératrice** rice dessert, the recipe for which can be found in most good French cook-books.
[96] **. . . Coquelin** All these, like Maubant (p. 59), are real actors who were famous in Paris during the second half of the nineteenth century. The two Coquelin brothers were probably the greatest of them all.
[97] **coupé** an elegant, light, four-wheeled, closed carriage, seating two people.

et douloureux pour me représenter sa vie. Je classais par ordre de talent les plus illustres: Sarah Bernhardt, la Berma, Bartet, Madeleine Brohan, Jeanne Samary,[98] mais toutes m'intéressaient. Or mon oncle en connaissait beaucoup et aussi des cocottes que je ne distinguais pas nettement des actrices. Il les recevait chez lui. Et si nous n'allions le voir qu'à certains jours c'est que, les autres jours, venaient des femmes avec lesquelles sa famille n'aurait pas pu se rencontrer, du moins à son avis à elle, car, pour mon oncle, au contraire, sa trop grande facilité à faire à de jolies veuves qui n'avaient peut-être jamais été mariées, à des comtesses de nom ronflant, qui n'était sans 10 doute qu'un nom de guerre,[99] la politesse de les présenter à ma grand'mère ou même à leur donner des bijoux de famille, l'avait déjà brouillé plus d'une fois avec mon grand-père. Souvent, à un nom d'actrice qui venait dans la conversation, j'entendais mon père dire à ma mère, en souriant: «Une amie de ton oncle»; et je pensais que le stage que peut-être pendant des années des hommes importants faisaient inutilement à la porte de telle femme qui ne répondait pas à leurs lettres et les faisait chasser par le concierge de son hôtel, mon oncle aurait pu en dispenser un gamin comme moi en le présentant chez lui à l'actrice, inapprochable à tant d'autres, qui 20 était pour lui une intime amie.

Aussi—sous le prétexte qu'une leçon qui avait été déplacée tombait maintenant si mal qu'elle m'avait empêché plusieurs fois et m'empêcherait encore de voir mon oncle—un jour, autre que celui qui était réservé aux visites que nous lui faisions, profitant de ce que mes parents avaient déjeuné de bonne heure, je sortis et au lieu d'aller regarder la colonne d'affiches, pour quoi on me laissait aller seul, je courus jusqu'à lui. Je remarquai devant sa porte une voiture attelée de deux chevaux qui avaient aux œillères un œillet rouge comme avait le cocher à sa boutonnière. De l'escalier j'entendis un 30 rire et une voix de femme, et dès que j'eus sonné, un silence, puis

[98] . . . **Samary** French actresses of the second half of the nineteenth century. The greatest of them was Sarah Bernhardt, whose acting in the rôle of l'Aiglon, in Rostand's play, was a triumph. *La Berma* is a fictitious name, however, for the actress whom the narrator sees in the rôle of Racine's Phèdre the first time he goes to the theatre.

[99] **nom de guerre** a name assumed by such women as the "dame en rose" because, more romantic or aristocratic than their own, it is more suitable to their careers.

le bruit de portes qu'on fermait. Le valet de chambre vint ouvrir, et en me voyant parut embarrassé, me dit que mon oncle était très occupé, ne pourrait sans doute pas me recevoir, et, tandis qu'il allait pourtant le prévenir, la même voix que j'avais entendue disait: «Oh, si! laisse-le entrer; rien qu'une minute, cela m'amuserait tant. Sur la photographie qui est sur ton bureau, il ressemble tant à sa maman, ta nièce, dont la photographie est à côté de la sienne, n'est-ce pas? Je voudrais le voir rien qu'un instant, ce gosse.»

J'entendis mon oncle grommeler, se fâcher; finalement le valet
10 de chambre me fit entrer.

Sur la table, il y avait la même assiette de massepains que d'habi-tude; mon oncle avait sa vareuse de tous les jours, mais en face de lui, en robe de soie rose avec un grand collier de perles au cou, était assise une jeune femme qui achevait de manger une mandarine. L'incertitude où j'étais s'il fallait dire madame ou mademoiselle me fit rougir et, n'osant pas trop tourner les yeux de son côté de peur d'avoir à lui parler, j'allai embrasser mon oncle. Elle me regardait en souriant, mon oncle lui dit: «Mon neveu», sans lui dire mon nom, ni me dire le sien, sans doute parce que, depuis les difficultés
20 qu'il avait eues avec mon grand-père, il tâchait autant que possible d'éviter tout trait d'union entre sa famille et ce genre de relations.

—Comme il ressemble à sa mère, dit-elle.

—Mais vous n'avez jamais vu ma nièce qu'en photographie, dit vivement mon oncle d'un ton bourru.

—Je vous demande pardon, mon cher ami, je l'ai croisée dans l'escalier l'année dernière quand vous avez été si malade. Il est vrai que je ne l'ai vue que le temps d'un éclair et que votre escalier est bien noir, mais cela m'a suffi pour l'admirer. Ce petit homme a ses beaux yeux et aussi *ça,* dit-elle, en traçant avec son doigt une ligne
30 sur le bas de son front. Est-ce que madame votre nièce porte le même nom que vous, ami? demanda-t-elle à mon oncle.

—Il ressemble surtout à son père, grogna mon oncle qui ne se souciait pas plus de faire des présentations à distance en disant le nom de maman que d'en faire de près. C'est tout à fait son père et aussi ma pauvre mère.

—Je ne connais pas son père, dit la dame en rose avec une légère inclinaison de tête, et je n'ai jamais connu votre pauvre mère, mon ami. Vous vous souvenez, c'est peu après votre grand chagrin que nous nous sommes connus.

J'éprouvais une petite déception, car cette jeune dame ne différait pas des autres jolies femmes que j'avais vues quelquefois dans ma famille, notamment de la fille d'un de nos cousins chez lequel j'allais tous les ans le premier janvier. Mieux habillée seulement, l'amie de mon oncle avait le même regard vif et bon, elle avait l'air aussi franc et aimant. Je ne lui trouvais rien de l'aspect théâtral que j'admirais dans les photographies d'actrices, ni de l'expression diabolique qui eût été en rapport avec la vie qu'elle devait mener. J'avais peine 10 à croire que ce fût une cocotte et surtout je n'aurais pas cru que ce fût une cocotte chic si je n'avais pas vu la voiture à deux chevaux, la robe rose, le collier de perles, si je n'avais pas su que mon oncle n'en connaissait que de la plus haute volée.[1] Mais je me demandais comment le millionnaire qui lui donnait sa voiture et son hôtel et ses bijoux pouvait avoir du plaisir à manger sa fortune pour une personne qui avait l'air si simple et comme il faut.[2] Et pourtant, en pensant à ce que devait être sa vie, l'immoralité m'en troublait peut-être plus que si elle avait été concrétisée devant moi en une apparence spéciale—d'être ainsi invisible comme le secret de quelque ro- 20 man, de quelque scandale qui avait fait sortir de chez ses parents bourgeois et voué à tout le monde, qui avait fait épanouir en beauté et haussé jusqu'au demi-monde et à la notoriété, celle que ses jeux de physionomie, ses intonations de voix, pareils à tant d'autres que je connaissais déjà, me faisaient malgré moi considérer comme une jeune fille de bonne famille, qui n'était plus d'aucune famille.

On était passé dans le «cabinet de travail», et mon oncle, d'un air un peu gêné par ma présence, lui offrit des cigarettes.

—Non, dit-elle, cher, vous savez que je suis habituée à celles que le grand-duc m'envoie. Je lui ai dit que vous en étiez jaloux. Et elle 30 tira d'un étui des cigarettes couvertes d'inscriptions étrangères et dorées. «Mais si, reprit-elle tout d'un coup, je dois avoir rencontré chez vous le père de ce jeune homme. N'est-ce pas votre neveu? Com-

---

[1] **la plus haute volée** the most elegant. The "cocotte de luxe," characteristic of wealthy and leisurely society in the second half of the nineteenth century, more or less disappeared after World War I.
[2] **comme il faut** respectable.

ment ai-je pu l'oublier? Il a été tellement bon, tellement exquis pour moi», dit-elle d'un air modeste et sensible. Mais en pensant à ce qu'avait pu être l'accueil rude, qu'elle disait avoir trouvé exquis, de mon père, moi qui connaissais sa réserve et sa froideur, j'étais gêné, comme par une indélicatesse qu'il aurait commise, de cette inégalité entre la reconnaissance excessive qui lui était accordée et son amabilité insuffisante. Il m'a semblé plus tard que c'était un des côtés touchants du rôle de ces femmes oisives et studieuses, qu'elles consacrent leur générosité, leur talent, un rêve disponible de

10 beauté sentimentale—car, comme les artistes, elles ne le réalisent pas, ne le font pas entrer dans le cadre de l'existence commune—et un or qui leur coûte peu, à enrichir d'un sertissage[3] précieux et fin la vie fruste et mal dégrossie des hommes. Comme celle-ci, dans le fumoir où mon oncle était en vareuse pour la recevoir, répandait son corps si doux, sa robe de soie rose, ses perles, l'élégance qui émane de l'amitié d'un grand-duc, de même elle avait pris quelque propos insignifiant de mon père, elle l'avait travaillé avec délicatesse, lui avait donné un tour, une appellation précieuse, et y enchâssant un de ses regards d'une si belle eau, nuancé d'humilité et de grati-

20 tude, elle le rendait changé en un bijou artiste, en quelque chose de «tout à fait exquis».[4]

—Allons, voyons, il est l'heure que tu t'en ailles, me dit mon oncle.

Je me levai, j'avais une envie irrésistible de baiser la main de la dame en rose, mais il me semblait que c'eût été quelque chose d'au-dacieux comme un enlèvement. Mon cœur battait tandis que je me disais: «Faut-il le faire, faut-il ne pas le faire», puis je cessai de me demander ce qu'il fallait faire pour pouvoir faire quelque chose. Et d'un geste aveugle et insensé, dépouillé de toutes les raisons que je trouvais il y avait un moment en sa faveur, je portai à mes lèvres

30 la main qu'elle me tendait.

—Comme il est gentil! il est déjà galant, il a un petit œil pour les femmes: il tient de son oncle. Ce sera un parfait gentleman, ajouta-

[3] **sertissage**   the mounting for a precious stone.
[4] **. . . exquis** "she had taken some insignificant remark made by my father, had worked on it delicately, had given it style, a precious name and, setting into it a glance from her eyes, tinged with humility and gratitude, a gem of the first water, she returned it transformed into a beautifully worked jewel, an 'exquisite object.'" The comparison, introduced by *sertissage,* is here fully developed.

t-elle en serrant les dents pour donner à la phrase un accent légèrement britannique. Est-ce qu'il ne pourrait pas venir une fois prendre
a cup of tea, comme disent nos voisins les Anglais; il n'aurait qu'à
m'envoyer un «bleu»[5] le matin.
Je ne savais pas ce que c'était qu'un «bleu». Je ne comprenais pas
la moitié des mots que disait la dame, mais la crainte que n'y fût
cachée quelque question à laquelle il eût été impoli de ne pas répondre, m'empêchait de cesser de les écouter avec attention, et j'en
éprouvais une grande fatigue.

—Mais non, c'est impossible, dit mon oncle, en haussant les épaules, 10
il est très tenu, il travaille beaucoup. Il a tous les prix à son cours,
ajouta-t-il, à voix basse pour que je n'entende pas ce mensonge et
que je n'y contredise pas. Qui sait? ce sera peut-être un petit Victor
Hugo, une espèce de Vaulabelle,[6] vous savez.

—J'adore les artistes, répondit la dame en rose, il n'y a qu'eux qui
comprennent les femmes... Qu'eux et les êtres d'élite comme vous.
Excusez mon ignorance, ami. Qui est Vaulabelle? Est-ce les volumes
dorés qu'il y a dans la petite bibliothèque vitrée de votre boudoir?
Vous savez que vous m'avez promis de me les prêter, j'en aurai grand
soin.   20
Mon oncle qui détestait prêter ses livres ne répondit rien et me
conduisit jusqu'à l'antichambre. Éperdu d'amour pour la dame en
rose, je couvris de baisers fous les joues pleines de tabac de mon vieil
oncle, et tandis qu'avec assez d'embarras il me laissait entendre sans
oser me le dire ouvertement qu'il aimerait autant que je ne parlasse
pas de cette visite à mes parents,[7] je lui disais, les larmes aux yeux,
que le souvenir de sa bonté était en moi si fort que je trouverais bien
un jour le moyen de lui témoigner ma reconnaissance. Il était si fort

[5] **bleu**   an express letter, so called because it was written on a special light-
weight blue form.
[6] **Victor Hugo**   (1802-1885), the most vigorous and prolific French writer
of the nineteenth century. *Vaulabelle* There were two Vaulabelle brothers;
one was an historian, the other, to whom the uncle certainly refers, was a
dramatic author and vaudevillist whose work has no literary value. The cou-
pling of his name with Hugo's is a rather amusing comment on the literary
tastes and culture of the narrator's uncle.
[7] **. . . parents**   The narrator's parents belong to the bourgeois world
which is strict on the subject of morals and would highly disapprove of *la
dame en rose* as an acquaintance for their son. The nameless *dame en rose* is
no other than Odette de Crécy whose marriage to Swann caused the estrange-
ment between the two families described in Chapter I.

en effet que deux heures plus tard, après quelques phrases mystérieuses et qui ne me parurent pas donner à mes parents une idée assez nette de la nouvelle importance dont j'étais doué, je trouvai plus explicite de leur raconter dans les moindres détails la visite que je venais de faire. Je ne croyais pas ainsi causer d'ennuis à mon oncle. Comment l'aurais-je cru, puisque je ne le désirais pas. Et je ne pouvais supposer que mes parents trouveraient du mal dans une visite où je n'en trouvais pas. N'arrive-t-il pas tous les jours qu'un ami nous demande de ne pas manquer de l'excuser auprès d'une
10 femme à qui il a été empêché d'écrire, et que nous négligions de le faire, jugeant que cette personne ne peut pas attacher d'importance à un silence qui n'en a pas pour nous. Je m'imaginais, comme tout le monde, que le cerveau des autres était un réceptacle inerte et docile, sans pouvoir de réaction spécifique sur ce qu'on y introduisait; et je ne doutais pas qu'en déposant dans celui de mes parents la nouvelle de la connaissance que mon oncle m'avait fait faire, je ne leur transmisse en même temps comme je le souhaitais le jugement bienveillant que je portais sur cette présentation. Mes parents malheureusement s'en remirent à des principes entièrement différents de ceux que je
20 leur suggérais d'adopter, quand ils voulurent apprécier l'action de mon oncle. Mon père et mon grand-père eurent avec lui des explications violentes; j'en fus indirectement informé. Quelques jours après, croisant dehors mon oncle qui passait en voiture découverte, je ressentis la douleur, la reconnaissance, le remords que j'aurais voulu lui exprimer. A côté de leur immensité, je trouvai qu'un coup de chapeau serait mesquin et pourrait faire supposer à mon oncle que je ne me croyais pas tenu envers lui à plus qu'à une banale politesse. Je résolus de m'abstenir de ce geste insuffisant et je détournai la tête. Mon oncle pensa que je suivais en cela des ordres de mes parents, il ne le leur
30 pardonna pas, et il est mort bien des années après sans qu'aucun de nous l'ait jamais revu.

Aussi je n'entrais plus dans le cabinet de repos maintenant fermé de mon oncle Adolphe, et, après m'être attardé aux abords de l'arrière-cuisine, quand Françoise, apparaissant sur le parvis, me disait: «Je vais laisser ma fille de cuisine servir le café et monter l'eau chaude, il faut que je me sauve chez Mme Octave», je me décidais à rentrer et montais directement lire chez moi. La fille de cuisine était une personne morale, une institution permanente à qui des attributions invariables assuraient une sorte de continuité et d'identité, à travers la succession des formes passagères en lesquelles elle s'incarnait, car nous n'eûmes jamais la même deux ans de suite. L'année où nous mangeâmes tant d'asperges, la fille de cuisine habituellement chargée de les «plumer» était une pauvre créature maladive, dans un état de grossesse[8] déjà assez avancé quand nous arrivâmes à Pâques, et on s'étonnait même que Françoise lui laissât faire tant de courses et de besogne, car elle commençait à porter difficilement devant elle la mystérieuse corbeille, chaque jour plus remplie, dont on devinait sous ses amples sarraux[9] la forme magni- 10 fique. Ceux-ci rappelaient les houppelandes qui revêtent certaines des figures symboliques de Giotto[10] dont M. Swann m'avait donné des photographies. C'est lui-même qui nous l'avait fait remarquer et quand il nous demandait des nouvelles de la fille de cuisine, il nous disait: «Comment va la Charité de Giotto?» D'ailleurs elle-même, la pauvre fille, engraissée par sa grossesse, jusqu'à la figure, jusqu'aux joues qui tombaient droites et carrées, ressemblait en effet assez à ces vierges, fortes et hommasses, matrones plutôt, dans lesquelles les vertus sont personnifiées à l'Arena. Et je me rends compte main- tenant que ces Vertus et ces Vices de Padoue lui ressemblaient encore 20 d'une autre manière. De même que l'image de cette fille était accrue par le symbole ajouté qu'elle portait devant son ventre, sans avoir l'air d'en comprendre le sens, sans que rien dans son visage en traduisît la beauté et l'esprit, comme un simple et pesant fardeau, de même c'est sans paraître s'en douter que la puissante ménagère qui est représentée à l'Arena au-dessous du nom «Caritas» et dont la reproduction était accrochée au mur de ma salle d'études, à Combray, incarne cette vertu, c'est sans qu'aucune pensée de charité semble avoir jamais pu être exprimée par son visage énergique et vulgaire. Par une belle invention du peintre elle foule aux pieds les trésors de 30 la terre, mais absolument comme si elle piétinait des raisins pour en extraire le jus[11] ou plutôt comme elle aurait monté sur des sacs pour

---

[8] **un état de grossesse** a state of pregnancy.
[9] **sarraux** long-sleeved over-all pinafores, buttoned down the back.
[10] **Giotto** Florentine painter (1266-1336). He painted the frescoes in the Arena chapel at Padua in which appear the figures symbolizing the Vices and Virtues which the narrator very accurately describes.
[11] **. . . le jus** allusion to the very old and biblical but now discarded cus- tom of making wine by stamping on the grapes.

se hausser; et elle tend à Dieu son cœur enflammé, disons mieux, elle le lui «passe», comme une cuisinière passe un tire-bouchon par le soupirail de son sous-sol à quelqu'un qui le lui demande à la fenêtre du rez-de-chaussée. L'Envie, elle, aurait eu davantage une certaine expression d'envie. Mais dans cette fresque-là encore, le symbole tient tant de place et est représenté comme si réel, le serpent qui siffle aux lèvres de l'Envie est si gros, il lui remplit si complètement sa bouche grande ouverte, que les muscles de sa figure sont distendus pour pouvoir le contenir, comme ceux d'un enfant qui gonfle un ballon

10 avec son souffle, et que l'attention de l'Envie—et la nôtre du même coup—tout entière concentrée sur l'action de ses lèvres, n'a guère de temps à donner à d'envieuses pensées.

Malgré toute l'admiration que M. Swann professait pour ces figures de Giotto, je n'eus longtemps aucun plaisir à considérer dans notre salle d'études, où on avait accroché les copies qu'il m'en avait rapportées, cette Charité sans charité, cette Envie qui avait l'air d'une planche illustrant seulement dans un livre de médecine la compression de la glotte ou de la luette par une tumeur de la langue ou par l'introduction de l'instrument de l'opérateur, une Justice, dont le

20 visage grisâtre et mesquinement régulier était celui-là même qui, à Combray, caractérisait certaines jolies bourgeoises pieuses et sèches que je voyais à la messe et dont plusieurs étaient enrôlées d'avance dans les milices de réserve de l'Injustice. Mais plus tard j'ai compris que l'étrangeté saisissante, la beauté spéciale de ces fresques tenait à la grande place que le symbole y occupait, et que le fait qu'il fût présenté, non comme un symbole puisque la pensée symbolisée n'était pas exprimée, mais comme réel, comme effectivement subi ou matériellement manié, donnait à la signification de l'œuvre quelque chose de plus littéral et de plus précis, à son enseignement quelque

30 chose de plus concret et de plus frappant. Chez la pauvre fille de cuisine, elle aussi, l'attention n'était-elle pas sans cesse ramenée à son ventre par le poids qui le tirait; et de même encore, bien souvent la pensée des agonisants est tournée vers le côté effectif, douloureux, obscur, viscéral, vers cet envers de la mort qui est précisément le côté qu'elle leur présente, qu'elle leur fait rudement sentir et qui ressemble beaucoup plus à un fardeau qui les écrase, à une difficulté de respirer, à un besoin de boire, qu'à ce que nous appelons l'idée de la mort.

Il fallait que ces Vertus et ces Vices de Padoue eussent en eux bien de la réalité puisqu'ils m'apparaissaient comme aussi vivants que la servante enceinte, et qu'elle-même ne me semblait pas beaucoup moins allégorique. Et peut-être cette non-participation (du moins apparente) de l'âme d'un être à la vertu qui agit par lui a aussi en dehors de sa valeur esthétique une réalité sinon psychologique, au moins, comme on dit, physiognomonique.[12] Quand, plus tard, j'ai eu l'occasion de rencontrer, au cours de ma vie, dans des couvents par exemple, des incarnations vraiment saintes de la charité active, elles avaient généralement un air allègre, positif, indifférent et brusque de chirurgien pressé, ce visage où ne se lit aucune commisération, aucun attendrissement devant la souffrance humaine, aucune crainte de la heurter, et qui est le visage sans douceur, le visage antipathique et sublime de la vraie bonté.

Pendant que la fille de cuisine—faisant briller involontairement la supériorité de Françoise, comme l'Erreur, par le contraste, rend plus éclatant le triomphe de la Vérité—servait du café qui, selon maman, n'était que de l'eau chaude, et montait ensuite dans nos chambres de l'eau chaude qui était à peine tiède, je m'étais étendu sur mon lit, un livre à la main, dans ma chambre qui protégeait en tremblant sa fraîcheur transparente et fragile contre le soleil de l'après-midi derrière ses volets presque clos où un reflet de jour avait pourtant trouvé moyen de faire passer ses ailes jaunes, et restait immobile entre le bois et le vitrage, dans un coin, comme un papillon posé. Il faisait à peine assez clair pour lire, et la sensation de la splendeur de la lumière ne m'était donnée que par les coups frappés dans la rue de la Cure par Camus (averti par Françoise que ma tante ne «reposait pas» et qu'on pouvait faire du bruit) contre des caisses poussiéreuses, mais qui, retentissant dans l'atmosphère sonore, spéciale aux temps chauds, semblaient faire voler au loin des astres écarlates; et aussi par les mouches qui exécutaient devant moi, dans leur petit concert, comme la musique de chambre de l'été: elle ne l'évoque pas à la façon d'un air de musique humaine qui, entendu par hasard à la belle saison, vous la rappelle ensuite; elle est unie à l'été par un lien plus nécessaire: née des beaux jours, ne renaissant qu'avec eux, con-

---

[12] **physiognomonique** physiognomic. Physiognomy is the art, some say science, of judging character through the study of facial structure and expression.

tenant un peu de leur essence, elle n'en réveille pas seulement l'image
dans notre mémoire, elle en certifie le retour, la présence effective,
ambiante, immédiatement accessible.

Cette obscure fraîcheur de ma chambre était au plein soleil de la
rue ce que l'ombre est au rayon, c'est-à-dire aussi lumineuse que lui
et offrait à mon imagination le spectacle total de l'été dont mes sens,
si j'avais été en promenade, n'auraient pu jouir que par morceaux;
et ainsi elle s'accordait bien à mon repos qui (grâce aux aventures
racontées par mes livres et qui venaient l'émouvoir) supportait, pareil
10 au repos d'une main immobile au milieu d'une eau courante, le
choc et l'animation d'un torrent d'activité.

Mais ma grand'mère, même si le temps trop chaud s'était gâté, si
un orage ou seulement un grain était survenu, venait me supplier de
sortir. Et ne voulant pas renoncer à ma lecture, j'allais du moins la
continuer au jardin, sous le marronnier, dans une petite guérite en
sparterie et en toile[13] au fond de laquelle j'étais assis et me croyais
caché aux yeux des personnes qui pourraient venir faire visite à
mes parents.

Et ma pensée n'était-elle pas aussi comme une autre crèche au fond
20 de laquelle je sentais que je restais enfoncé, même pour regarder ce
qui se passait au dehors? Quand je voyais un objet extérieur, la conscience que je le voyais restait entre moi et lui, le bordait d'un mince
liséré spirituel[14] qui m'empêchait de jamais toucher directement sa
matière; elle se volatilisait en quelque sorte avant que je prisse contact avec elle, comme un corps incandescent qu'on approche d'un
objet mouillé ne touche pas son humidité parce qu'il se fait toujours
précéder d'une zone d'évaporation. Dans l'espèce d'écran diapré
d'états différents que, tandis que je lisais, déployait simultanément
ma conscience, et qui allaient des aspirations les plus profondément
30 cachées en moi-même jusqu'à la vision tout extérieure de l'horizon
que j'avais, au bout du jardin, sous les yeux, ce qu'il y avait d'abord
en moi de plus intime, la poignée sans cesse en mouvement qui
gouvernait le reste, c'était ma croyance en la richesse philosophique,
en la beauté du livre que je lisais, et mon désir de me les approprier,

---

[13] . . . **toile** in a little shelter made of matting and canvas.
[14] **mince liséré spirituel** a thin spiritual border. Consciousness establishes a sort of partition between the narrator and the material world around
him; that is why his search for the reality of existence will be so long.

quel que fût ce livre.[15] Car, même si je l'avais acheté à Combray, en l'apercevant devant l'épicerie Borange, trop distante de la maison pour que Françoise pût s'y fournir comme chez Camus, mais mieux achalandée comme papeterie et librairie, retenu par des ficelles dans la mosaïque des brochures et des livraisons qui revêtaient les deux vantaux de sa porte plus mystérieuse, plus semée de pensées qu'une porte de cathédrale, c'est que je l'avais reconnu pour m'avoir été cité comme un ouvrage remarquable par le professeur ou le camarade qui me paraissait à cette époque détenir le secret de la vérité et de la beauté à demi pressenties, à demi incompréhensibles, dont la connais- 10 sance était le but vague mais permanent de ma pensée.

Après cette croyance centrale qui, pendant ma lecture, exécutait d'incessants mouvements du dedans au dehors, vers la découverte de la vérité, venaient les émotions que me donnait l'action à laquelle je prenais part, car ces après-midi-là étaient plus remplis d'événements dramatiques que ne l'est souvent toute une vie. C'était les événements qui survenaient dans le livre que je lisais; il est vrai que les person- nages qu'ils affectaient n'étaient pas «réels», comme disait Françoise. Mais tous les sentiments que nous font éprouver la joie ou l'infortune d'un personnage réel ne se produisent en nous que par l'intermédiaire 20 d'une image de cette joie ou de cette infortune; l'ingéniosité du pre- mier romancier consista à comprendre que dans l'appareil de nos émotions, l'image étant le seul élément essentiel, la simplification qui consisterait à supprimer purement et simplement les personnages réels serait un perfectionnement décisif. Un être réel, si profondément que nous sympathisions avec lui, pour une grande part est perçu par nos sens, c'est-à-dire nous reste opaque, offre un poids mort que notre sensibilité ne peut soulever. Qu'un malheur le frappe, ce n'est qu'en une petite partie de la notion totale que nous avons de lui que nous pourrons en être émus; bien plus, ce n'est qu'en une partie de 30 la notion totale qu'il a de soi qu'il pourra l'être lui-même. La

---

[15] . . . quel que fût ce livre structure: *Dans l'espèce d'écran . . . ce qu'il y avait.* "On the sort of screen colored by various states of consciousness which, as I read, my mind developed simultaneously and which ranged from the deepest, most carefully concealed of my aspirations to the quite external view of the horizon which I could see from this corner of the garden, the most fundamentally intimate thing of all, the incessantly active lever which controlled the rest, was my belief in the philosophic richness and beauty of the book I was reading, and my desire to appropriate these, whatever the book."

trouvaille du romancier a été d'avoir l'idée de remplacer ces parties impénétrables à l'âme par une quantité égale de parties immatérielles, c'est-à-dire que notre âme peut s'assimiler.[16] Qu'importe dès lors que les actions, les émotions de ces êtres d'un nouveau genre nous apparaissent comme vraies, puisque nous les avons faites nôtres, puisque c'est en nous qu'elles se produisent, qu'elles tiennent sous leur dépendance, tandis que nous tournons fiévreusement les pages du livre, la rapidité de notre respiration et l'intensité de notre regard. Et une fois que le romancier nous a mis dans cet état, où comme dans tous les états purement intérieurs toute émotion est décuplée, où son livre va nous troubler à la façon d'un rêve, mais d'un rêve plus clair que ceux que nous avons en dormant et dont le souvenir durera davantage, alors, voici qu'il déchaîne en nous pendant une heure tous les bonheurs et tous les malheurs possibles dont nous mettrions dans la vie des années à connaître quelques-uns, et dont les plus intenses ne nous seraient jamais révélés parce que la lenteur avec laquelle ils se produisent nous en ôte la perception; (ainsi notre cœur change, dans la vie, et c'est la pire douleur; mais nous ne la connaissons que dans la lecture, en imagination: dans la réalité il change, comme certains phénomènes de la nature se produisent, assez lentement pour que, si nous pouvons constater successivement chacun de ses états différents, en revanche, la sensation même du changement nous soit épargnée.)[17]

Déjà moins intérieur à mon corps que cette vie des personnages, venait ensuite, à demi projeté devant moi, le paysage où se déroulait l'action et qui exerçait sur ma pensée une bien plus grande influence que l'autre, que celui que j'avais sous les yeux quand je les levais du livre. C'est ainsi que pendant deux étés, dans la chaleur du jardin de

[16] . . . **peut s'assimiler** This theory on the nature and rôle of fictional characters is subtle and throws some light on Proust's own conception of the novel. In real life our contact with others is incomplete, limited because their material presence is an obstacle to our imagination. Any experience of theirs seems to us contingent, fragmentary, and temporary. The novelist creates beings of another kind, not to be confused with real human beings. They are made of a porous, spiritual essence, directly accessible to the reader's mind, emotions, and imagination; he can therefore project himself into their adventures entirely and "depersonalize" himself, so to speak.

[17] . . . **nous soit épargnée** The novel not only "purges the passions," but reveals to us certain truths about our lives which are too complex to be seized directly by experience. All genuine art, according to Proust, is, in that sense, a revelation of truth.

Combray, j'ai eu, à cause du livre que je lisais alors, la nostalgie d'un pays montueux et fluviatile, où je verrais beaucoup de scieries et où, au fond de l'eau claire, des morceaux de bois pourrissaient sous des touffes de cresson: non loin montaient le long de murs bas des grappes de fleurs violettes et rougeâtres. Et comme le rêve d'une femme qui m'aurait aimé était toujours présent à ma pensée, ces étés-là ce rêve fut imprégné de la fraîcheur des eaux courantes; et quelle que fût la femme que j'évoquais, des grappes de fleurs violettes et rougeâtres s'élevaient aussitôt de chaque côté d'elle comme des couleurs complémentaires.

Ce n'était pas seulement parce qu'une image dont nous rêvons reste toujours marquée, s'embellit et bénéficie du reflet des couleurs étrangères qui par hasard l'entourent dans notre rêverie; car ces paysages des livres que je lisais n'étaient pas pour moi que des paysages plus vivement représentés à mon imagination que ceux que Combray mettait sous mes yeux, mais qui eussent été analogues. Par le choix qu'en avait fait l'auteur, par la foi avec laquelle ma pensée allait au-devant de sa parole comme d'une révélation, ils me semblaient être— impression que ne me donnait guère le pays où je me trouvais, et surtout notre jardin, produit sans prestige de la correcte fantaisie du jardinier que méprisait ma grand'mère—une part véritable de la Nature elle-même, digne d'être étudiée et approfondie.

Si mes parents m'avaient permis, quand je lisais un livre, d'aller visiter la région qu'il décrivait, j'aurais cru faire un pas inestimable dans la conquête de la vérité. Car si on a la sensation d'être toujours entouré de son âme, ce n'est pas comme d'une prison immobile: plutôt on est comme emporté avec elle dans un perpétuel élan pour la dépasser, pour atteindre à l'extérieur, avec une sorte de découragement, entendant toujours autour de soi cette sonorité identique qui n'est pas écho du dehors, mais retentissement d'une vibration interne. On cherche à retrouver dans les choses, devenues par là précieuses, le reflet que notre âme a projeté sur elles; on est déçu en constatant qu'elles semblent dépourvues dans la nature du charme qu'elles devaient, dans notre pensée, au voisinage de certaines idées; parfois on convertit toutes les forces de cette âme en habileté, en splendeur pour agir sur des êtres dont nous sentons bien qu'ils sont situés en dehors de nous et que nous ne les atteindrons jamais. Aussi, si j'imaginais toujours autour de la femme que j'aimais les lieux que

je désirais le plus alors, si j'eusse voulu que ce fût elle qui me les fît
visiter, qui m'ouvrît l'accès d'un monde inconnu, ce n'était pas par
le hasard d'une simple association de pensée; non, c'est que mes
rêves de voyage et d'amour n'étaient que des moments—que je
sépare artificiellement aujourd'hui comme si je pratiquais des sections
à des hauteurs différentes d'un jet d'eau irisé et en apparence immobile—dans un même et infléchissable jaillissement de toutes les
forces de ma vie.

     Enfin, en continuant à suivre du dedans au dehors les états simul-
tanément juxtaposés dans ma conscience, et avant d'arriver jusqu'à
l'horizon réel qui les enveloppait, je trouve des plaisirs d'un autre
genre, celui d'être bien assis, de sentir la bonne odeur de l'air, de ne
pas être dérangé par une visite: et, quand une heure sonnait au
clocher de Saint-Hilaire, de voir tomber morceau par morceau ce
qui de l'après-midi était déjà consommé, jusqu'à ce que j'entendisse
le dernier coup qui me permettait de faire le total et après lequel le
long silence qui le suivait semblait faire commencer, dans le ciel bleu,
toute la partie qui m'était encore concédée pour lire jusqu'au bon
dîner qu'apprêtait Françoise et qui me réconforterait des fatigues
prises, pendant la lecture du livre, à la suite de son héros. Et à chaque
heure il me semblait que c'étaient quelques instants seulement auparavant que la précédente avait sonné; la plus récente venait s'in-
scrire tout près de l'autre dans le ciel et je ne pouvais croire que
soixante minutes eussent tenu dans ce petit arc bleu qui était compris
entre leurs deux marques d'or. Quelquefois même cette heure pré-
maturée sonnait deux coups de plus que la dernière; il y en avait
donc une que je n'avais pas entendue, quelque chose qui avait eu
lieu n'avait pas eu lieu pour moi; l'intérêt de la lecture, magique
comme un profond sommeil, avait donné le change à[18] mes oreilles
hallucinées et effacé la cloche d'or sur la surface azurée du silence.
Beaux après-midi du dimanche sous le marronnier du jardin de
Combray, soigneusement vidés par moi des incidents médiocres de
mon existence personnelle que j'y avais remplacés par une vie d'aventures et d'aspirations étranges au sein d'un pays arrosé d'eaux vives,
vous m'évoquez encore cette vie quand je pense à vous et vous la
contenez en effet pour l'avoir peu à peu contournée et enclose—tan-

---

[18] **donner le change à**   to trick, deceive.

dis que je progressais dans ma lecture et que tombait la chaleur du jour—dans le cristal successif, lentement changeant et traversé de feuillages, de vos heures silencieuses, sonores, odorantes et limpides. Quelquefois, j'étais tiré de ma lecture, dès le milieu de l'après-midi, par la fille du jardinier, qui courait comme une folle, renversant sur son passage un oranger, se coupant un doigt, se cassant une dent et criant: «Les voilà, les voilà!» pour que Françoise et moi nous accourions et ne manquions rien du spectacle. C'était les jours où, pour des manœuvres de garnison,[19] la troupe traversait Combray, prenant généralement la rue Sainte-Hildegarde. Tandis que nos domestiques 10 assis en rang sur des chaises en dehors de la grille regardaient les promeneurs dominicaux de Combray et se faisaient voir d'eux, la fille du jardinier, par la fente que laissaient entre elles deux maisons lointaines de l'avenue de la Gare, avait aperçu l'éclat des casques. Les domestiques avaient rentré précipitamment leurs chaises, car quand les cuirassiers[20] défilaient rue Sainte-Hildegarde, ils en remplissaient toute la largeur, et le galop des chevaux rasait les maisons, couvrant les trottoirs submergés comme des berges qui offrent un lit trop étroit à un torrent déchaîné.

—Pauvres enfants, disait Françoise à peine arrivée à la grille et 20 déjà en larmes; pauvre jeunesse qui sera fauchée comme un pré; rien que d'y penser j'en suis choquée, ajoutait-elle en mettant la main sur son cœur, là où elle avait reçu ce *choc*.

—C'est beau, n'est-ce pas, madame Françoise, de voir des jeunes gens qui ne tiennent pas à la vie? disait le jardinier pour la faire «monter».[21]

Il n'avait pas parlé en vain:

—De ne pas tenir à la vie? Mais à quoi donc qu'il faut tenir,[22] si ce n'est pas à la vie, le seul cadeau que le bon Dieu ne fasse jamais deux fois. Hélas! mon Dieu! C'est pourtant vrai qu'ils n'y tiennent 30 pas! Je les ai vus en 70; ils n'ont plus peur de la mort, dans ces misérables guerres; c'est ni plus ni moins des fous; et puis ils ne

---

[19] **manœuvres de garnison** military exercises of the troops garrisoned at Combray.
[20] **cuirassiers** cavalrymen who used to wear metal breast and back plates.
[21] **la faire monter** colloquial: to get her "all worked up."
[22] **. . . tenir** The introduction of an extra *que* in interrogative forms is characteristic of popular speech: *faut-il*.

valent plus la corde pour les pendre, ce n'est pas des hommes, c'est des
lions. (Pour Françoise la comparaison d'un homme à un lion, qu'elle
prononçait li-on, n'avait rien de flatteur.)

La rue Sainte-Hildegarde tournait trop court pour qu'on pût voir
venir de loin, et c'était par cette fente entre les deux maisons de
l'avenue de la Gare qu'on apercevait toujours de nouveaux casques
courant et brillant au soleil. Le jardinier aurait voulu savoir s'il y en
avait encore beaucoup à passer, et il avait soif, car le soleil tapait.
Alors tout d'un coup sa fille s'élançait comme d'une place assiégée,
10 faisait une sortie, atteignait l'angle de la rue, et après avoir bravé
cent fois la mort, venait nous rapporter, avec une carafe de coco,[23] la
nouvelle qu'ils étaient bien un mille qui venaient sans arrêter du
côté de Thiberzy et de Méséglise. Françoise et le jardinier, réconciliés,
discutaient sur la conduite à tenir en cas de guerre :

—Voyez-vous, Françoise, disait le jardinier, la révolution vaudrait
mieux, parce que quand on la déclare il n'y a que ceux qui veulent
partir qui y vont.

—Ah! oui, au moins je comprends cela, c'est plus franc.

Le jardinier croyait qu'à la déclaration de guerre on arrêtait tous
20 les chemins de fer.

—Pardi, pour ne pas qu'on se sauve, disait Françoise.

Et le jardinier: «Ah! ils sont malins», car il n'admettait pas que la
guerre ne fût pas une espèce de mauvais tour que l'État essayait de
jouer au peuple et que, si on avait eu le moyen de le faire, il n'est pas
une seule personne qui n'eût filé.

Mais Françoise se hâtait de rejoindre ma tante, je retournais à mon
livre, les domestiques se réinstallaient devant la porte à regarder
tomber la poussière et l'émotion qu'avaient soulevées les soldats.
Longtemps après que l'accalmie était venue, un flot inaccoutumé de
30 promeneurs noircissait encore les rues de Combray. Et devant chaque
maison, même celles où ce n'était pas l'habitude, les domestiques ou
même les maîtres, assis en regardant, festonnaient le seuil d'un liséré
capricieux et sombre comme celui des algues et des coquilles dont une
forte marée laisse le crêpe et la broderie au rivage, après qu'elle s'est
éloignée.

Sauf ces jours-là, je pouvais d'habitude, au contraire, lire tranquille.
Mais l'interruption et le commentaire qui furent apportés une fois par

---

[23] **coco**   a soft drink made of liquorice and water.

une visite de Swann à la lecture que j'étais en train de faire du livre d'un auteur tout nouveau pour moi, Bergotte, eut cette conséquence que, pour longtemps, ce ne fut plus sur un mur décoré de fleurs violettes en quenouille, mais sur un fond tout autre, devant le portail d'une cathédrale gothique, que se détacha désormais l'image d'une des femmes dont je rêvais.

J'avais entendu parler de Bergotte pour la première fois par un de mes camarades plus âgé que moi et pour qui j'avais une grande ad- miration, Bloch. En m'entendant lui avouer mon admiration pour la *Nuit d'Octobre*,[24] il avait fait éclater un rire bruyant comme une trompette et m'avait dit : «Défie-toi de ta dilection assez basse pour le sieur de Musset. C'est un coco[25] des plus malfaisants et une assez sinistre brute. Je dois confesser d'ailleurs, que lui et même le nommé Racine, ont fait chacun dans leur vie un vers assez bien rythmé, et qui a pour lui, ce qui est selon moi le mérite suprême, de ne signifier absolument rien. C'est : «La blanche Oloossone et la blanche Camire» et «La fille de Minos et de Pasiphaé».[26] Ils m'ont été signalés à la décharge de ces deux malandrins[27] par un article de mon très cher maître, le Père Leconte,[28] agréable aux Dieux immortels. A propos voici un livre que je n'ai pas le temps de lire en ce moment qui est recommandé, paraît-il, par cet immense bonhomme. Il tient, m'a-t-on dit, l'auteur, le sieur Bergotte, pour un coco des plus subtils; et bien qu'il fasse preuve, des fois, de mansuétudes assez mal explicables, sa parole est pour moi oracle delphique.[29] Lis donc ces proses lyriques, et si le gigantesque assembleur de rythmes qui a écrit *Baghavat* et le

---

[24] *Nuit d'Octobre* Alfred de Musset (1810-1857) wrote four *Nuits* in which he relates the different phases of his despair and of his recovery through the writing of poetry, after his unfortunate love for George Sand.

[25] coco slang: equivalent to *guy* or *type;* from *noix de coco*—coconut. Bloch's language is a youthful mixture of slang and pomposity. His literary opinions are more advanced than the narrator's and, as his avowed disdain for both Racine, a classical writer, and Musset, a romantic, clearly shows, he is in line with the contemporary symbolists and decadents.

[26] . . . Pasiphaé The first line is from Musset's *Nuit de Mai,* the second from Racine's *Phèdre* (I, 1). Bloch advocates pure musicality in poetry, dis- sociated from all meaning.

[27] malandrins ruffians.

[28] Leconte the Parnassian poet Leconte de Lisle (1818-1894).

[29] delphique The Delphic oracles, pronounced by the Sibyl of Delphos, had tremendous authority among the Greeks; hence the use of the word as the equivalent of infallible.

Levrier de Magnus[30] a dit vrai, par Apollon tu goûteras, cher maître,[31] les joies nectaréennes de l'Olympos.» C'est sur un ton sarcastique qu'il m'avait demandé de l'appeler «cher maître» et qu'il m'appelait lui-même ainsi. Mais en réalité nous prenions un certain plaisir à ce jeu, étant encore rapprochés de l'âge où on croit qu'on crée ce qu'on nomme.

Malheureusement, je ne pus pas apaiser en causant avec Bloch et en lui demandant des explications, le trouble où il m'avait jeté quand il m'avait dit que les beaux vers (à moi qui n'attendais d'eux rien
10 moins que la révélation de la vérité) étaient d'autant plus beaux qu'ils ne signifiaient rien du tout. Bloch en effet ne fut pas réinvité à la maison. Il y avait d'abord été bien accueilli. Mon grand-père, il est vrai, prétendait que chaque fois que je me liais avec un de mes camarades plus qu'avec les autres et que je l'amenais chez nous, c'était toujours un juif, ce qui ne lui eût pas déplu en principe—même son ami Swann était d'origine juive—s'il n'avait trouvé que ce n'était pas d'habitude parmi les meilleurs que je le choisissais. Aussi quand j'amenais un nouvel ami, il était bien rare qu'il ne fredonnât pas: «*O Dieu de nos Pères*» de *la Juive*[32] ou bien «*Israël romps ta chaîne*»,
20 ne chantant que l'air naturellement (Ti la lam ta, lam, talim), mais j'avais peur que mon camarade ne le connût et ne rétablît les paroles.

Avant de les avoir vus, rien qu'en entendant leur nom qui, bien souvent, n'avait rien de particulièrement israélite, il devinait non seulement l'origine juive de ceux de mes amis qui l'étaient en effet, mais même ce qu'il y avait quelquefois de fâcheux dans leur famille.

—Et comment s'appelle-t-il ton ami qui vient ce soir?

—Dumont, grand-père.

—Dumont! Oh! je me méfie.

Et il chantait:

30 *Archers, faites bonne garde!*
Veillez sans trêve et sans bruit;

---

[30] *. . . Magnus* titles of two poems by Leconte de Lisle; the first is one of the *Poèmes Antiques,* the second, one of the *Poèmes Barbares. Bergotte* is a fictional writer.

[31] **cher maître** Artists, professors, etc., when they have reached a certain eminence are often addressed as "cher maître" or "maître" as a sign of respect.

[32] *la Juive* a very successful opera by the composer Halévy, with a libretto by Scribe (1835). The quotations which follow are from that opera.

Et après nous avoir posé adroitement quelques questions plus précises, il s'écriait: «A la garde![33] A la garde!» ou, si c'était le patient lui-même déjà arrivé qu'il avait forcé à son insu, par un interrogatoire dissimulé, à confesser ses origines, alors, pour nous montrer qu'il n'avait plus aucun doute, il se contentait de nous regarder en fredonnant imperceptiblement:

> *De ce timide Israélite*
> *Quoi, vous guidez ici les pas!*

ou:

> *Champs paternels, Hébron, douce vallée.*   10

ou encore:

> *Oui je suis de la race élue.*

Ces petites manies de mon grand-père n'impliquaient aucun sentiment malveillant à l'endroit de mes camarades. Mais Bloch avait déplu à mes parents pour d'autres raisons. Il avait commencé par agacer mon père qui, le voyant mouillé, lui avait dit avec intérêt:

—Mais, monsieur Bloch, quel temps fait-il donc? est-ce qu'il a plu? Je n'y comprends rien, le baromètre était excellent.

Il n'en avait tiré que cette réponse:

—Monsieur, je ne puis absolument vous dire s'il a plu. Je vis si 20 résolument en dehors des contingences physiques que mes sens ne prennent pas la peine de me les notifier.

—Mais, mon pauvre fils, il est idiot ton ami, m'avait dit mon père quand Bloch fut parti. Comment! il ne peut même pas me dire le temps qu'il fait! Mais il n'y a rien de plus intéressant! C'est un imbécile.

Puis Bloch avait déplu à ma grand'mère parce que, après le déjeuner comme elle disait qu'elle était un peu souffrante, il avait étouffé un sanglot et essuyé des larmes.

—Comment veux-tu que ça soit sincère, me dit-elle, puisqu'il ne me 30 connaît pas; ou bien alors il est fou.

Et enfin il avait mécontenté tout le monde parce que, étant venu déjeuner une heure et demie en retard et couvert de boue, au lieu de s'excuser, il avait dit:

—Je ne me laisse jamais influencer par les perturbations de l'atmo-

---

[33] **A la garde** a cry of alarm: "Danger!"

sphère ni par les divisions conventionnelles du temps. Je réhabiliterais volontiers l'usage de la pipe d'opium et du kriss malais, mais j'ignore celui de ces instruments infiniment plus pernicieux et d'ailleurs platement bourgeois, la montre et le parapluie.

Il serait malgré tout revenu à Combray. Il n'était pas pourtant l'ami que mes parents eussent souhaité pour moi; ils avaient fini par penser que les larmes que lui avait fait verser l'indisposition de ma grand'-mère n'étaient pas feintes; mais ils savaient d'instinct ou par expérience que les élans de notre sensibilité ont peu d'empire sur la suite de
10 nos actes et la conduite de notre vie, et que le respect des obligations morales, la fidélité aux amis, l'exécution d'une œuvre, l'observance d'un régime, ont un fondement plus sûr dans des habitudes aveugles que dans ces transports momentanés, ardents et stériles. Ils auraient préféré pour moi à Bloch des compagnons qui ne me donneraient pas plus qu'il est convenu d'accorder à ses amis, selon les règles de la morale bourgeoise; qui ne m'enverraient pas inopinément une corbeille de fruits parce qu'ils auraient ce jour-là pensé à moi avec tendresse, mais qui, n'étant pas capables de faire pencher en ma faveur la juste balance des devoirs et des exigences de l'amitié sur un
20 simple mouvement de leur imagination et de leur sensibilité, ne la fausseraient pas davantage à mon préjudice. Nos torts même font difficilement départir de ce qu'elles nous doivent ces natures, dont ma grand'tante était le modèle, elle qui, brouillée depuis des années avec une nièce à qui elle ne parlait jamais, ne modifia pas pour cela le testament où elle lui laissait toute sa fortune, parce que c'était sa plus proche parente et que cela «se devait».[34]

Mais j'aimais Bloch, mes parents voulaient me faire plaisir, les problèmes insolubles que je me posais à propos de la beauté dénuée de signification de la fille de Minos et de Pasiphaé me fatiguaient
30 davantage et me rendaient plus souffrant que n'auraient fait de nouvelles conversations avec lui, bien que ma mère les jugeât pernicieuses. Et on l'aurait encore reçu à Combray si, après ce dîner comme il venait de m'apprendre—nouvelle qui plus tard eut beaucoup d'influence sur ma vie, et la rendit plus heureuse, puis plus malheureuse—que toutes les femmes ne pensaient qu'à l'amour et qu'il n'y en a pas dont on ne pût vaincre les résistances, il ne m'avait

---

[34] **se devait** *Cela se doit* expresses the same idea as "that is what is done," but with a connotation of moral duty.

assuré avoir entendu dire de la façon la plus certaine que ma grand'-
tante avait eu une jeunesse orageuse et avait été publiquement entre-
tenue. Je ne pus me retenir de répéter ces propos à mes parents, on le
mit à la porte quand il revint, et quand je l'abordai ensuite dans la
rue, il fut extrêmement froid pour moi.

Mais au sujet de Bergotte il avait dit vrai.

Les premiers jours, comme un air de musique dont on raffolera,
mais qu'on ne distingue pas encore, ce que je devais tant aimer dans
son style ne m'apparut pas. Je ne pouvais pas quitter le roman que je
lisais de lui, mais me croyais seulement intéressé par le sujet, comme   10
dans ces premiers moments de l'amour où on va tous les jours retrouver une femme à quelque réunion, à quelque divertissement par les
agréments desquels on se croit attiré. Puis je remarquai les expressions rares, presque archaïques qu'il aimait employer à certains
moments où un flot caché d'harmonie, un prélude intérieur, soulevait
son style; et c'était aussi à ces moments-là qu'il se mettait à parler du
«vain songe de la vie», de «l'inépuisable torrent des belles appa-
rences», du «tourment stérile et délicieux de comprendre et d'aimer»,
des «émouvantes effigies qui anoblissent à jamais la façade vénérable
et charmante des cathédrales», qu'il exprimait toute une philosophie   20
nouvelle pour moi par de merveilleuses images dont on aurait dit que
c'était elles qui avaient éveillé ce chant de harpes qui s'élevait alors
et à l'accompagnement duquel elles donnaient quelque chose de sublime. Un de ces passages de Bergotte, le troisième ou le quatrième
que j'eusse isolé du reste, me donna une joie incomparable à celle que
j'avais trouvée au premier, une joie que je me sentis éprouver en une
région plus profonde de moi-même, plus unie, plus vaste, d'où les
obstacles et les séparations semblaient avoir été enlevés. C'est que,
reconnaissant alors ce même goût pour les expressions rares, cette
même effusion musicale, cette même philosophie idéaliste qui avait   30
déjà été les autres fois, sans que je m'en rendisse compte, la cause de
mon plaisir, je n'eus plus l'impression d'être en présence d'un
morceau particulier d'un certain livre de Bergotte, traçant à la surface
de ma pensée une figure purement linéaire, mais plutôt du «morceau
idéal» de Bergotte, commun à tous ses livres et auquel tous les passages analogues qui venaient se confondre avec lui auraient donné
une sorte d'épaisseur, de volume, dont mon esprit semblait agrandi.

Je n'étais pas tout à fait le seul admirateur de Bergotte; il était aussi

l'écrivain préféré d'une amie de ma mère qui était très lettrée; enfin
pour lire son dernier livre paru, le docteur du Boulbon faisait attendre
ses malades; et ce fut de son cabinet de consultation, et d'un parc
voisin de Combray, que s'envolèrent quelques-unes des premières
graines de cette prédilection pour Bergotte, espèce si rare alors,
aujourd'hui universellement répandue, et dont on trouve partout en
Europe, en Amérique, jusque dans le moindre village, la fleur idéale
et commune. Ce que l'amie de ma mère et, paraît-il, le docteur du
Boulbon aimaient surtout dans les livres de Bergotte c'était, comme
10 moi, ce même flux mélodique, ces expressions anciennes, quelques
autres très simples et connues, mais pour lesquelles la place où il les
mettait en lumière semblait révéler de sa part un goût particulier;
enfin, dans les passages tristes, une certaine brusquerie, un accent
presque rauque. Et sans doute lui-même devait sentir que là étaient
ses plus grands charmes. Car dans les livres qui suivirent, s'il avait
rencontré quelque grande vérité, ou le nom d'une célèbre cathédrale,
il interrompait son récit et dans une invocation, une apostrophe, une
longue prière, il donnait un libre cours à ces effluves qui dans ses
premiers ouvrages restaient intérieurs à sa prose, décelés seulement
20 alors par les ondulations de la surface, plus douces peut-être encore,
plus harmonieuses quand elles étaient ainsi voilées et qu'on n'aurait
pu indiquer d'une manière précise où naissait, où expirait leur murmure. Ces morceaux auxquels il se complaisait étaient nos morceaux
préférés. Pour moi, je les savais par cœur. J'étais déçu quand il
reprenait le fil de son récit. Chaque fois qu'il parlait de quelque chose
dont la beauté m'était restée jusque-là cachée, des forêts de pins,
de la grêle, de Notre-Dame de Paris,[35] d'*Athalie* ou de *Phèdre*,[36] il
faisait dans une image exploser cette beauté jusqu'à moi. Aussi
sentant combien il y avait de parties de l'univers que ma perception
30 infirme ne distinguerait pas s'il ne les rapprochait de moi, j'aurais
voulu posséder une opinion de lui, une métaphore de lui, sur toutes
choses, surtout sur celles que j'aurais l'occasion de voir moi-même, et
entre celles-là, particulièrement sur d'anciens monuments français et
certains paysages maritimes, parce que l'insistance avec laquelle il les
citait dans ses livres prouvait qu'il les tenait pour riches de significa-

---

[35] **Notre-Dame de Paris** gothic cathedral built on l'Ile de la Cité, in the
center of Paris, in the twelfth and thirteenth centuries.
[36] ***Athalie . . . Phèdre*** two of Racine's greatest tragedies.

tion et de beauté. Malheureusement sur presque toutes choses j'ignorais son opinion. Je ne doutais pas qu'elle ne fût entièrement différente
des miennes, puisqu'elle descendait d'un monde inconnu vers lequel
je cherchais à m'élever: persuadé que mes pensées eussent paru
ineptie à cet esprit parfait, j'avais tellement fait table rase[37] de toutes,
que quand par hasard il m'arriva d'en rencontrer, dans tel de ses
livres, une que j'avais déjà eue moi-même, mon cœur se gonflait
comme si un dieu dans sa bonté me l'avait rendue, l'avait déclarée
légitime et belle. Il arrivait parfois qu'une page de lui disait les
mêmes choses que j'écrivais souvent la nuit à ma grand'mère et à   10
ma mère quand je ne pouvais pas dormir, si bien que cette page de
Bergotte avait l'air d'un recueil d'épigraphes pour être placées en tête
de mes lettres. Même plus tard, quand je commençai de composer
un livre, certaines phrases dont la qualité ne suffit pas pour me décider
à le continuer, j'en retrouvai l'équivalent dans Bergotte. Mais ce n'était
qu'alors, quand je les lisais dans son œuvre, que je pouvais en jouir;
quand c'était moi qui les composais, préoccupé qu'elles reflétassent
exactement ce que j'apercevais de ma pensée, craignant de ne pas
«faire ressemblant», j'avais bien le temps de me demander si ce que
j'écrivais était agréable! Mais en réalité il n'y avait que ce genre de   20
phrases, ce genre d'idées que j'aimais vraiment. Mes efforts inquiets
et mécontents étaient eux-mêmes une marque d'amour, d'amour sans
plaisir mais profond. Aussi quand tout d'un coup je trouvais de telles
phrases dans l'œuvre d'un autre, c'est-à-dire sans plus avoir de scrupules, de sévérité, sans avoir à me tourmenter, je me laissais enfin
aller avec délices au goût que j'avais pour elles, comme un cuisinier
qui pour une fois où il n'a pas à faire la cuisine trouve enfin le temps
d'être gourmand. Un jour, ayant rencontré dans un livre de Bergotte,
à propos d'une vieille servante, une plaisanterie que le magnifique et
solennel langage de l'écrivain rendait encore plus ironique, mais qui   30
était la même que j'avais si souvent faite à ma grand'mère en parlant
de Françoise, une autre fois que je vis qu'il ne jugeait pas indigne de
figurer dans un de ces miroirs de la vérité qu'étaient ses ouvrages une
remarque analogue à celle que j'avais eu l'occasion de faire sur notre
ami M. Legrandin (remarques sur Françoise et M. Legrandin qui
étaient certes de celles que j'eusse le plus délibérément sacrifiées à

---

[37] **table rase** *faire table rase:* to make a clean sweep—"I had so completely thrown them all out."

Bergotte, persuadé qu'il les trouverait sans intérêt), il me sembla soudain que mon humble vie et les royaumes du vrai n'étaient pas aussi séparés que j'avais cru, qu'ils coïncidaient même sur certains points, et de confiance et de joie je pleurai sur les pages de l'écrivain comme dans les bras d'un père retrouvé.

D'après ses livres j'imaginais Bergotte comme un vieillard faible et déçu qui avait perdu des enfants et ne s'était jamais consolé. Aussi je lisais, je chantais intérieurement sa prose, plus «dolce», plus «lento» peut-être qu'elle n'était écrite, et la phrase la plus simple s'adressait à
10 moi avec une intonation attendrie. Plus que tout j'aimais sa philosophie, je m'étais donné à elle pour toujours. Elle me rendait impatient d'arriver à l'âge où j'entrerais au collège, dans la classe appelée Philosophie.[38] Mais je ne voulais pas qu'on y fît autre chose que vivre uniquement par la pensée de Bergotte, et si l'on m'avait dit que les métaphysiciens auxquels je m'attacherais alors ne lui ressembleraient en rien, j'aurais ressenti le désespoir d'un amoureux qui veut aimer pour la vie et à qui on parle des autres maîtresses qu'il aura plus tard.

Un dimanche, pendant ma lecture au jardin, je fus dérangé par Swann qui venait voir mes parents.
20 —Qu'est-ce que vous lisez, on peut regarder? Tiens, du Bergotte? Qui vous a indiqué ses ouvrages?

Je lui dis que c'était Bloch.

—Ah! oui, ce garçon que j'ai vu une fois ici, qui ressemble tellement au portrait de Mahomet II par Bellini.[39] Oh! c'est frappant, il a les mêmes sourcils circonflexes, le même nez recourbé, les mêmes pommettes saillantes. Quand il aura une barbiche ce sera la même personne. En tout cas il a du goût, car Bergotte est un charmant esprit. Et voyant combien j'avais l'air d'admirer Bergotte, Swann qui ne parlait jamais des gens qu'il connaissait fit, par bonté, une excep-
30 tion et me dit:

—Je le connais beaucoup, si cela pouvait vous faire plaisir qu'il écrive un mot en tête de votre volume, je pourrais le lui demander.

[38] **Philosophie** the highest class in the French secondary schools. During their last year of school students specialize either in philosophy or in mathematics, in which they do the bulk of their work.
[39] **Bellini** Gentile Bellini (1429-1507), one of the famous family of Venetian painters, was called to Constantinople in 1479 by Mahomet II, whose portrait he painted. The sultan is shown *de profil;* he wears a beard and his very finely drawn and pensive face is surmounted by a heavy turban.

Je n'osai pas accepter, mais posai à Swann des questions sur Bergotte. «Est-ce que vous pourriez me dire quel est l'acteur qu'il préfère?»

—L'acteur, je ne sais pas. Mais je sais qu'il n'égale aucun artiste homme à la Berma qu'il met au-dessus de tout. L'avez-vous entendue?

—Non monsieur, mes parents ne me permettent pas d'aller au théâtre.

—C'est malheureux. Vous devriez leur demander. La Berma dans *Phèdre,* dans *le Cid,*[40] ce n'est qu'une actrice si vous voulez, mais 10 vous savez, je ne crois pas beaucoup à la «*hiérarchie!*» des arts.

(Et je remarquai, comme cela m'avait souvent frappé dans ses conversations avec les sœurs de ma grand'mère, que quand il parlait de choses sérieuses, quand il employait une expression qui semblait impliquer une opinion sur un sujet important, il avait soin de l'isoler dans une intonation spéciale, machinale et ironique, comme s'il l'avait mise entre guillemets, semblant ne pas vouloir la prendre à son compte, et dire: «la *hiérarchie,* vous savez, comme disent les gens ridicules?» Mais alors, si c'était ridicule, pourquoi disait-il hiérarchie?) Un instant après il ajouta: «Cela vous donnera une vision 20 aussi noble que n'importe quel chef-d'œuvre, je ne sais pas moi... que —et il se mit à rire—«les Reines de Chartres!»[41] Jusque-là cette horreur d'exprimer sérieusement son opinion m'avait paru quelque chose qui devait être élégant et parisien et qui s'opposait au dogmatisme provincial des sœurs de ma grand'mère; et je soupçonnais aussi que c'était une des formes de l'esprit dans la coterie où vivait Swann et où par réaction sur le lyrisme des générations antérieures on réhabilitait à l'excès les petits faits précis, réputés vulgaires autrefois, et on proscrivait les «phrases». Mais maintenant je trouvais quelque chose de choquant dans cette attitude de Swann en face des choses. 30 Il avait l'air de ne pas oser avoir une opinion et de n'être tranquille que quand il pouvait donner méticuleusement des renseignements précis. Mais il ne se rendait donc pas compte que c'était professer l'opinion, postuler que l'exactitude de ces détails avait de l'impor-

[40] *le Cid*   tragi-comedy by Corneille (1636).
[41] **Chartres**   The West Portal of Chartres Cathedral, known as the Royal Portal, is ornamented with a group of sculptures of the twelfth century depicting Christ in majesty. Among the statues are nineteen kings and queens of great beauty representing the royal lineage of Christ.

tance. Je repensai alors à ce dîner où j'étais si triste parce que maman ne devait pas monter dans ma chambre et où il avait dit que les bals chez la princesse de Léon n'avaient aucune importance. Mais c'était pourtant à ce genre de plaisirs qu'il employait sa vie. Je trouvais tout cela contradictoire. Pour quelle autre vie réservait-il de dire enfin sérieusement ce qu'il pensait des choses, de formuler des jugements qu'il pût ne pas mettre entre guillemets, et de ne plus se livrer avec une politesse pointilleuse à des occupations dont il professait en même temps qu'elles sont ridicules. Je remarquai aussi dans la façon dont Swann me parla de Bergotte quelque chose qui en revanche ne lui était pas particulier, mais au contraire était dans ce temps-là commun à tous les admirateurs de l'écrivain, à l'amie de ma mère, au docteur du Boulbon. Comme Swann, ils disaient de Bergotte: «C'est un charmant esprit, si particulier, il a une façon à lui de dire les choses un peu cherchée, mais si agréable. On n'a pas besoin de voir la signature, on reconnaît tout de suite que c'est de lui.» Mais aucun n'aurait été jusqu'à dire: «C'est un grand écrivain, il a un grand talent.» Ils ne disaient même pas qu'il avait du talent. Ils ne le disaient pas parce qu'ils ne le savaient pas. Nous sommes très longs à reconnaître dans la physionomie particulière d'un nouvel écrivain le modèle qui porte le nom de «grand talent» dans notre musée des idées générales. Justement parce que cette physionomie est nouvelle, nous ne la trouvons pas tout à fait ressemblante à ce que nous appelons talent. Nous disons plutôt originalité, charme, délicatesse, force; et puis un jour nous nous rendons compte que c'est justement tout cela le talent.

—Est-ce qu'il y a des ouvrages de Bergotte où il ait parlé de la Berma? demandai-je à Swann.

—Je crois dans sa petite plaquette[42] sur Racine, mais elle doit être épuisée. Il y a peut-être eu cependant une réimpression. Je m'informerai. Je peux d'ailleurs demander à Bergotte tout ce que vous voulez, il n'y a pas de semaine dans l'année où il ne dîne à la maison. C'est le grand ami de ma fille. Ils vont ensemble visiter les vieilles villes, les cathédrales, les châteaux.

Comme je n'avais aucune notion sur la hiérarchie sociale, depuis longtemps l'impossibilité que mon père trouvait à ce que nous fré-

---

[42] **plaquette** a very small book which generally contains an essay, like Bergotte's, or verse.

quentions Mme et Mlle Swann avait eu plutôt pour effet, en me faisant imaginer entre elles et nous de grandes distances, de leur donner à mes yeux du prestige. Je regrettais que ma mère ne se teignît pas les cheveux et ne se mît pas de rouge aux lèvres comme j'avais entendu dire par notre voisine Mme Sazerat que Mme Swann le faisait pour plaire, non à son mari, mais à M. de Charlus, et je pensais que nous devions être pour elle un objet de mépris, ce qui me peinait surtout à cause de Mlle Swann qu'on m'avait dit être une si jolie petite fille et à laquelle je rêvais souvent en lui prêtant chaque fois un même visage arbitraire et charmant. Mais quand j'eus appris ce jour-là que Mlle 10 Swann était un être d'une condition si rare, baignant comme dans un élément naturel au milieu de tant de privilèges, que quand elle demandait à ses parents s'il y avait quelqu'un à dîner, on lui répondait par ces syllabes remplies de lumière, par le nom de ce convive d'or qui n'était pour elle qu'un vieil ami de sa famille: Bergotte; que, pour elle, la causerie intime à table, ce qui correspondait à ce qu'était pour moi la conversation de ma grand'tante, c'étaient des paroles de Bergotte, sur tous ces sujets qu'il n'avait pu aborder dans ses livres, et sur lesquels j'aurais voulu l'écouter rendre ses oracles; et qu'enfin, quand elle allait visiter des villes, il cheminait à côté d'elle, 20 inconnu et glorieux, comme les dieux qui descendaient au milieu des mortels; alors je sentis en même temps que le prix d'un être comme Mlle Swann, combien je lui paraîtrais grossier et ignorant, et j'éprouvai si vivement la douceur et l'impossibilité qu'il y aurait pour moi à être son ami, que je fus rempli à la fois de désir et de désespoir. Le plus souvent maintenant quand je pensais à elle, je la voyais devant le porche d'une cathédrale, m'expliquant la signification des statues, et, avec un sourire qui disait du bien de moi, me présentant comme son ami, à Bergotte. Et toujours le charme de toutes les idées que faisaient naître en moi les cathédrales, le 30 charme des coteaux de l'Ile-de-France[43] et des plaines de la Normandie faisait refluer ses reflets sur l'image que je me formais de Mlle Swann: c'était être tout prêt à l'aimer. Que nous croyions qu'un être participe à une vie inconnue où son amour nous ferait pénétrer, c'est, de tout ce qu'exige l'amour pour naître, ce à quoi il tient le plus, et qui lui fait faire bon marché du reste. Même les femmes qui

---

[43] **Ile-de-France** small province of ancient France in the center of which is Paris.

prétendent ne juger un homme que sur son physique, voient en ce physique l'émanation d'une vie spéciale. C'est pourquoi elles aiment les militaires, les pompiers; l'uniforme les rend moins difficiles pour le visage; elles croient baiser sous la cuirasse un cœur différent, aventureux et doux; et un jeune souverain, un prince héritier, pour faire les plus flatteuses conquêtes, dans les pays étrangers qu'il visite, n'a pas besoin du profil régulier qui serait peut-être indispensable à un coulissier.

Tandis que je lisais au jardin, ce que ma grand'tante n'aurait pas
10 compris que je fisse en dehors du dimanche, jour où il est défendu de s'occuper à rien de sérieux et où elle ne cousait pas (un jour de semaine, elle m'aurait dit «comment tu *t'amuses* encore à lire, ce n'est pourtant pas dimanche» en donnant au mot amusement le sens d'enfantillage et de perte de temps), ma tante Léonie devisait avec Françoise en attendant l'heure d'Eulalie. Elle lui annonçait qu'elle venait de voir passer Mme Goupil «sans parapluie, avec la robe de soie qu'elle s'est fait faire à Châteaudun. Si elle a loin à aller avant vêpres elle pourrait bien la faire saucer.»[44]

—Peut-être, peut-être (ce qui signifiait peut-être non) disait Fran-
20 çoise pour ne pas écarter définitivement la possibilité d'une alternative plus favorable.

—Tiens, disait ma tante en se frappant le front, cela me fait penser que je n'ai point su si elle était arrivée à l'église après l'élévation. Il faudra que je pense à le demander à Eulalie... Françoise, regardez-moi ce nuage noir derrière le clocher et ce mauvais soleil sur les ardoises, bien sûr que la journée ne se passera pas sans pluie. Ce n'était pas possible que ça reste comme ça, il faisait trop chaud. Et le plus tôt sera le mieux, car tant que l'orage n'aura pas éclaté, mon eau de Vichy ne descendra pas, ajoutait ma tante dans l'esprit de qui le
30 désir de hâter la descente de l'eau de Vichy l'emportait infiniment sur la crainte de voir Mme Goupil gâter sa robe.

—Peut-être, peut-être.

—Et c'est que, quand il pleut sur la place, il n'y a pas grand abri.

—Comment, trois heures? s'écriait tout à coup ma tante en pâlissant, mais alors les vêpres sont commencées, j'ai oublié ma pepsine! Je comprends maintenant pourquoi mon eau de Vichy me restait sur l'estomac.

[44] **la faire saucer**   colloquial: "get it drenched."

Et se précipitant sur un livre de messe relié en velours violet, monté d'or, et d'où, dans sa hâte, elle laissait s'échapper de ces images, bordées d'un bandeau de dentelle de papier jaunissante, qui marquent les pages des fêtes, ma tante, tout en avalant ses gouttes, commençait à lire au plus vite les textes sacrés dont l'intelligence lui était légèrement obscurcie par l'incertitude de savoir si, prise aussi longtemps après l'eau de Vichy, la pepsine serait encore capable de la rattraper et de la faire descendre: «Trois heures, c'est incroyable ce que le temps passe!»

Un petit coup au carreau, comme si quelque chose l'avait heurté, 10 suivi d'une ample chute légère comme de grains de sable qu'on eût laissé tomber d'une fenêtre au-dessus, puis la chute s'étendant, se réglant, adoptant un rythme, devenant fluide, sonore, musicale, innombrable, universelle: c'était la pluie.

—Eh bien! Françoise, qu'est-ce que je disais? Ce que cela tombe! Mais je crois que j'ai entendu le grelot de la porte du jardin, allez donc voir qui est-ce qui peut être dehors par un temps pareil.

Françoise revenait:

—C'est Mme Amédée (ma grand'mère) qui a dit qu'elle allait faire un tour. Ça pleut pourtant fort. 20

—Cela ne me surprend point, disait ma tante en levant les yeux au ciel. J'ai toujours dit qu'elle n'avait point l'esprit fait comme tout le monde. J'aime mieux que ce soit elle que moi qui soit dehors en ce moment.

—Mme Amédée, c'est toujours tout l'extrême des autres, disait Françoise avec douceur, réservant pour le moment où elle serait seule avec les autres domestiques de dire qu'elle croyait ma grand'-mère un peu «piquée».[45]

—Voilà le salut passé! Eulalie ne viendra plus, soupirait ma tante; ce sera le temps qui lui aura fait peur. 30

—Mais il n'est pas cinq heures, madame Octave, il n'est que quatre heures et demie.

—Que quatre heures et demie? et j'ai été obligée de relever les petits rideaux pour avoir un méchant rayon de jour. A quatre heures et demie! Huit jours avant les Rogations![46] Ah! ma pauvre Fran-

---

[45] **piquée** colloquial: "a little crazy."
[46] **Rogations** the three days before Ascension Day which comes forty days after Easter, fairly late in the spring.

çoise! il faut que le bon Dieu soit bien en colère après nous. Aussi, le monde d'aujourd'hui en fait trop! Comme disait mon pauvre Octave, on a trop oublié le bon Dieu et il se venge.

Une vive rougeur animait les joues de ma tante, c'était Eulalie. Malheureusement, à peine venait-elle d'être introduite que Françoise rentrait et avec un sourire qui avait pour but de se mettre elle-même à l'unisson de la joie qu'elle ne doutait pas que ses paroles allaient causer à ma tante, articulant les syllabes pour montrer que, malgré l'emploi du style indirect, elle rapportait, en bonne domestique, les
10 paroles mêmes dont avait daigné se servir le visiteur:

—M. le Curé serait enchanté, ravi, si Madame Octave ne repose pas et pouvait le recevoir. M. le Curé ne veut pas déranger. M. le Curé est en bas, j'y ai dit[47] d'entrer dans la salle.

En réalité, les visites du curé ne faisaient pas à ma tante un aussi grand plaisir que le supposait Françoise et l'air de jubilation dont celle-ci croyait devoir pavoiser son visage chaque fois qu'elle avait à l'annoncer ne répondait pas entièrement au sentiment de la malade. Le curé (excellent homme avec qui je regrette de ne pas avoir causé davantage, car s'il n'entendait rien aux arts, il connaissait
20 beaucoup d'étymologies), habitué à donner aux visiteurs de marque des renseignements sur l'église (il avait même l'intention d'écrire un livre sur la paroisse de Combray), la fatiguait par des explications infinies et d'ailleurs toujours les mêmes. Mais quand elle arrivait ainsi juste en même temps que celle d'Eulalie, sa visite devenait franchement désagréable à ma tante. Elle eût mieux aimé bien profiter d'Eulalie et ne pas avoir tout le monde à la fois. Mais elle n'osait pas ne pas recevoir le curé et faisait seulement signe à Eulalie de ne pas s'en aller en même temps que lui, qu'elle la garderait un peu seule quand il serait parti.

30 —Monsieur le Curé, qu'est-ce que l'on me disait qu'il y a un artiste qui a installé son chevalet dans votre église pour copier un vitrail. Je peux dire que je suis arrivée à mon âge sans avoir jamais entendu parler d'une chose pareille! Et ce qu'il y a de plus vilain dans l'église!

—Je n'irai pas jusqu'à dire que c'est ce qu'il y a de plus vilain, car s'il y a à Saint-Hilaire des parties qui méritent d'être visitées, il y en a d'autres qui sont bien vieilles dans ma pauvre basilique,

[47] j'y ai dit   *je lui ai dit* (vernacular).

la seule de tout le diocèse qu'on n'ait pas restaurée! Mon Dieu, le
porche est sale et antique, mais enfin d'un caractère majestueux;
passe même pour les tapisseries d'Esther dont personnellement je
ne donnerais pas deux sous, mais qui sont placées par les connais-
seurs tout de suite après celles de Sens.[48] Je reconnais d'ailleurs, qu'à
côté de certains détails un peu réalistes, elles en présentent d'autres
qui témoignent d'un véritable esprit d'observation. Mais qu'on ne
vienne pas me parler des vitraux. Cela a-t-il du bon sens de laisser
des fenêtres qui ne donnent pas de jour et trompent même la vue
par ces reflets d'une couleur que je ne saurais définir, dans une église   10
où il n'y a pas deux dalles qui soient au même niveau et qu'on se
refuse à me remplacer sous prétexte que ce sont les tombes des abbés
de Combray et des seigneurs de Guermantes, les anciens comtes de
Brabant. Les ancêtres directs du Duc de Guermantes d'aujourd'hui
et aussi de la Duchesse, puisqu'elle est une demoiselle de Guermantes qui a épousé son cousin.» (Ma grand'mère qui à force de se
désintéresser des personnes finissait par confondre tous les noms,
chaque fois qu'on prononçait celui de la Duchesse de Guermantes
prétendait que ce devait être une parente de Mme de Villeparisis.
Tout le monde éclatait de rire; elle tâchait de se défendre en allé-   20
guant une certaine lettre de faire part: «Il me semblait me rappeler
qu'il y avait du Guermantes là dedans.» Et pour une fois j'étais
avec les autres contre elle, ne pouvant admettre qu'il y eût un lien
entre son amie de pension et la descendante de Geneviève de Brabant.)—«Voyez Roussainville, ce n'est plus aujourd'hui qu'une
paroisse de fermiers, quoique dans l'antiquité cette localité ait dû
un grand essor au commerce des chapeaux de feutre et des pendules.
(Je ne suis pas certain de l'étymologie de Roussainville. Je croirais
volontiers que le nom primitif était Rouville (*Radulfi villa*) comme
Châteauroux (*Castrum Radulfi*), mais je vous parlerai de cela une   30
autre fois.) Hé bien! l'église a des vitraux superbes, presque tous
modernes, et cette imposante *Entrée de Louis-Philippe à Combray*[49]
qui serait mieux à sa place à Combray même, et qui vaut, dit-on,
la fameuse verrière de Chartres. Je voyais même hier le frère du

[48] **Sens** small cathedral town with fine stained glass windows and fifteenth-
century tapestries, one of which illustrates the story of Esther.
[49] **. . . à Combray** obviously a nineteenth-century window, since Louis-
Philippe became king in 1830. Nineteenth-century stained glass is notoriously
poor.

docteur Percepied qui est amateur et qui la regarde comme d'un plus beau travail.

«Mais, comme je le lui disais à cet artiste qui semble du reste très poli, qui est, paraît-il, un véritable virtuose du pinceau, que lui trouvez-vous donc d'extraordinaire à ce vitrail qui est encore un peu plus sombre que les autres?»

—Je suis sûre qui si vous le demandiez à Monseigneur,[50] dit mollement ma tante qui commençait à penser qu'elle allait être fatiguée, il ne vous refuserait pas un vitrail neuf.

10 —Comptez-y, madame Octave, répondait le curé. Mais c'est justement Monseigneur qui a attaché le grelot[51] à cette malheureuse verrière en prouvant qu'elle représente Gilbert le Mauvais, sire de Guermantes, le descendant direct de Geneviève de Brabant qui était une demoiselle de Guermantes, recevant l'absolution de saint Hilaire.

—Mais, je ne vois pas où est saint Hilaire?

—Mais si, dans le coin du vitrail, vous n'avez jamais remarqué une dame en robe jaune? Hé bien! c'est saint Hilaire qu'on appelle vous le savez, dans certaines provinces, saint Illiers, saint Hélier, et même, dans le Jura, saint Ylie. Ces diverses corruptions de *sanctus*
20 *Hilarius*[52] ne sont pas du reste les plus curieuses de celles qui se sont produites dans les noms des bienheureux. Ainsi votre patronne, ma bonne Eulalie, *sancta Eulalia,* savez-vous ce qu'elle est devenue en Bourgogne? *saint Eloi*[53] tout simplement: elle est devenue un saint. Voyez-vous, Eulalie, qu'après votre mort on fasse de vous un homme?»—«Monsieur le Curé a toujours le mot pour rigoler.»—«Le frère de Gilbert, Charles le Bègue,[54] prince pieux mais qui, ayant perdu de bonne heure son père, Pépin l'Insensé,[55] mort des suites de sa maladie mentale, exerçait le pouvoir suprême avec toute

[50] **Monseigneur** title used for bishops.
[51] **attacher le grelot** "to bell the cat," *i.e.,* to start the fuss.
[52] **Hilarius** There are a great many saints by the name of Hilarius, one of whom is also known as Illier, seventh bishop of Mende, sixth century. But there seems no reason to think he is the same saint as St. Hélier who settled on the Island of Jersey in the sixth century. The curé's etymologies are, like his taste in stained-glass, somewhat naïve.
[53] **Eloi** There are several Eulalias, none of whom seem to be confused with Eloi or Eliguis, Bishop of Noyon (640-659), one of the most popular saints in France and counsellor of Dagobert.
[54] **le Bègue** the stutterer
[55] **l'Insensé** the madman

la présomption d'une jeunesse à qui la discipline a manqué, dès que la figure d'un particulier ne lui revenait pas dans la ville, il y faisait massacrer jusqu'au dernier habitant. Gilbert voulant se venger de Charles fit brûler l'église de Combray, la primitive église alors, celle que Théodebert,[56] en quittant avec sa cour la maison de campagne qu'il avait près d'ici, à Thiberzy (*Theodebersiacus*), pour aller combattre les Burgondes,[57] avait promis de bâtir au-dessus du tombeau de saint Hilaire si le bienheureux lui procurait la victoire. Il n'en reste que la crypte où Théodore a dû vous faire descendre, puisque Gilbert brûla le reste. Ensuite il défit l'infortuné Charles avec l'aide 10 de Guillaume le Conquérant (le curé prononçait Guilôme), ce qui fait que beaucoup d'Anglais viennent pour visiter. Mais il ne semble pas avoir su se concilier la sympathie des habitants de Combray, car ceux-ci se ruèrent sur lui à la sortie de la messe et lui tranchèrent la tête. Du reste Théodore prête un petit livre qui donne les explications.

«Mais ce qui est incontestablement le plus curieux dans notre église, c'est le point de vue qu'on a du clocher et qui est grandiose. Certainement, pour vous qui n'êtes pas très forte, je ne vous conseillerais pas de monter nos quatre-vingt-dix-sept marches, juste la 20 moitié du célèbre dôme de Milan. Il y a de quoi fatiguer une personne bien portante, d'autant plus qu'on monte plié en deux si on ne veut pas se casser la tête, et on ramasse avec ses effets[58] toutes les toiles d'araignées de l'escalier. En tout cas il faudrait bien vous couvrir, ajoutait-il (sans apercevoir l'indignation que causait à ma tante l'idée qu'elle fût capable de monter dans le clocher), car il fait un de ces courants d'air une fois arrivé là-haut! Certaines personnes affirment y avoir ressenti le froid de la mort. N'importe, le dimanche il y a toujours des sociétés qui viennent même de très loin pour admirer la beauté du panorama et qui s'en retournent 30 enchantées. Tenez, dimanche prochain, si le temps se maintient,

---

[56] **Théodebert** Proust seems here to be creating for the Guermantes a princely family like that of the French kings: Pépin and Charles are Carolingian names, Théodobert a Merovingian name. There was, among the kings of France, a Louis the Stutterer, father of Charles the Simple.

[57] **Burgondes** the Burgundians. At that time France was divided into three parts—Neustria, Austrasia, and Burgundy—which warred against each other.

[58] **effets** belongings, clothes.

vous trouveriez certainement du monde, comme ce sont les Rogations. Il faut avouer du reste qu'on jouit de là d'un coup d'œil féeri-
que, avec des sortes d'échappées sur la plaine qui ont un cachet tout
particulier. Quand le temps est clair on peut distinguer jusqu'à
Verneuil. Surtout on embrasse à la fois des choses qu'on ne peut
voir habituellement que l'une sans l'autre, comme le cours de la
Vivonne et les fossés de Saint-Assise-lès-Combray,[59] dont elle est
séparée par un rideau de grands arbres, ou encore comme les différents canaux de Jouy-le-Vicomte (*Gaudiacus vice comitis*[60] comme
10 vous savez). Chaque fois que je suis allé à Jouy-le-Vicomte, j'ai bien
vu un bout du canal, puis quand j'avais tourné une rue j'en voyais
un autre, mais alors je ne voyais plus le précédent. J'avais beau les
mettre ensemble par la pensée, cela ne me faisait pas grand effet.
Du clocher de Saint-Hilaire c'est autre chose, c'est tout un réseau
où la localité est prise. Seulement on ne distingue pas d'eau, on dirait
de grandes fentes qui coupent si bien la ville en quartiers, qu'elle est
comme une brioche dont les morceaux tiennent ensemble mais sont
déjà découpés. Il faudrait pour bien faire être à la fois dans le clocher
de Saint-Hilaire et à Jouy-le-Vicomte.

20   Le curé avait tellement fatigué ma tante qu'à peine était-il parti,
elle était obligée de renvoyer Eulalie.

    —Tenez, ma pauvre Eulalie, disait-elle d'une voix faible, en tirant
une pièce d'une petite bourse qu'elle avait à portée de sa main, voilà
pour que vous ne m'oubliiez pas dans vos prières.

    —Ah! mais, madame Octave, je ne sais pas si je dois, vous savez
bien que ce n'est pas pour cela que je viens! disait Eulalie avec la
même hésitation et le même embarras, chaque fois, que si c'était
la première, et avec une apparence de mécontentement qui égayait
ma tante mais ne lui déplaisait pas, car si un jour Eulalie, en prenant
30 la pièce, avait un air un peu moins contrarié que de coutume, ma
tante disait:

    —Je ne sais pas ce qu'avait Eulalie; je lui ai pourtant donné la
même chose que d'habitude, elle n'avait pas l'air contente.

---

[59] **lès-Combray** *lès* = near. An archaic form used only in names of places.

[60] **. . . comitis** The etymology seems rather fantastic, with perhaps a pun
on the *Gaudiacus;* as it stands it would mean: Gaudiacus, representative of
the count. The *comes* or *comites* were, first, the companions and peers of the
prince or governor of the province, but the meaning changed and varied in
the medieval period.

—Je crois qu'elle n'a pourtant pas à se plaindre, soupirait Françoise, qui avait une tendance à considérer comme de la menue monnaie tout ce que lui donnait ma tante pour elle ou pour ses enfants, et comme des trésors follement gaspillés pour une ingrate les piécettes mises chaque dimanche dans la main d'Eulalie, mais si discrètement que Françoise n'arrivait jamais à les voir. Ce n'est pas que l'argent que ma tante donnait à Eulalie, Françoise l'eût voulu pour elle. Elle jouissait suffisamment de ce que ma tante possédait, sachant que les richesses de la maîtresse du même coup élèvent et embellissent aux yeux de tous sa servante, et qu'elle, Françoise, était insigne 10 et glorifiée dans Combray, Jouy-le-Vicomte et autres lieux, pour les nombreuses fermes de ma tante, les visites fréquentes et prolongées du curé, le nombre singulier des bouteilles d'eau de Vichy consommées. Elle n'était avare que pour ma tante; si elle avait géré sa fortune, ce qui eût été son rêve, elle l'aurait préservée des entreprises d'autrui avec une férocité maternelle. Elle n'aurait pourtant pas trouvé grand mal à ce que ma tante, qu'elle savait incurablement généreuse, se fût laissée aller à donner, si au moins ç'avait été à des riches. Peut-être pensait-elle que ceux-là, n'ayant pas besoin des cadeaux de ma tante, ne pouvaient être soupçonnés de l'aimer à cause 20 d'eux. D'ailleurs offerts à des personnes d'une grande position de fortune, à Mme Sazerat, à M. Swann, à M. Legrandin, à Mme Goupil, à des personnes «de même rang» que ma tante et qui «allaient bien ensemble», ils lui apparaissaient comme faisant partie des usages de cette vie étrange et brillante des gens riches qui chassent, se donnent des bals, se font des visites et qu'elle admirait en souriant. Mais il n'en allait plus de même si les bénéficiaires de la générosité de ma tante étaient de ceux que Françoise appelait «des gens comme moi, des gens qui ne sont pas plus que moi» et qui étaient ceux qu'elle méprisait le plus à moins qu'ils ne l'appelassent «Madame Françoise» 30 et ne se considérassent comme étant «moins qu'elle». Et quand elle vit que, malgré ses conseils, ma tante n'en faisait qu'à sa tête et jetait l'argent—Françoise le croyait du moins—pour des créatures indignes, elle commença à trouver bien petits les dons que ma tante lui faisait en comparaison des sommes imaginaires prodiguées à Eulalie. Il n'y avait pas dans les environs de Combray de ferme si conséquente que Françoise ne supposât qu'Eulalie eût pu facilement l'acheter, avec tout ce que lui rapporteraient ses visites. Il est vrai

qu'Eulalie faisait la même estimation des richesses immenses et
cachées de Françoise. Habituellement, quand Eulalie était partie,
Françoise prophétisait sans bienveillance sur son compte. Elle la
haïssait, mais elle la craignait et se croyait tenue, quand elle était
là, à lui faire «bon visage».

Elle se rattrapait après son départ, sans la
nommer jamais à vrai dire, mais en proférant, en oracles sibyllins,
des sentences d'un caractère général telles que celles de l'Ecclésiaste,
mais dont l'application ne pouvait échapper à ma tante. Après avoir
regardé par le coin du rideau si Eulalie avait refermé la porte: «Les
10 personnes flatteuses savent se faire bien venir[61] et ramasser les pépettes;[62] mais patience, le bon Dieu les punit toutes par un beau jour,
disait-elle, avec le regard latéral et l'insinuation de Joas pensant
exclusivement à Athalie quand il dit:

Le bonheur des méchants comme un torrent s'écoule.[63]

Mais quand le curé était venu aussi et que sa visite interminable
avait épuisé les forces de ma tante, Françoise sortait de la chambre
derrière Eulalie et disait:

—Madame Octave, je vous laisse reposer, vous avez l'air beaucoup
fatiguée.[64]

20 Et ma tante ne répondait même pas, exhalant un soupir qui semblait devoir être le dernier, les yeux clos comme morte. Mais à peine
Françoise était-elle descendue que quatre coups donnés avec la plus
grande violence retentissaient dans la maison et ma tante, dressée
sur son lit, criait:

—Est-ce qu'Eulalie est déjà partie? Croyez-vous que j'ai oublié
de lui demander si Mme Goupil était arrivée à la messe avant l'élévation! Courez vite après elle!

Mais Françoise revenait n'ayant pu rattraper Eulalie.

—C'est contrariant disait ma tante en hochant la tête. La seule
30 chose importante que j'avais à lui demander!

Ainsi passait la vie pour ma tante Léonie, toujours identique, dans
la douce uniformité de ce qu'elle appelait, avec un dédain affecté

---

[61] **se faire bien venir**   to make oneself welcome. An archaic locution. *Cf.*
être bienvenu, souhaiter la bienvenue.

[62] . . . **pépettes**   "pick up the dimes." Probably from *pépites* = nuggets.

[63] . . . **s'écoule**   from Racine's *Athalie* (II, 1).

[64] **beaucoup fatigué**   *bien fatigué:* ungrammatical vernacular use.

et une tendresse profonde, son «petit traintrain».[65] Préservé par tout
le monde, non seulement à la maison, où chacun ayant éprouvé
l'inutilité de lui conseiller une meilleure hygiène, s'était peu à peu
résigné à le respecter, mais même dans le village où, à trois rues de
nous, l'emballeur, avant de clouer ses caisses, faisait demander à
Françoise si ma tante ne «reposait pas»—ce traintrain fut pourtant
troublé une fois cette année-là. Comme un fruit caché qui serait
parvenu à maturité sans qu'on s'en aperçût et se détacherait spontanément, survint une nuit la délivrance de la fille de cuisine. Mais
ses douleurs étaient intolérables, et comme il n'y avait pas de sage-   10
femme à Combray, Françoise dut partir avant le jour en chercher
une à Thiberzy. Ma tante, à cause des cris de la fille de cuisine ne
put reposer, et Françoise, malgré la courte distance, n'étant revenue
que très tard, lui manqua beaucoup. Aussi, ma mère me dit-elle dans
la matinée: «Monte donc voir si ta tante n'a besoin de rien.» J'entrai
dans la première pièce et, par la porte ouverte, vis ma tante, couchée
sur le côté, qui dormait; je l'entendis ronfler légèrement. J'allais
m'en aller doucement, mais sans doute le bruit que j'avais fait était
intervenu dans son sommeil et en avait «changé la vitesse»,[66] comme
on dit pour les automobiles, car la musique du ronflement s'inter-   20
rompit une seconde et reprit un ton plus bas, puis elle s'éveilla et
tourna à demi son visage que je pus voir alors; il exprimait une sorte
de terreur; elle venait évidemment d'avoir un rêve affreux; elle ne
pouvait me voir de la façon dont elle était placée, et je restais là ne
sachant si je devais m'avancer ou me retirer; mais déjà elle semblait
revenue au sentiment de la réalité et avait reconnu le mensonge des
visions qui l'avaient effrayée; un sourire de joie, de pieuse reconnaissance envers Dieu qui permet que la vie soit moins cruelle que
les rêves, éclaira faiblement son visage, et avec cette habitude qu'elle
avait prise de se parler à mi-voix à elle-même quand elle se croyait   30
seule, elle murmura: «Dieu soit loué! nous n'avons comme tracas
que la fille de cuisine qui accouche. Voilà-t-il pas que je rêvais que
mon pauvre Octave était ressuscité et qu'il voulait me faire faire une
promenade tous les jours!» Sa main se tendit vers son chapelet qui
était sur la petite table, mais le sommeil recommençant ne lui laissa
pas la force de l'atteindre: elle se rendormit, tranquillisée, et je sortis

[65] **son petit traintrain** "her daily little routine."
[66] **changer la vitesse** "to change gears."

à pas de loup de la chambre sans qu'elle ni personne eût jamais appris ce que j'avais entendu.

Quand je dis qu'en dehors d'événements très rares, comme cet accouchement, le traintrain de ma tante ne subissait jamais aucune variation, je ne parle pas de celles qui, se répétant toujours identiques à des intervalles réguliers, n'introduisaient au sein de l'uniformité qu'une sorte d'uniformité secondaire. C'est ainsi que tous les samedis, comme Françoise allait dans l'après-midi au marché de Roussainville-le-Pin, le déjeuner était, pour tout le monde, une heure plus
10 tôt. Et ma tante avait si bien pris l'habitude de cette dérogation hebdomadaire à ses habitudes, qu'elle tenait à cette habitude-là autant qu'aux autres. Elle y était si bien «routinée»,[67] comme disait Françoise, que s'il lui avait fallu un samedi, attendre pour déjeuner l'heure habituelle, cela l'eût autant «dérangée» que si elle avait dû, un autre jour, avancer son déjeuner à l'heure du samedi. Cette avance du déjeuner donnait d'ailleurs au samedi, pour nous tous, une figure particulière, indulgente, et assez sympathique. Au moment où d'habitude on a encore une heure à vivre avant la détente du repas, on savait que, dans quelques secondes, on allait voir arriver des endives
20 précoces, une omelette de faveur, un bifteck immérité. Le retour de ce samedi asymétrique était un de ces petits événements intérieurs, locaux, presque civiques qui, dans les vies tranquilles et les sociétés fermes, créent une sorte de lien national et deviennent le thème favori des conversations, des plaisanteries, des récits exagérés à plaisir : il eût été le noyau tout prêt pour un cycle légendaire si l'un de nous avait eu la tête épique.[68] Dès le matin, avant d'être habillés, sans raison, pour le plaisir d'éprouver la force de la solidarité, on se disait les uns aux autres avec bonne humeur, avec cordialité, avec patriotisme : «Il n'y a pas de temps à perdre, n'oublions pas que
30 c'est samedi!» cependant que ma tante, conférant avec Françoise et songeant que la journée serait plus longue que d'habitude, disait : «Si vous leur faisiez un beau morceau de veau, comme c'est samedi.» Si à dix heures et demie un distrait tirait sa montre en disant : «Allons, encore une heure et demie avant de déjeuner», chacun était enchanté d'avoir à lui dire : «Mais voyons, à quoi pensez-vous, vous

---

[67] **routinée** form invented by Françoise from the noun *routine,* on the pattern of *habitué.*
[68] **avoir la tête épique** to have the gift for writing epics.

oubliez que c'est samedi!»; on en riait encore un quart d'heure après
et on se promettait de monter raconter cet oubli à ma tante pour
l'amuser. Le visage du ciel même semblait changé. Après le déjeuner, le soleil, conscient que c'était samedi, flânait une heure de plus
au haut du ciel, et quand quelqu'un, pensant qu'on était en retard
pour la promenade, disait: «Comment, seulement deux heures?»
en voyant passer les deux coups du clocher de Saint-Hilaire (qui
ont l'habitude de ne rencontrer encore personne dans les chemins
désertés à cause du repas de midi ou de la sieste, le long de la rivière
vive et blanche que le pêcheur même a abandonnée, et passent soli-   10
taires dans le ciel vacant où ne restent que quelques nuages pares-
seux), tout le monde en chœur lui répondait: «Mais ce qui vous
trompe, c'est qu'on a déjeuné une heure plus tôt, vous savez bien
que c'est samedi!» La surprise d'un barbare (nous appelions ainsi
tous les gens qui ne savaient pas ce qu'avait de particulier le samedi)
qui, étant venu à onze heures pour parler à mon père, nous avait
trouvés à table, était une des choses qui, dans sa vie, avaient le plus
égayé Françoise. Mais si elle trouvait amusant que le visiteur interloqué ne sût pas que nous déjeunions plus tôt le samedi, elle trouvait
plus comique encore (tout en sympathisant du fond du cœur avec   20
ce chauvinisme étroit) que mon père, lui, n'eût pas eu l'idée que
ce barbare pouvait l'ignorer et eût répondu sans autre explication
à son étonnement de nous voir déjà dans la salle à manger: «Mais
voyons, c'est samedi!» Parvenue à ce point de son récit, elle essuyait
des larmes d'hilarité et pour accroître le plaisir qu'elle éprouvait,
elle prolongeait le dialogue, inventait ce qu'avait répondu le visiteur
à qui ce «samedi» n'expliquait rien. Et bien loin de nous plaindre
de ses additions, elles ne nous suffisaient pas encore et nous disions:
«Mais il me semblait qu'il avait dit aussi autre chose. C'était plus
long la première fois quand vous l'avez raconté.» Ma grand'tante   30
elle-même laissait son ouvrage, levait la tête et regardait par-dessus
son lorgnon.

Le samedi avait encore ceci de particulier que ce jour-là, pendant
le mois de mai, nous sortions après le dîner pour aller au «mois
de Marie».[69]

---

[69] **mois de Marie** In the Roman Catholic Church the month of May is
dedicated to the Virgin Mary, in whose honor special church services are held
on Saturday evenings throughout the month.

Comme nous y rencontrions parfois M. Vinteuil, très sévère pour
le «genre déplorable des jeunes gens négligés, dans les idées de
l'époque actuelle», ma mère prenait garde que rien ne clochât dans
ma tenue, puis on partait pour l'église. C'est au mois de Marie que
je me souviens d'avoir commencé à aimer les aubépines. N'étant pas
seulement dans l'église, si sainte, mais où nous avions le droit d'entrer, posées sur l'autel même, inséparables des mystères à la célébra-
tion desquels elles prenaient part, elles faisaient courir au milieu
des flambeaux et des vases sacrés leurs branches attachées horizon-
10 talement les unes aux autres en un apprêt de fête, et qu'enjolivaient
encore les festons de leur feuillage sur lequel étaient semés à profusion, comme sur une traîne de mariée, de petits bouquets de boutons
d'une blancheur éclatante. Mais, sans oser les regarder qu'à la dérobée, je sentais que ces apprêts pompeux étaient vivants et que c'était
la nature elle-même qui, en creusant ces découpures dans les feuilles,
en ajoutant l'ornement suprême de ces blancs boutons, avait rendu
cette décoration digne de ce qui était à la fois une réjouissance populaire et une solennité mystique. Plus haut s'ouvraient leurs corolles
çà et là avec une grâce insouciante, retenant si négligemment comme
20 un dernier et vaporeux atour le bouquet d'étamines, fines comme des
fils de la Vierge, qui les embrumait [70] tout entières, qu'en suivant,
qu'en essayant de mimer au fond de moi le geste de leur efflorescence,
je l'imaginais comme si ç'avait été le mouvement de tête étourdi et
rapide, au regard coquet, aux pupilles diminuées, d'une blanche
jeune fille, distraite et vive.[71] M. Vinteuil était venu avec sa fille se
placer à côté de nous. D'une bonne famille, il avait été le professeur
de piano des sœurs de ma grand'mère et quand, après la mort de sa
femme et un héritage qu'il avait fait, il s'était retiré auprès de
Combray, on le recevait souvent à la maison. Mais d'une pudi-
30 bonderie excessive, il cessa de venir pour ne pas rencontrer Swann
qui avait fait ce qu'il appelait «un mariage déplacé, dans le goût du

[70] **fils de la Vierge** gossamer threads. *embrumer* = to make hazy (from *brume* = haze).

[71] **distraite et vive** The main sentence structure is the following: *leur corolles s'ouvraient retenant çà et là le bouquet d'étamines si négligemment qu'en suivant le geste de leur efflorescence et en essayant de le mimer, je l'imaginais comme si ç'avait été le mouvement de tête d'une blanche jeune fille, distraite et vive.*

jour». Ma mère, ayant appris qu'il composait,[72] lui avait dit par amabilité que, quand elle irait le voir, il faudrait qu'il lui fît entendre quelque chose de lui. M. Vinteuil en aurait eu beacoup de joie, mais il poussait la politesse et la bonté jusqu'à de tels scrupules que, se mettant toujours à la place des autres, il craignait de les ennuyer et de leur paraître égoïste s'il suivait ou seulement laissait deviner son désir. Le jour où mes parents étaient allés chez lui en visite, je les avais accompagnés, mais ils m'avaient permis de rester dehors, et comme la maison de M. Vinteuil, Montjouvain, était en contre-bas d'un monticule buissonneux, où je m'étais caché, je m'étais trouvé de plain-pied avec le salon du second étage, à cinquante centimètres de la fenêtre. Quand on était venu lui annoncer mes parents, j'avais vu M. Vinteuil se hâter de mettre en évidence sur le piano un morceau de musique. Mais une fois mes parents entrés, il l'avait retiré et mis dans un coin. Sans doute avait-il craint de leur laisser supposer qu'il n'était heureux de les voir que pour leur jouer de ses compositions. Et chaque fois que ma mère était revenue à la charge au cours de la visite, il avait répété plusieurs fois: «Mais je ne sais qui a mis cela sur le piano, ce n'est pas sa place», et avait détourné la conversation sur d'autres sujets, justement parce que ceux-là l'intéressaient moins. Sa seule passion était pour sa fille, et celle-ci, qui avait l'air d'un garçon, paraissait si robuste qu'on ne pouvait s'empêcher de sourire en voyant les précautions que son père prenait pour elle, ayant toujours des châles supplémentaires à lui jeter sur les épaules. Ma grand'mère faisait remarquer quelle expression douce, délicate, presque timide passait souvent dans les regards de cette enfant si rude, dont le visage était semé de taches de son.[73] Quand elle venait de prononcer une parole, elle l'entendait avec l'esprit de ceux à qui elle l'avait dite, s'alarmant des malentendus possibles et on voyait s'éclairer, se découper comme par transparence, sous la figure hommasse du «bon diable», les traits plus fins d'une jeune fille éplorée.

Quand, au moment de quitter l'église, je m'agenouillai devant l'autel, je sentis tout d'un coup, en me relevant, s'échapper des

---

[72] **qu'il composait** Vinteuil, unknown to his neighbors, is a great composer, the value of whose work will only be discovered after his death.
[73] **taches de son** freckles.

aubépines une odeur amère et douce d'amandes, et je remarquai
alors sur les fleurs de petites places plus blondes, sous lesquelles je me
figurai que devait être cachée cette odeur comme sous les parties
gratinées le goût d'une frangipane, ou sous leurs taches de rousseur
celui des joues de Mlle Vinteuil. Malgré la silencieuse immobilité des
aubépines, cette intermittente ardeur était comme le murmure de leur
vie intense dont l'autel vibrait ainsi qu'une haie agreste visitée par
de vivantes antennes, auxquelles on pensait en voyant certaines
étamines presque rousses qui semblaient avoir gardé la virulence
10 printanière, le pouvoir irritant, d'insectes aujourd'hui métamorphosés
en fleurs.[74]

Nous causions un moment avec M. Vinteuil devant le porche en
sortant de l'église. Il intervenait entre les gamins qui se chamaillaient
sur la place, prenait la défense des petits, faisait des sermons aux
grands. Si sa fille nous disait de sa grosse voix combien elle avait été
contente de nous voir, aussitôt il semblait qu'en elle-même une sœur
plus sensible rougissait de ce propos de bon garçon étourdi qui avait
pu nous faire croire qu'elle sollicitait d'être invitée chez nous. Son
père lui jetait un manteau sur les épaules, ils montaient dans un petit
20 buggy[75] qu'elle conduisait elle-même et tous deux retournaient à
Montjouvain. Quant à nous, comme c'était le lendemain dimanche
et qu'on ne se lèverait que pour la grand'messe, s'il faisait clair de
lune et que l'air fût chaud, au lieu de nous faire rentrer directement,
mon père, par amour de la gloire, nous faisait faire par le calvaire une
longue promenade, que le peu d'aptitude de ma mère à s'orienter et
à se reconnaître dans son chemin, lui faisait considérer comme la
prouesse d'un génie stratégique. Parfois nous allions jusqu'au viaduc,
dont les enjambées de pierre commençaient à la gare et me représentaient l'exil et la détresse hors du monde civilisé, parce que chaque
30 année en venant de Paris, on nous recommandait de faire bien attention, quand ce serait Combray, de ne pas laisser passer la station,
d'être prêts d'avance, car le train repartait au bout de deux minutes

---

[74] . . . **en fleurs** "this intermittent ardor was like the murmur of an
intense life which made the altar vibrate like a country hedge visited by living antennae of which one was reminded on seeing certain stamens, almost
red in color, which seemed to have kept the springtime virulence, the power
to sting, of insects now transformed into flowers."

[75] **buggy** English: a light two-wheeled carriage; cf. the horse-and-buggy
days.

et s'engageait sur le viaduc au delà des pays chrétiens dont Combray marquait pour moi l'extrême limite. Nous revenions par le boulevard de la gare, où étaient les plus agréables villas de la commune. Dans chaque jardin le clair de lune, comme Hubert Robert,[76] semait ses degrés rompus de marbre blanc, ses jets d'eau, ses grilles entr'ouvertes. Sa lumière avait détruit le bureau du télégraphe. Il n'en subsistait plus qu'une colonne à demi brisée, mais qui gardait la beauté d'une ruine immortelle. Je traînais la jambe, je tombais de sommeil, l'odeur des tilleuls qui embaumait m'apparaissait comme une récompense qu'on ne pouvait obtenir qu'au prix des plus grandes fatigues et qui   10 n'en valait pas la peine. De grilles fort éloignées les unes des autres, des chiens réveillés par nos pas solitaires faisaient alterner des aboiements comme il m'arrive encore quelquefois d'en entendre le soir, et entre lesquels dut venir (quand sur son emplacement on créa le jardin public de Combray) se réfugier le boulevard de la gare, car, où que je me trouve, dès qu'ils commencent à retentir et à se ré- pondre, je l'aperçois, avec ses tilleuls et son trottoir éclairé par la lune.

Tout d'un coup mon père nous arrêtait et demandait à ma mère: «Où sommes-nous?» Épuisée par la marche mais fière de lui, elle lui avouait tendrement qu'elle n'en savait absolument rien. Il haussait   20 les épaules et riait. Alors, comme s'il l'avait sortie de la poche de son veston avec sa clef, il nous montrait debout devant nous la petite porte de derrière de notre jardin qui était venue avec le coin de la rue du Saint-Esprit nous attendre au bout de ces chemins inconnus. Ma mère lui disait avec admiration: «Tu es extraordinaire!» Et à partir de cet instant, je n'avais plus un seul pas à faire, le sol marchait pour moi dans ce jardin où depuis si longtemps mes actes avaient cessé d'être accompagnés d'attention volontaire: l'Habitude venait de me prendre dans ses bras et me portait jusqu'à mon lit comme un petit enfant.   30

Si la journée du samedi, qui commençait une heure plus tôt, et où elle était privée de Françoise, passait plus lentement qu'une autre pour ma tante, elle en attendait pourtant le retour avec impatience depuis le commencement de la semaine, comme contenant toute la nouveauté et la distraction que fût encore capable de supporter son

---

[76] **Hubert Robert** eighteenth-century French painter who mingled archi- tecture and landscapes in his paintings. He painted many châteaux around Paris.

corps affaibli et maniaque.[77] Et ce n'est pas cependant qu'elle
n'aspirât parfois à quelque grand changement, qu'elle n'eût de ces
heures d'exception où l'on a soif de quelque chose d'autre que ce qui
est, et où ceux que le manque d'énergie ou d'imagination empêche
de tirer d'eux-mêmes un principe de rénovation demandent à la
minute qui vient, au facteur qui sonne, de leur apporter du nouveau,
fût-ce du pire, une émotion, une douleur; où la sensibilité, que le
bonheur a fait taire comme une harpe oisive, veut résonner sous une
main, même brutale, et dût-elle en être brisée;[78] où la volonté, qui a
10 si difficilement conquis le droit d'être livrée sans obstacle à ses désirs,
à ses peines, voudrait jeter les rênes entre les mains d'événements impérieux, fussent-ils cruels. Sans doute, comme les forces de ma tante,
taries à la moindre fatigue, ne lui revenaient que goutte à goutte au
sein de son repos, le réservoir était très long à remplir, et il se passait
des mois avant qu'elle eût ce léger trop-plein que d'autres dérivent
dans l'activité[79] et dont elle était incapable de savoir et de décider
comment user. Je ne doute pas qu'alors—comme le désir de la remplacer par des pommes de terre béchamel[80] finissait au bout de quelque temps par naître du plaisir même que lui causait le retour quoti-
20 dien de la purée dont elle ne se «fatiguait» pas—elle ne tirât de
l'accumulation de ces jours monotones auxquels elle tenait tant l'attente d'un cataclysme domestique, limité à la durée d'un moment,
mais qui la forcerait d'accomplir une fois pour toutes un de ces
changements dont elle reconnaissait qu'ils lui seraient salutaires et
auxquels elle ne pouvait d'elle-même se décider. Elle nous aimait
véritablement, elle aurait eu plaisir à nous pleurer; survenant à un
moment où elle se sentait bien et n'était pas en sueur, la nouvelle que
la maison était la proie d'un incendie où nous avions déjà tous péri et
qui n'allait plus bientôt laisser subsister une seule pierre des murs,
30 mais auquel elle aurait eu tout le temps d'échapper sans se presser, à
condition de se lever tout de suite, a dû souvent hanter ses espérances
comme unissant aux avantages secondaires de lui faire savourer dans

[77] **maniaque**   given over to fads and eccentricities.
[78] **. . . en être brisée**   "when the heart, which happiness has silenced like
an unused harp, longs to vibrate under a hand, even though the hand be
brutal and the heart be broken."
[79] **. . . dérivent dans l'activité**   the slight over-flow that others turn toward activity.
[80] **béchamel**   *sauce à la Béchamel,* a cream sauce named for its inventor,
who was a seventeenth-century French financier.

un long regret toute sa tendresse pour nous, et d'être la stupéfaction
du village en conduisant notre deuil,[81] courageuse et accablée, mori-
bonde debout, celui[82] bien plus précieux de la forcer au bon moment,
sans temps à perdre, sans possibilité d'hésitation énervante, à aller
passer l'été dans sa jolie ferme de Mirougrain, où il y avait une chute
d'eau.[83] Comme n'était jamais survenu aucun événement de ce genre,
dont elle méditait certainement la réussite quand elle était seule
absorbée dans ses innombrables jeux de patience (et qui l'eût
désespérée au premier commencement de réalisation, au premier de
ces petits faits imprévus, de cette parole annonçant une mauvaise   10
nouvelle et dont on ne peut plus jamais oublier l'accent, de tout ce
qui porte l'empreinte de la mort réelle, bien différente de sa possibilité logique et abstraite), elle se rabattait pour rendre de temps en
temps sa vie plus intéressante, à y introduire des péripéties[84] imaginaires qu'elle suivait avec passion. Elle se plaisait à supposer tout d'un
coup que Françoise la volait, qu'elle recourait à la ruse pour s'en
assurer, la prenait sur le fait; habituée, quand elle faisait seule des
parties de cartes, à jouer à la fois son jeu et le jeu de son adversaire,
elle se prononçait à elle-même les excuses embarrassées de Françoise
et y répondait avec tant de feu et d'indignation que l'un de nous,   20
entrant à ces moments-là, la trouvait en nage, les yeux étincelants, ses
faux cheveux déplacés laissant voir son front chauve. Françoise entendit peut-être parfois dans la chambre voisine de mordants sarcasmes qui s'adressaient à elle et dont l'invention n'eût pas soulagé
suffisamment ma tante s'ils étaient restés à l'état purement imma-
tériel, et si en les murmurant à mi-voix elle ne leur eût donné plus de
réalité. Quelquefois, ce «spectacle dans un lit»[85] ne suffisait même
pas à ma tante, elle voulait faire jouer ses pièces. Alors, un dimanche,
toutes portes mystérieusement fermées, elle confiait à Eulalie ses
doutes sur la probité de Françoise, son intention de se défaire d'elle   30

[81] **en conduisant notre deuil**   by acting as our chief mourner.
[82] **celui**   *i.e., l'avantage.*
[83] **. . . une chute d'eau**   The main sentence structure is the following:
*la nouvelle que la maison était la proie d'un incendie a dû souvent hanter ses
espérances comme unissant aux avantages secondaires . . . celui [l'avantage]
de la [la tante] forcer à aller passer l'été dans sa ferme de Mirougrain.*
[84] **péripéties**   unexpected and dramatic incidents.
[85] **ce spectacle dans un lit**   paraphrase of the title *Spectacle dans un
fauteuil,* a volume of plays not intended for presentation on the stage, which
Alfred de Musset published in 1832.

et une autre fois, à Françoise ses soupçons de l'infidélité d'Eulalie, à qui la porte serait bientôt fermée; quelques jours après elle était dégoûtée de sa confidente de la veille et racoquinée[86] avec le traître, lesquels d'ailleurs, pour la prochaine représentation, échangeraient leurs emplois. Mais les soupçons que pouvait parfois lui inspirer Eulalie n'étaient qu'un feu de paille[87] et tombaient vite, faute d'aliment, Eulalie n'habitant pas la maison. Il n'en était pas de même de ceux qui concernaient Françoise, que ma tante sentait perpétuellement sous le même toit qu'elle, sans que, par crainte de prendre froid
10   si elle sortait de son lit, elle osât descendre à la cuisine se rendre compte s'ils étaient fondés. Peu à peu son esprit n'eut plus d'autre occupation que de chercher à deviner ce qu'à chaque moment pouvait faire, et chercher à lui cacher, Françoise. Elle remarquait les plus furtifs mouvements de physionomie de celle-ci, une contradiction dans ses paroles, un désir qu'elle semblait dissimuler. Et elle lui montrait qu'elle l'avait démasquée, d'un seul mot qui faisait pâlir Françoise et que ma tante semblait trouver, à enfoncer au cœur de la malheureuse, un divertissement cruel. Et le dimanche suivant, une révélation d'Eulalie—comme ces découvertes qui ouvrent tout d'un
20   coup un champ insoupçonné à une science naissante et qui se traînaît dans l'ornière[88]—prouvait à ma tante qu'elle était dans ses suppositions bien au-dessous de la vérité. «Mais Françoise doit le savoir maintenant que vous y avez donné[89] une voiture.»—«Que je lui ai donné une voiture!» s'écriait ma tante.—«Ah! mais je ne sais pas, moi, je croyais, je l'avais vue qui passait maintenant en calèche, fière comme Artaban,[90] pour aller au marché de Roussainville. J'avais cru que c'était Mme Octave qui lui[91] avait donné.» Peu à peu Françoise et ma tante, comme la bête et le chasseur, ne cessaient plus de tâcher de prévenir les ruses l'une de l'autre. Ma mère craignait qu'il ne se
30   développât chez Françoise une véritable haine pour ma tante qui

---

[86] **racoquinée**   colloquial expression: "thick as thieves" again.

[87] **feu de paille**   "flash in the pan."

[88] **qui se traînaît dans l'ornière**   "which was in a rut."

[89] **vous y avez donné**   colloquial for *vous lui avez donné.*

[90] **fier comme Artaban**   a proverbial expression, derived from the proud hero of La Calprenède's novel, *Cléopatre* (1663). A *calèche* is a four-wheeled open carriage.

[91] **qui lui**   omission of the pronoun *la;* colloquial.

l'offensait le plus durement qu'elle le pouvait. En tout cas Françoise attachait de plus en plus aux moindres paroles, aux moindres gestes de ma tante une attention extraordinaire. Quand elle avait quelque chose à lui demander, elle hésitait longtemps sur la manière dont elle devait s'y prendre. Et quand elle avait proféré sa requête, elle observait ma tante à la dérobée, tâchant de deviner dans l'aspect de sa figure ce que celle-ci avait pensé et déciderait. Et ainsi—tandis que quelque artiste lisant les Mémoires du XVIIᵉ siècle,⁹² et désirant de se rapprocher du grand Roi, croit marcher dans cette voie en se fabriquant une généalogie qui le fait descendre d'une famille his- 10 torique ou en entretenant une correspondance avec un des souverains actuels de l'Europe, tourne précisément le dos à ce qu'il a le tort de chercher sous des formes identiques et par conséquent mortes—une vieille dame de province, qui ne faisait qu'obéir sincèrement à d'ir- résistibles manies et à une méchanceté née de l'oisiveté, voyait sans avoir jamais pensé à Louis XIV les occupations les plus insignifiantes de sa journée, concernant son lever, son déjeuner, son repos, prendre par leur singularité despotique un peu de l'intérêt de ce que Saint- Simon appelait la «mécanique» de la vie à Versailles, et pouvait croire aussi que ses silences, une nuance de bonne humeur ou de 20 hauteur dans sa physionomie, étaient de la part de Françoise l'objet d'un commentaire aussi passionné, aussi craintif que l'étaient le silence, la bonne humeur, la hauteur du Roi quand un courtisan, ou même les plus grands seigneurs, lui avaient remis une supplique,⁹³ au détour d'une allée, à Versailles.

Un dimanche où ma tante avait eu la visite simultanée du curé et d'Eulalie et s'était ensuite reposée, nous étions tous montés lui dire bonsoir, et maman lui adressait ses condoléances sur la mauvaise chance qui amenait toujours ses visiteurs à la même heure:

—Je sais que les choses se sont encore mal arrangées tantôt, Léonie, 30 lui dit-elle avec douceur, vous avez eu tout votre monde à la fois.

Ce que ma grand'tante interrompit par: «Abondance de biens...» car depuis que sa fille était malade elle croyait devoir la remonter en

---

⁹² **Mémoires du XVIIᵉ siècle** There are several seventeenth-century memoirs among which the most famous are those of the Cardinal de Retz, the Duc de la Rochefoucauld and the Duc de St.-Simon. Proust generally refers to the last: see page 60.

⁹³ **supplique** a petition.

lui présentant toujours tout par le bon côté. Mais mon père prenant
la parole:

—Je veux profiter, dit-il, de ce que toute la famille est réunie pour
vous faire un récit sans avoir besoin de le recommencer à chacun. J'ai
peur que nous ne soyons fâchés avec Legrandin: il m'a à peine dit
bonjour ce matin.

Je ne restai pas pour entendre le récit de mon père, car j'étais
justement avec lui après la messe quand nous avions rencontré
M. Legrandin, et je descendis à la cuisine demander le menu du
10 dîner qui tous les jours me distrayait comme les nouvelles qu'on lit
dans un journal et m'excitait à la façon d'un programme de fête.
Comme M. Legrandin avait passé près de nous en sortant de l'église,
marchant à côté d'une châtelaine du voisinage que nous ne connaissions que de vue, mon père avait fait un salut à la fois amical et
réservé, sans que nous nous arrêtions; M. Legrandin avait à peine
répondu, d'un air étonné, comme s'il ne nous reconnaissait pas, et
avec cette perspective du regard particulière aux personnes qui ne
veulent pas être aimables et qui, du fond subitement prolongé de
leurs yeux, ont l'air de vous apercevoir comme au bout d'une route
20 interminable et à une si grande distance qu'elles se contentent de
vous adresser un signe de tête minuscule pour le proportionner à vos
dimensions de marionnette.

Or, la dame qu'accompagnait Legrandin était une personne
vertueuse et considérée; il ne pouvait être question qu'il fût en
bonne fortune[94] et gêné d'être surpris, et mon père se demandait
comment il avait pu mécontenter Legrandin. «Je regretterais d'autant
plus de le savoir fâché, dit mon père, qu'au milieu de tous ces gens
endimanchés il a, avec son petit veston droit, sa cravate molle, quelque chose de si peu apprêté, de si vraiment simple, et un air presque
30 ingénu qui est tout à fait sympathique.» Mais le conseil de famille fut
unanimement d'avis que mon père s'était fait une idée ou que Legrandin, à ce moment-là, était absorbé par quelque pensée. D'ailleurs
la crainte de mon père fut dissipée dès le lendemain soir. Comme
nous revenions d'une grande promenade, nous aperçûmes près du
Pont-Vieux, Legrandin, qui à cause des fêtes restait plusieurs jours

---

[94] **être en bonne fortune**   to be having an affair.

à Combray. Il vint à nous la main tendue: «Connaissez-vous, monsieur le liseur, me demanda-t-il, ce vers de Paul Desjardins:[95]

Les bois sont déjà noirs, le ciel est encor bleu...

N'est-ce pas la fine notation de cette heure-ci? Vous n'avez peut-être jamais lu Paul Desjardins. Lisez-le, mon enfant; aujourd'hui il se mue, me dit-on, en frère prêcheur, mais ce fut longtemps un aquarelliste limpide...

Les bois sont déjà noirs, le ciel est encor bleu...

Que le ciel reste toujours bleu pour vous, mon jeune ami; et même à l'heure, qui vient pour moi maintenant, où les bois sont déjà noirs, 10 où la nuit tombe vite, vous vous consolerez comme je fais en regardant du côté du ciel.» Il sortit de sa poche une cigarette, resta longtemps les yeux à l'horizon. «Adieu, les camarades», nous dit-il tout à coup, et il nous quitta.

A cette heure où je descendais apprendre le menu, le dîner était déjà commencé, et Françoise, commandant aux forces de la nature devenues ses aides, comme dans les féeries où les géants se font engager comme cuisiniers, frappait la houille, donnait à la vapeur des pommes de terre à étuver[96] et faisait finir à point par le feu les chefs-d'œuvre culinaires d'abord préparés dans des récipients de céramistes 20 qui allaient des grandes cuves, marmites, chaudrons et poissonnières, aux terrines pour le gibier, moules à pâtisserie et petits pots de crème, en passant par une collection complète de casseroles de toutes dimensions. Je m'arrêtais à voir sur la table, où la fille de cuisine venait de les écosser, les petits pois alignés et nombrés comme des billes vertes dans un jeu; mais mon ravissement était devant les asperges, trempées d'outre-mer et de rose et dont l'épi, finement pignoché de

---

[96] **Desjardins** Paul Desjardins (1859-1940). If he wrote poetry it is now unknown. His first volume, *Esquisses et Impressions* (1888), contains a section of *"petits morceaux de critique sentimentale,"* as he himself calls them, which are definitely in the Legrandin style. He next wrote an essay, *Le Devoir Présent* (1891), in reaction against the aestheticism and nihilistic dilettantism of the period; he later founded *l'Union pour l'Action Morale* which became *l'Union pour la Vérité,* under whose auspices were held the famous *Entretiens de Pontigny* (1910-1939). Legrandin's allusion to the *frère prêcheur* refers to the early stage of this evolution.

[96] . . . **à étuver** to steam in a special oven or double boiler.

mauve et d'azur, se dégrade insensiblement jusqu'au pied—encore souillé pourtant du sol de leur plant—par des irisations qui ne sont pas de la terre.[97] Il me semblait que ces nuances célestes trahissaient les délicieuses créatures qui s'étaient amusées à se métamorphoser en légumes[98] et qui, à travers le déguisement de leur chair comestible et ferme, laissaient apercevoir en ces couleurs naissantes d'aurore, en ces ébauches d'arc-en-ciel, en cette extinction de soirs bleus, cette essence précieuse que je reconnaissais encore quand, toute la nuit qui suivait un dîner où j'en avais mangé, elles jouaient, dans leurs farces
10 poétiques et grossières comme une féerie de Shakespeare, à changer mon pot de chambre en un vase de parfum.

La pauvre Charité de Giotto, comme l'appelait Swann, chargée par Françoise de les «plumer», les avait près d'elle dans une corbeille, son air était douloureux, comme si elle ressentait tous les malheurs de la terre; et les légères couronnes d'azur qui ceignaient les asperges au-dessus de leurs tuniques de rose étaient finement dessinées, étoile par étoile, comme le sont dans la fresque les fleurs bandées autour du front ou piquées dans la corbeille de la Vertu de Padoue. Et cependant, Françoise tournait à la broche un de ces poulets, comme elle
20 seule savait en rôtir, qui avaient porté loin dans Combray l'odeur de ses mérites, et qui, pendant qu'elle nous les servait à table, faisaient prédominer la douceur dans ma conception spéciale de son caractère, l'arome de cette chair qu'elle savait rendre si onctueuse et si tendre n'étant pour moi que le propre parfum d'une de ses vertus.

Mais le jour où, pendant que mon père consultait le conseil de famille sur la rencontre de Legrandin, je descendis à la cuisine, était un de ceux où la Charité de Giotto, très malade de son accouchement récent, ne pouvait se lever; Françoise, n'étant plus aidée, était en retard. Quand je fus en bas, elle était en train, dans l'arrière-cuisine
30 qui donnait sur la basse-cour, de tuer un poulet qui, par sa résistance désespérée et bien naturelle, mais accompagnée par Françoise hors

---

[97] . . . terre "but I was enchanted by the asparagus dipped in ultra-marine and pink, and the color of whose tips delicately touched with mauve and azure, fades in soft gradations into the white of the stalks—still stained by the earth of their garden-bed—through iridescent shades which are not of this world."

[98] . . . en légumes The asparagus seem to the narrator simply a temporary and playful form adopted by immaterial beings. Sentence structure: *et qui . . . laissaient apercevoir cette essence précieuse.*

d'elle, tandis qu'elle cherchait à lui fendre le cou sous l'oreille, des cris de «sale bête! sale bête!», mettait la sainte douceur et l'onction de notre servante un peu moins en lumière qu'il n'eût fait, au dîner du lendemain, par sa peau brodée d'or comme une chasuble et son jus précieux égoutté d'un ciboire.[99] Quand il fut mort, Françoise recueillit le sang qui coulait sans noyer sa rancune, eut encore un sursaut de colère, et regardant le cadavre de son ennemi, dit une dernière fois: «Sale bête!» Je remontai tout tremblant; j'aurais voulu qu'on mît Françoise tout de suite à la porte. Mais qui m'eût fait des boules[1] aussi chaudes, du café aussi parfumé, et même... ces poulets?... Et en 10 réalité, ce lâche calcul, tout le monde avait eu à le faire comme moi. Car ma tante Léonie savait—ce que j'ignorais encore—que Françoise qui, pour sa fille, pour ses neveux, aurait donné sa vie sans une plainte, était pour d'autres êtres d'une dureté singulière. Malgré cela ma tante l'avait gardée, car si elle connaissait sa cruauté, elle appréciait son service. Je m'aperçus peu à peu que la douceur, la componction, les vertus de Françoise cachaient des tragédies d'arrière-cuisine, comme l'histoire découvre que le règne des Rois et des Reines qui sont représentés les mains jointes dans les vitraux des églises, furent marqués d'incidents sanglants. Je me rendis compte que, en dehors de 20 ceux de sa parenté, les humains excitaient d'autant plus sa pitié par leurs malheurs, qu'ils vivaient plus éloignés d'elle. Les torrents de larmes qu'elle versait en lisant le journal sur les infortunes des inconnus se tarissaient vite si elle pouvait se représenter la personne qui en était l'objet d'une façon un peu précise. Une de ces nuits qui suivirent l'accouchement de la fille de cuisine, celle-ci fut prise d'atroces coliques: maman l'entendit se plaindre, se leva et réveilla Françoise qui, insensible, déclara que tous ces cris étaient une comédie, qu'elle voulait «faire la maîtresse». Le médecin, qui craignait ces crises, avait mis un signet, dans un livre de médecine que 30 nous avions, à la page où elles sont décrites et où il nous avait dit de nous reporter pour trouver l'indication des premiers soins à donner. Ma mère envoya Françoise chercher le livre en lui recommandant de ne pas laisser tomber le signet. Au bout d'une heure, Françoise n'était pas revenue; ma mère indignée crut qu'elle s'était recouchée et me

---

[99] **. . . ciboire** "its skin embroidered in gold like a chasuble and its precious juice slowly dripping as if from a pyx."
[1] **boules** hot water bottles.

dit d'aller voir moi-même dans la bibliothèque. J'y trouvai Françoise qui, ayant voulu regarder ce que le signet marquait, lisait la description clinique de la crise et poussait des sanglots maintenant qu'il s'agissait d'une malade-type qu'elle ne connaissait pas. A chaque symptôme douloureux mentionné par l'auteur du traité, elle s'écriait: «Hé là! Sainte Vierge, est-il possible que le bon Dieu veuille faire souffrir ainsi une malheureuse créature humaine? Hé! la pauvre!»

Mais dès que je l'eus appelée et qu'elle fut revenue près du lit de la Charité de Giotto, ses larmes cessèrent aussitôt de couler; elle ne put
10 reconnaître ni cette agréable sensation de pitié et d'attendrissement qu'elle connaissait bien et que la lecture des journaux lui avait souvent donnée, ni aucun plaisir de même famille; dans l'ennui et dans l'irritation de s'être levée au milieu de la nuit pour la fille de cuisine, et à la vue des mêmes souffrances dont la description l'avait fait pleurer, elle n'eut plus que des ronchonnements de mauvaise humeur, même d'affreux sarcasmes, disant, quand elle crut que nous étions partis et ne pouvions plus l'entendre: «Elle n'avait qu'à ne pas faire ce qu'il faut pour ça! ça lui a fait plaisir! qu'elle ne fasse pas de manières maintenant! Faut-il tout de même qu'un garçon ait été
20 abandonné du bon Dieu pour aller avec ça. Ah! c'est bien comme on disait dans le patois de ma pauvre mère:

> *Qui du cul d'un chien s'amourose*
> *Il lui paraît une rose.*[2]

Si, quand son petit-fils était un peu enrhumé du cerveau, elle partait la nuit, même malade, au lieu de se coucher, pour voir s'il n'avait besoin de rien, faisant quatre lieues à pied avant le jour afin d'être rentrée pour son travail, en revanche ce même amour des siens et son désir d'assurer la grandeur future de sa maison se traduisait dans sa politique à l'égard des autres domestiques par une
30 maxime constante qui fut de n'en jamais laisser un seul s'implanter chez ma tante, qu'elle mettait d'ailleurs une sorte d'orgueil à ne laisser approcher par personne, préférant, quand elle-même était malade, se relever pour lui donner son eau de Vichy plutôt que de permettre l'accès de la chambre de sa maîtresse à la fille de cuisine. Et comme cet hyménoptère observé par Fabre, la guêpe fouisseuse,[3] qui pour

---

[2] . . . **rose** "He who falls in love with a dog's rump thinks it is a rose."
[3] **la guêpe fouisseuse** the burrowing wasp. Fabre (1823-1915), the "Vir-

que ses petits après sa mort aient de la viande fraîche à manger, appelle l'anatomie au secours de sa cruauté et, ayant capturé des charançons[4] et des araignées, leur perce avec un savoir et une adresse merveilleux le centre nerveux d'où dépend le mouvement des pattes, mais non les autres fonctions de la vie, de façon que l'insecte paralysé près duquel elle dépose ses œufs, fournisse aux larves quand elles écloront un gibier docile, inoffensif, incapable de fuite ou de résistance, mais nullement faisandé, Françoise trouvait pour servir sa volonté permanente de rendre la maison intenable à tout domestique, des ruses si savantes et si impitoyables que, bien des années plus tard, 10 nous apprîmes que si cet été-là nous avions mangé presque tous les jours des asperges, c'était parce que leur odeur donnait à la pauvre fille de cuisine chargée de les éplucher des crises d'asthme d'une telle violence qu'elle fut obligée de finir par s'en aller.[5]

Hélas! nous devions définitivement changer d'opinion sur Legrandin. Un des dimanches qui suivit la rencontre sur le Pont-Vieux après laquelle mon père avait dû confesser son erreur, comme la messe finissait et qu'avec le soleil et le bruit du dehors quelque chose de si peu sacré entrait dans l'église que Mme Goupil, Mme Percepied (toutes les personnes qui tout à l'heure, à mon arrivée un peu en retard, 20 étaient restées les yeux absorbés dans leur prière et que j'aurais même pu croire ne m'avoir pas vu entrer si, en même temps, leurs pieds n'avaient repoussé légèrement le petit banc qui m'empêchait de gagner ma chaise) commençaient à s'entretenir avec nous à haute voix de sujets tout temporels comme si nous étions déjà sur la place, nous vîmes sur le seuil brûlant du porche, dominant le tumulte bariolé du marché,[6] Legrandin, que le mari de cette dame avec qui nous l'avions dernièrement rencontré était en train de présenter à la femme d'un autre gros propriétaire terrien des environs. La figure de Legrandin exprimait une animation, un zèle extraordinaires; il 30

---

gil of insects," is an entomologist whose *Souvenirs entomologiques* were widely read in France.
[4] **charançons** weevils
[5] **. . . s'en aller** The structure of this long sentence is the following: *comme cet hyménoptère . . . Françoise trouvait des ruses si savantes . . . que . . . nous apprîmes que si . . . nous avions mangé . . . des asperges, c'était parce que leur odeur donnait à la pauvre fille de cuisine . . . des crises d'asthme . . .*
[6] **marché** Sunday is also market day in provincial towns, since the country people come in both for mass and to do their shopping.

fit un profond salut avec un renversement secondaire en arrière, qui
ramena brusquement son dos au delà de la position de départ et
qu'avait dû lui apprendre le mari de sa sœur, Mme de Cambremer.
Ce redressement rapide fit refluer en une sorte d'onde fougueuse et
musclée la croupe de Legrandin que je ne supposais pas si charnue;
et je ne sais pourquoi cette ondulation de pure matière, ce flot tout
charnel, sans expression de spiritualité et qu'un empressement plein
de bassesse fouettait en tempête, éveillèrent tout d'un coup dans mon
esprit la possibilité d'un Legrandin tout différent de celui que nous
10 connaissions. Cette dame le pria de dire quelque chose à son cocher,
et tandis qu'il allait jusqu'à la voiture, l'empreinte de joie timide et
dévouée que la présentation avait marquée sur son visage y persistait
encore. Ravi dans une sorte de rêve, il souriait, puis il revint vers la
dame en se hâtant et, comme il marchait plus vite qu'il n'en avait
l'habitude, ses deux épaules oscillaient de droite et de gauche ridicule-
ment, et il avait l'air tant il s'y abandonnait entièrement en n'ayant
plus souci du reste, d'être le jouet inerte et mécanique du bonheur.
Cependant, nous sortions du porche, nous allions passer à côté de lui,
il était trop bien élevé pour détourner la tête, mais il fixa de son
20 regard soudain chargé d'une rêverie profonde un point si éloigné de
l'horizon qu'il ne put nous voir et n'eut pas à nous saluer. Son visage
restait ingénu au-dessus d'un veston souple et droit qui avait l'air de
se sentir fourvoyé malgré lui au milieu d'un luxe détesté. Et une
lavallière à pois qu'agitait le vent de la Place continuait à flotter sur
Legrandin comme l'étendard de son fier isolement et de sa noble
indépendance. Au moment où nous arrivions à la maison, maman
s'aperçut qu'on avait oublié le saint-honoré[7] et demanda à mon père
de retourner avec moi sur nos pas dire qu'on l'apportât tout de suite.
Nous croisâmes près de l'église Legrandin qui venait en sens inverse
30 conduisant la même dame à sa voiture. Il passa contre nous, ne s'interrompit pas de parler à sa voisine, et nous fit du coin de son œil bleu
un petit signe en quelque sorte intérieur aux paupières et qui,
n'intéressant pas les muscles de son visage, put passer parfaitement
inaperçu de son interlocutrice; mais, cherchant à compenser par
l'intensité du sentiment le champ un peu étroit où il en circonscrivait
l'expression, dans ce coin d'azur qui nous était affecté il fit pétiller

---

[7] **saint-honoré** cake made with small glazed buns baked into a kind of
tart with preserved fruit; the whole is then covered with whipped cream.

tout l'entrain de la bonne grâce qui dépassa l'enjouement, frisa la
malice; il subtilisa les finesses de l'amabilité jusqu'aux clignements
de la connivence, aux demi-mots, aux sous-entendus, aux mystères de
la complicité; et finalement exalta les assurances d'amitié jusqu'aux
protestations de tendresse, jusqu'à la déclaration d'amour, illuminant
alors pour nous seuls, d'une langueur secrète et invisible à la châtelaine, une prunelle énamourée dans un visage de glace.

Il avait précisément demandé la veille à mes parents de m'envoyer
dîner ce soir-là avec lui: «Venez tenir compagnie à votre vieil ami,
m'avait-il dit. Comme le bouquet qu'un voyageur nous envoie d'un   10
pays où nous ne retournerons plus, faites-moi respirer du lointain de
votre adolescence ces fleurs des printemps que j'ai traversés moi aussi
il y a bien des années. Venez avec la primevère, la barbe de chanoine,[8]
le bassin d'or,[9] venez avec le sédum[10] dont est fait le bouquet de
dilection de la flore balzacienne, avec la fleur du jour de la Résurrection,[11] la pâquerette et la boule de neige des jardins qui commence à
embaumer dans les allées de votre grand'tante, quand ne sont pas
encore fondues les dernières boules de neige des giboulées de Paquos.
Venez avec la glorieuse vêture de soie du lis digne de Salomon, et
l'émail polychrome des pensées, mais venez surtout avec la brise   20
fraîche encore des dernières gelées et qui va entr'ouvrir, pour les deux
papillons qui depuis ce matin attendent à la porte, la première rose
de Jérusalem.»

On se demandait à la maison si on devait m'envoyer tout de même
dîner avec M. Legrandin. Mais ma grand'mère refusa de croire qu'il
eût été impoli. «Vous reconnaissez vous-même qu'il vient là avec sa
tenue simple qui n'est guère celle d'un mondain.» Elle déclarait qu'en
tout cas, et à tout mettre au pis, s'il l'avait été, mieux valait ne pas
avoir l'air de s'en être aperçu. A vrai dire mon père lui-même, qui

---

[8] **barbe de chanoine**   probably *barbe de moine* = cuscute or dodder.
[9] **bassin d'or**   for *bouton d'or,* the buttercup.
[10] **sédum**   stonecrop. The sedum is a favorite flower for rock gardens.
Allusion to Balzac's *Lys dans la Vallée: "Autour du col évasé de la porcelaine,
supposez une forte marge uniquement composée des touffes blanches particu-
lières au sédum des vignes en Touraine: vague image des formes souhaitées,
roulées comme celles d'une esclave soumise."* (Classiques Garnier, p. 111)
The hero, in love with Mme de Mortsauf, makes for her bouquets that are
des symphonies de fleurs which have a *délicieuse correspondance* with his love.
He describes the one in particular in which the sedum appears, and which is
the perfect bouquet of their love.
[11] **. . . Résurrection**   the Rose of Jericho.

était pourtant le plus irrité contre l'attitude qu'avait eue Legrandin, gardait peut-être un dernier doute sur le sens qu'elle comportait. Elle était comme toute attitude ou action où se révèle le caractère profond et caché de quelqu'un: elle ne se relie pas à ses paroles antérieures, nous ne pouvons pas la faire confirmer par le témoignage du coupable qui n'avouera pas; nous en sommes réduits à celui de nos sens dont nous nous demandons, devant ce souvenir isolé et incohérent, s'ils n'ont pas été le jouet d'une illusion; de sorte que de telles attitudes, les seules qui aient de l'importance, nous laissent souvent quelques
10 doutes.

Je dînai avec Legrandin sur la terrasse; il faisait clair de lune: «Il y a une jolie qualité de silence, n'est-ce pas, me dit-il; aux cœurs blessés comme l'est le mien, un romancier que vous lirez plus tard prétend que conviennent seulement l'ombre et le silence. Et voyez-vous, mon enfant, il vient dans la vie une heure dont vous êtes bien loin encore où les yeux las ne tolèrent plus qu'une lumière, celle qu'une belle nuit comme celle-ci prépare et distille avec l'obscurité, où les oreilles ne peuvent plus écouter de musique que celle que joue le clair de lune sur la flûte du silence.» J'écoutais les paroles de M. Legrandin qui me
20 paraissaient toujours si agréables; mais troublé par le souvenir d'une femme que j'avais aperçue dernièrement pour la première fois, et pensant, maintenant que je savais que Legrandin était lié avec plusieurs personnalités aristocratiques des environs, que peut-être il connaissait celle-ci, prenant mon courage, je lui dis: «Est-ce que vous connaissez, monsieur, la... les châtelaines de Guermantes?», heureux aussi en prononçant ce nom de prendre sur lui une sorte de pouvoir, par le seul fait de le tirer de mon rêve et de lui donner une existence objective et sonore.

Mais à ce nom de Guermantes, je vis au milieu des yeux bleus de
30 notre ami se ficher une petite encoche brune[12] comme s'ils venaient d'être percés par une pointe invisible, tandis que le reste de la prunelle réagissait en sécrétant des flots d'azur. Le cerne de sa paupière noircit, s'abaissa. Et sa bouche marquée d'un pli amer se ressaisissant plus vite sourit, tandis que le regard restait douloureux, comme celui d'un beau martyr dont le corps est hérissé de flèches: «Non, je ne les connais pas», dit-il, mais au lieu de donner à un renseignement aussi simple, à une réponse aussi peu surprenante le ton naturel et courant

---

[12] . . . brune I saw . . . a little brown dent appear.

qui convenait, il le débita en appuyant sur les mots, en s'inclinant, en saluant de la tête, à la fois avec l'insistance qu'on apporte, pour être cru, à une affirmation invraisemblable—comme si ce fait qu'il ne connût pas les Guermantes ne pouvait être l'effet que d'un hasard singulier—et aussi avec l'emphase de quelqu'un qui, ne pouvant pas taire une situation qui lui est pénible, préfère la proclamer pour donner aux autres l'idée que l'aveu qu'il fait ne lui cause aucun embarras, est facile, agréable, spontané, que la situation elle-même— l'absence de relations avec les Guermantes—pourrait bien avoir été non pas subie, mais voulue par lui, résulter de quelque tradition de 10 famille, principe de morale ou vœu mystique lui interdisant nommément la fréquentation des Guermantes. «Non, reprit-il, expliquant par ses paroles sa propre intonation, non, je ne les connais pas, je n'ai jamais voulu, j'ai toujours tenu à sauvegarder ma pleine indépendance; au fond je suis une tête jacobine,[13] vous le savez. Beaucoup de gens sont venus à la rescousse,[14] on me disait que j'avais tort de ne pas aller à Guermantes, que je me donnais l'air d'un malotru,[15] d'un vieil ours. Mais voilà une réputation qui n'est pas pour m'effrayer, elle est si vraie! Au fond, je n'aime plus au monde que quelques églises, deux ou trois livres, à peine davantage 20 de tableaux, et le clair de lune quand la brise de votre jeunesse apporte jusqu'à moi l'odeur des parterres que mes vieilles prunelles ne distinguent plus.» Je ne comprenais pas bien que, pour ne pas aller chez des gens qu'on ne connaît pas, il fût nécessaire de tenir à son indépendance, et en quoi cela pouvait vous donner l'air d'un sauvage ou d'un ours. Mais ce que je comprenais, c'est que Legrandin n'était pas tout à fait véridique quand il disait n'aimer que les églises, le clair de lune et la jeunesse; il aimait beaucoup les gens des châteaux et se trouvait pris devant eux d'une si grande peur de leur déplaire qu'il n'osait pas leur laisser voir qu'il avait pour amis des bourgeois, 30 des fils de notaires ou d'agents de change, préférant, si la vérité devait se découvrir, que ce fût en son absence, loin de lui et «par défaut»; il était snob. Sans doute il ne disait jamais rien de tout cela dans le langage que mes parents et moi-même nous aimions tant. Et si je

[13] . . . jacobine "I look like the old radical I am." The Jacobins were the left-wing republicans at the time of the French Revolution (1789) and notoriously opposed to the aristocracy.
[14] rescousse familiar for "rescue."
[15] malotru a boor.

demandais: «Connaissez-vous les Guermantes?», Legrandin le causeur répondait: «Non je n'ai jamais voulu les connaître.» Malheureusement il ne le répondait qu'en second, car un autre Legrandin qu'il cachait soigneusement au fond de lui, qu'il ne montrait pas, parce que ce Legrandin-là savait sur le nôtre, sur son snobisme, des histoires compromettantes, un autre Legrandin avait déjà répondu par la blessure du regard, par le rictus de la bouche, par la gravité excessive du ton de la réponse, par les mille flèches dont notre Legrandin s'était trouvé en un instant lardé et alangui, comme un saint
10 Sébastien du snobisme:[16] «Hélas! que vous me faites mal! non je ne connais pas les Guermantes, ne réveillez pas la grande douleur de ma vie.» Et comme ce Legrandin enfant terrible, ce Legrandin maître chanteur,[17] s'il n'avait pas le joli langage de l'autre, avait le verbe[18] infiniment plus prompt, composé de ce qu'on appelle «réflexes», quand Legrandin le causeur voulait lui imposer silence, l'autre avait déjà parlé et notre ami avait beau se désoler de la mauvaise impression que les révélations de son alter ego avaient dû produire, il ne pouvait qu'entreprendre de la pallier.

Et certes cela ne veut pas dire que M. Legrandin ne fût pas sincère
20 quand il tonnait contre les snobs. Il ne pouvait pas savoir, au moins par lui-même, qu'il le fût, puisque nous ne connaissons jamais que les passions des autres, et que ce que nous arrivons à savoir des nôtres, ce n'est que d'eux que nous avons pu l'apprendre. Sur nous, elles n'agissent que d'une façon seconde, par l'imagination qui substitue aux premiers mobiles des mobiles de relais qui sont plus décents. Jamais le snobisme de Legrandin ne lui conseilla d'aller voir souvent une duchesse. Il chargeait l'imagination de Legrandin de lui faire apparaître cette duchesse comme parée de toutes les grâces. Legrandin se rapprochait de la duchesse, s'estimant de céder à cet attrait de
30 l'esprit et de la vertu qu'ignorent les infâmes snobs. Seuls les autres savaient qu'il en était un; car grâce à l'incapacité où ils étaient de comprendre le travail intermédiaire de son imagination, ils voyaient

[16] **. . . snobisme** Saint Sebastian was tied to a pillar and arrows were shot at him until he died. Proust humorously compares Legrandin, martyred by snobbery, pierced by a thousand repressed desires and disappointments, to the saint. Proust studies snobbery, the social illness par excellence, throughout the novel.

[17] **maître chanteur** blackmailer.

[18] **verbe** language.

en face l'une de l'autre l'activité mondaine de Legrandin et sa cause
première.

Maintenant, à la maison, on n'avait plus aucune illusion sur M.
Legrandin, et nos relations avec lui s'étaient fort espacées. Maman
s'amusait infiniment chaque fois qu'elle prenait Legrandin en flagrant délit[19] du péché qu'il n'avouait pas, qu'il continuait à appeler
le péché sans rémission, le snobisme. Mon père, lui, avait de la
peine à prendre les dédains de Legrandin avec tant de détachement
et de gaîté; et quand on pensa une année à m'envoyer passer les
grandes vacances à Balbec avec ma grand'mère, il dit: «Il faut   10
absolument que j'annonce à Legrandin que vous irez à Balbec,
pour voir s'il vous offrira de vous mettre en rapport avec sa sœur. Il
ne doit pas se souvenir nous avoir dit qu'elle demeurait à deux
kilomètres de là.» Ma grand'mère qui trouvait qu'aux bains de mer
il faut être du matin au soir sur la plage à humer le sel et qu'on n'y
doit connaître personne, parce que les visites, les promenades sont
autant de pris sur l'air marin, demandait au contraire qu'on ne parlât
pas de nos projets à Legrandin, voyant déjà sa sœur, Mme de Cambremer, débarquant à l'hôtel au moment où nous serions sur le point
d'aller à la pêche et nous forçant à rester enfermés pour la recevoir.   20
Mais maman riait de ses craintes, pensant à part elle que le danger
n'était pas si menaçant, que Legrandin ne serait pas si pressé de
nous mettre en relations avec sa sœur. Or, sans qu'on eût besoin de
lui parler de Balbec, ce fut lui-même, Legrandin, qui, ne se doutant
pas que nous eussions jamais l'intention d'aller de ce côté, vint se
mettre dans le piège un soir où nous le rencontrâmes au bord de la
Vivonne.

—Il y a dans les nuages ce soir des violets et des bleus bien beaux,
n'est-ce pas, mon compagnon, dit-il à mon père, un bleu surtout plus
floral qu'aérien, un bleu de cinéraire,[20] qui surprend dans le ciel. Et   30
ce petit nuage rose n'a-t-il pas aussi un teint de fleur, d'œillet ou
d'hydrangéa. Il n'y a guère que dans la Manche, entre Normandie et
Bretagne, que j'ai pu faire de plus riches observations sur cette sorte
de règne végétal de l'atmosphère. Là-bas près de Balbec, près de ces
lieux sauvages, il y a une petite baie d'une douceur charmante où le

---

[19] . . . en flagrant délit to catch red-handed. A term of law meaning to
take the criminal in the act of accomplishing the misdemeanor.
[20] cinéraire a flower: cineraria.

coucher du soleil du pays d'Auge,[21] le coucher de soleil rouge et or que je suis loin de dédaigner, d'ailleurs, est sans caractère, insignifiant; mais dans cette atmosphère humide et douce s'épanouissent le soir en quelques instants de ces bouquets célestes, bleus et roses, qui sont incomparables et qui mettent souvent des heures à se faner. D'autres s'effeuillent tout de suite, et c'est alors plus beau encore de voir le ciel entier que jonche la dispersion d'innombrables pétales soufrés ou roses. Dans cette baie, dite d'opale, les plages d'or semblent plus douces encore pour être attachées comme de blondes An-
10 dromèdes[22] à ces terribles rochers des côtes voisines, à ce rivage funèbre, fameux par tant de naufrages, où tous les hivers bien des barques trépassent au péril de la mer. Balbec! la plus antique ossature géologique de notre sol, vraiment Ar-mor,[23] la mer, la fin de la terre, la région maudite qu'Anatole France[24]—un enchanteur que devrait lire notre petit ami—a si bien peinte, sous ses brouillards éternels, comme le véritable pays des Cimmériens, dans l'*Odyssée*.[25] De Balbec surtout, où déjà des hôtels se construisent, superposés au sol antique et charmant qu'ils n'altèrent pas, quel délice d'excursionner à deux pas dans ces régions primitives et si belles.
20   —Ah! est-ce que vous connaissez quelqu'un à Balbec? dit mon père. Justement ce petit-là doit y aller passer deux mois avec sa grand'-mère et peut-être avec ma femme.

Legrandin pris au dépourvu par cette question à un moment où ses yeux étaient fixés sur mon père, ne put les détourner, mais les attachant de seconde en seconde avec plus d'intensité—et tout en souriant tristement—sur les yeux de son interlocuteur, avec un air d'amitié et de franchise et de ne pas craindre de le regarder en face, il sembla lui avoir traversé la figure comme si elle fût devenue transparente, et voir en ce moment bien au delà derrière elle un nuage vivement coloré
30 qui lui créait un alibi mental et qui lui permettrait d'établir qu'au

---

[21] **le pays d'Auge**   the west part of lower Normandy.
[22] **Andromède**   Princess of Ethiopia; having boasted she had greater beauty than the Nereides, she incurred the displeasure of Neptune and was tied to a rock to be devoured by a sea monster. She was saved by Perseus, armed with the Gorgon's head and mounted on Pegasus.
[23] **Ar-mor**   the ancient Celtic name for Brittany. Ar = on; mor = the sea.
[24] **France**   French writer (1844-1924). He was personally known to Proust, for whose first book, *Les Plaisirs et les jours*, he signed a preface.
[25] **. . . Odyssée**   Homer, in the *Odyssey*, mentions the Cimmerians as a mythical people who live in perpetual darkness.

moment où on lui avait demandé s'il connaissait quelqu'un à Balbec, il pensait à autre chose et n'avait pas entendu la question. Habituellement de tels regards font dire à l'interlocuteur: «A quoi pensez-vous donc?» Mais mon père curieux, irrité et cruel, reprit:

—Est-ce que vous avez des amis de ce côté-là, que[26] vous connaissez si bien Balbec?

Dans un dernier effort désespéré, le regard souriant de Legrandin atteignit son maximum de tendresse, de vague, de sincérité et de distraction, mais, pensant sans doute qu'il n'y avait plus qu'à répondre, il nous dit: 10

—J'ai des amis partout où il y a des groupes d'arbres blessés, mais non vaincus, qui se sont rapprochés pour implorer ensemble avec une obstination pathétique un ciel inclément qui n'a pas pitié d'eux.

—Ce n'est pas cela que je voulais dire, interrompit mon père, aussi obstiné que les arbres et aussi impitoyable que le ciel. Je demandais pour le cas où il arriverait n'importe quoi à ma belle-mère et où elle aurait besoin de ne pas se sentir là-bas en pays perdu, si vous y connaissez du monde?

—Là comme partout, je connais tout le monde et je ne connais personne, répondit Legrandin qui ne se rendait pas si vite; beaucoup   20
les choses et fort peu les personnes. Mais les choses elles-mêmes y semblent des personnes, des personnes rares, d'une essence délicate et que la vie aurait déçues. Parfois c'est un castel [27] que vous rencontrez sur la falaise, au bord du chemin où il s'est arrêté pour confronter son chagrin au soir encore rose où monte la lune d'or et dont les barques qui rentrent en striant l'eau diaprée hissent à leurs mâts la flamme et portent les couleurs; parfois c'est une simple maison solitaire, plutôt laide, l'air timide mais romanesque, qui cache à tous les yeux quelque secret impérissable de bonheur et de désenchantement. Ce pays sans vérité, ajouta-t-il avec une délicatesse machiavélique,[28] ce pays de   30
pure fiction est d'une mauvaise lecture pour un enfant, et ce n'est certes pas lui que je choisirais et recommanderais pour mon petit ami

---

[26] que . . . "since you know (or that you know) Balbec so well."
[27] castel old word designating a small manor; used in Brittany and Provence.
[28] machiavélique Machiavellian, i.e., subtle and perfidious. Machiavelli (1469-1527) was a Florentine historian who in his book The Prince, laid down subtle, realistic, and, by certain standards, unethical principles of government.

déjà si enclin à la tristesse, pour son cœur prédisposé. Les climats de confidence amoureuse et de regret inutile peuvent convenir au vieux désabusé que je suis, ils sont toujours malsains pour un tempérament qui n'est pas formé. Croyez-moi, reprit-il avec insistance, les eaux de cette baie, déjà à moitié bretonne, peuvent exercer une action sédative, d'ailleurs discutable, sur un cœur qui n'est plus intact comme le mien, sur un cœur dont la lésion n'est plus compensée. Elles sont contre-indiquées à votre âge, petit garçon. «Bonne nuit, voisin», ajouta-t-il en nous quittant avec cette brusquerie évasive dont il avait l'habitude et, se retournant vers nous avec un doigt levé de docteur, il résuma sa consultation: «Pas de Balbec avant cinquante ans, et encore cela dépend de l'état du cœur», nous cria-t-il.

Mon père lui en reparla dans nos rencontres ultérieures, le tortura de questions, ce fut peine inutile: comme cet escroc érudit qui employait à fabriquer de faux palimpsestes[29] un labeur et une science dont la centième partie eût suffi à lui assurer une situation plus lucrative, mais honorable, M. Legrandin, si nous avions insisté encore, aurait fini par édifier toute une éthique de paysage et une géographie céleste de la basse Normandie, plutôt que de nous avouer qu'à deux kilomètres de Balbec habitait sa propre sœur, et d'être obligé à nous offrir une lettre d'introduction qui n'eût pas été pour lui un tel sujet d'effroi s'il avait été absolument certain—comme il aurait dû l'être en effet avec l'expérience qu'il avait du caractère de ma grand'mère —que nous n'en aurions pas profité.

* * *

Nous rentrions toujours de bonne heure de nos promenades pour pouvoir faire une visite à ma tante Léonie avant le dîner. Au commencement de la saison où le jour finit tôt, quand nous arrivions rue du Saint-Esprit, il y avait encore un reflet du couchant sur les vitres de la maison et un bandeau de pourpre au fond des bois du Calvaire qui se reflétait plus loin dans l'étang, rougeur qui, accompagnée souvent d'un froid assez vif, s'associait, dans mon esprit, à la rougeur du feu au-dessus duquel rôtissait le poulet qui ferait succéder pour moi au plaisir poétique donné par la promenade, le plaisir de la

---

[29] **palimpsestes** palimpsests; parchments used at least twice, the first writing having been erased to permit a second one.

gourmandise, de la chaleur et du repos. Dans l'été au contraire, quand nous rentrions, le soleil ne se couchait pas encore; et pendant la visite que nous faisions chez ma tante Léonie, sa lumière qui s'abaissait et touchait la fenêtre était arrêtée entre les grands rideaux et les embrasses,[30] divisée, ramifiée, filtrée, et incrustant de petits morceaux d'or le bois de citronnier de la commode, illuminait obliquement la chambre avec la délicatesse qu'elle prend dans les sous-bois. Mais certains jours fort rares, quand nous rentrions, il y avait bien long-temps que la commode avait perdu ses incrustations momentanées, il n'y avait plus quand nous arrivions rue du Saint-Esprit nul reflet de 10 couchant étendu sur les vitres, et l'étang au pied du calvaire avait perdu sa rougeur, quelquefois il était déjà couleur d'opale et un long rayon de lune qui allait en s'élargissant et se fendillait de toutes les rides de l'eau le traversait tout entier. Alors, en arrivant près de la maison, nous apercevions une forme sur le pas de la porte et maman me disait:

—Mon Dieu! voilà Françoise qui nous guette, ta tante est inquiète; aussi nous rentrons trop tard.

Et sans avoir pris le temps d'enlever nos affaires, nous montions vite chez ma tante Léonie pour la rassurer et lui montrer que, 20 contrairement à ce qu'elle imaginait déjà, il ne nous était rien arrivé, mais que nous étions allés «du côté de Guermantes» et, dame, quand on faisait cette promenade-là, ma tante savait pourtant bien qu'on ne pouvait jamais être sûr de l'heure à laquelle on serait rentré.

—Là, Françoise, disait ma tante, quand je vous le disais, qu'ils seraient allés du côté de Guermantes! Mon Dieu! Ils doivent avoir une faim! et votre gigot qui doit être tout desséché après ce qu'il a attendu. Aussi est-ce une heure pour rentrer! comment, vous êtes allés du côté de Guermantes!

—Mais je croyais que vous le saviez, Léonie, disait maman. Je 30 pensais que Françoise nous avait vus sortir par la petite porte du potager.

Car il y avait autour de Combray deux «côtés» pour les prome-nades, et si opposés qu'on ne sortait pas en effet de chez nous par la même porte, quand on voulait aller d'un côté ou de l'autre: le côté de Méséglise-la-Vineuse, qu'on appelait aussi le côté de chez Swann parce qu'on passait devant la propriété de M. Swann pour aller par

---

[30] **embrasses** the curtain-loops

là, et le côté de Guermantes. De Méséglise-la-Vineuse, à vrai dire, je
n'ai jamais connu que le «côté» et des gens étrangers qui venaient le
dimanche se promener à Combray, des gens que, cette fois, ma tante
elle-même et nous tous ne «connaissions point» et qu'à ce signe on
tenait pour «des gens qui seront venus de Méséglise». Quant à
Guermantes, je devais un jour en connaître davantage, mais bien plus
tard seulement; et pendant toute mon adolescence, si Méséglise était
pour moi quelque chose d'inaccessible comme l'horizon, dérobé à la
vue, si loin qu'on allât, par les plis d'un terrain qui ne ressemblait
10 déjà plus à celui de Combray, Guermantes, lui, ne m'est apparu que
comme le terme plutôt idéal que réel de son propre «côté», une sorte
d'expression géographique abstraite comme la ligne de l'équateur,
comme le pôle, comme l'orient. Alors, «prendre par Guermantes»[31]
pour aller à Méséglise, ou le contraire, m'eût semblé une expression
aussi dénuée de sens que prendre par l'est pour aller à l'ouest. Comme
mon père parlait toujours du côté de Méséglise comme de la plus belle
vue de la plaine qu'il connût et du côté de Guermantes comme du
type de paysage de rivière, je leur donnais, en les concevant ainsi
comme deux entités, cette cohésion, cette unité qui n'appartiennent
20 qu'aux créations de notre esprit; la moindre parcelle de chacun d'eux
me semblait précieuse et manifester leur excellence particulière,
tandis qu'à côté d'eux, avant qu'on fût arrivé sur le sol sacré de l'un
ou de l'autre, les chemins purement matériels au milieu desquels ils
étaient posés comme l'idéal de la vue de plaine et l'idéal du paysage
de rivière, ne valaient pas plus la peine d'être regardés que par le
spectateur épris d'art dramatique les petites rues qui avoisinent un
théâtre. Mais surtout je mettais entre eux, bien plus que leurs distances kilométriques, la distance qu'il y avait entre les deux parties
de mon cerveau où je pensais à eux, une de ces distances dans l'esprit
30 qui ne font pas qu'éloigner, qui séparent et mettent dans un autre
plan. Et cette démarcation était rendue plus absolue encore parce que
cette habitude que nous avions de n'aller jamais vers les deux côtés
un même jour, dans une seule promenade, mais une fois du côté de
Méséglise, une fois du côté de Guermantes, les enfermait pour ainsi
dire loin l'un de l'autre, inconnaissables l'un à l'autre, dans les vases
clos et sans communication entre eux d'après-midi différents.
    Quand on voulait aller du côté de Méséglise, on sortait (pas trop

[31] **"prendre par Guermantes"** "to take the Guermantes road."

tôt et même si le ciel était couvert, parce que la promenade n'était pas bien longue et n'entraînait pas trop) comme pour aller n'importe où, par la grande porte de la maison de ma tante sur la rue du Saint-Esprit. On était salué par l'armurier, on jetait ses lettres à la boîte, on disait en passant à Théodore, de la part de Françoise, qu'elle n'avait plus d'huile ou de café, et l'on sortait de la ville par le chemin qui passait le long de la barrière blanche du parc de M. Swann. Avant d'y arriver, nous rencontrions, venue au-devant des étrangers, l'odeur de ses lilas. Eux-mêmes, d'entre les petits cœurs verts et frais de leurs feuilles, levaient curieusement au-dessus de la barrière du parc leurs 10 panaches de plumes mauves ou blanches que lustrait, même à l'ombre, le soleil où elles avaient baigné. Quelques-uns, à demi cachés par la petite maison en tuiles appelée maison des Archers, où logeait le gardien, dépassaient son pignon gothique de leur rose minaret. Les Nymphes du printemps eussent semblé vulgaires, auprès de ces jeunes houris[32] qui gardaient dans ce jardin français les tons vifs et purs des miniatures de la Perse. Malgré mon désir d'enlacer leur taille souple et d'attirer à moi les boucles étoilées de leur tête odorante, nous passions sans nous arrêter, mes parents n'allant plus à Tansonville depuis le mariage de Swann, et, pour ne pas avoir l'air de regarder 20 dans le parc, au lieu de prendre le chemin qui longe sa clôture et qui monte directement aux champs, nous en prenions un autre qui y conduit aussi, mais obliquement, et nous faisait déboucher trop loin. Un jour, mon grand-père dit à mon père:

—Vous rappelez-vous que Swann a dit hier que, comme sa femme et sa fille partaient pour Reims, il en profiterait pour aller passer vingt-quatre heures à Paris. Nous pourrions longer le parc, puisque ces dames ne sont pas là, cela nous abrégerait d'autant.

Nous nous arrêtâmes un moment devant la barrière. Le temps des lilas approchait de sa fin; quelques-uns effusaient encore en hauts 30 lustres mauves les bulles délicates de leurs fleurs, mais dans bien des parties du feuillage où déferlait, il y avait seulement une semaine, leur mousse embaumée, se flétrissait, diminuée et noircie, une écume creuse, sèche et sans parfum. Mon grand-père montrait à mon père

[32] **houris** nymphs in a Mahometan paradise. The lilac comes from Persia; Proust, through his comparison, personifies the lilac flowers against the complex background of a French spring, a Mahometan paradise, and a Persian miniature.

en quoi l'aspect des lieux était resté le même, et en quoi il avait changé, depuis la promenade qu'il avait faite avec M. Swann le jour de la mort de sa femme, et il saisit cette occasion pour raconter cette promenade une fois de plus. Devant nous, une allée bordée de capucines montait en plein vers le château. A droite, au contraire, le parc s'étendait en terrain plat. Obscurcie par l'ombre des grands arbres qui l'entouraient, une pièce d'eau avait été creusée par les parents de Swann; mais dans ses créations les plus factices, c'est sur la nature que l'homme travaille;

10 certains lieux font toujours régner autour d'eux leur empire particulier, arborent leurs insignes immémoriaux au milieu d'un parc comme ils auraient fait loin de toute intervention humaine, dans une solitude qui revient partout les entourer, surgie des nécessités de leur exposition et superposée à l'œuvre humaine. C'est ainsi qu'au pied de l'allée qui dominait l'étang artificiel, s'était composée sur deux rangs, tressés de fleurs de myosotis et de pervenches, la couronne naturelle, délicate et bleue qui ceint le front clair-obscur des eaux, et que le glaïeul, laissant fléchir ses glaives avec un abandon royal, étendait sur l'eupatoire et la grenouillette au pied mouillé les fleurs de lis en

20 lambeaux, violettes et jaunes, de son sceptre lacustre.[33]

Le départ de Mlle Swann qui—en m'ôtant la chance terrible de la voir apparaître dans une allée, d'être connu et méprisé par la petite fille privilégiée qui avait Bergotte pour ami et allait avec lui visiter des cathédrales—me rendait la contemplation de Tansonville indifférente la première fois où elle m'était permise, semblait au contraire ajouter à cette propriété, aux yeux de mon grand-père et de mon père, des commodités, un agrément passager, et, comme fait, pour une excursion en pays de montagnes, l'absence de tout nuage, rendre cette journée exceptionnellement propice à une promenade de ce

30 côté; j'aurais voulu que leurs calculs fussent déjoués, qu'un miracle fît apparaître Mlle Swann avec son père, si près de nous que nous n'aurions pas le temps de l'éviter et serions obligés de faire sa connaissance. Aussi, quand tout d'un coup, j'aperçus sur l'herbe, comme

---

[33] . . . **lacustre** "That is how . . . the wild iris, bending its sword-shaped leaves in royal abandon, spread over the eupatorium and water-growing kingcups its sceptre of tattered violet and yellow fleurs-de-lis, emblem of its dominion over the lake." The fleur-de-lis, emblem of the Kings of France, is a conventionalized flower which may have been suggested by the iris.

un signe de sa présence possible, un koufin[34] oublié à côté d'une ligne dont le bouchon flottait sur l'eau, je m'empressai de détourner d'un autre côté les regards de mon père et de mon grand-père. D'ailleurs Swann nous ayant dit que c'était mal à lui de s'absenter, car il avait pour le moment de la famille à demeure, la ligne pouvait appartenir à quelque invité. On n'entendait aucun bruit de pas dans les allées. Divisant la hauteur d'un arbre incertain, un invisible oiseau s'ingéniait à faire trouver la journée courte, explorait d'une note prolongée la solitude environnante, mais il recevait d'elle une réplique si unanime, un choc en retour si redoublé de silence et d'immobilité qu'on aurait dit qu'il venait d'arrêter pour toujours l'instant qu'il avait cherché à faire passer plus vite.[35] La lumière tombait si implacable du ciel devenu fixe que l'on aurait voulu se soustraire à son attention, et l'eau dormante elle-même, dont les insectes irritaient perpétuellement le sommeil, rêvant sans doute de quelque Maelstrom[36] imaginaire, augmentait le trouble où m'avait jeté la vue du flotteur de liège en semblant l'entraîner à toute vitesse sur les étendues silencieuses du ciel reflété; presque vertical il paraissait prêt à plonger et déjà je me demandais si, sans tenir compte du désir et de la crainte que j'avais de la connaître, je n'avais pas le devoir de faire prévenir Mlle 20 Swann que le poisson mordait—quand il me fallut rejoindre en courant mon père et mon grand-père qui m'appelaient, étonnés que je ne les eusse pas suivis dans le petit chemin qui monte vers les champs et où ils s'étaient engagés. Je le trouvai tout bourdonnant de l'odeur des aubépines. La haie formait comme une suite de chapelles qui disparaissaient sous la jonchée de leurs fleurs amoncelées en reposoir; au-dessous d'elles, le soleil posait à terre un quadrillage de clarté, comme s'il venait de traverser une verrière; leur parfum s'étendait aussi onctueux, aussi délimité en sa forme que si j'eusse été devant l'autel de la Vierge, et les fleurs, aussi parées, tenaient chacune 30 d'un air distrait son étincelant bouquet d'étamines, fines et rayon-

---

[34] **koufin** a basket.

[35] **. . . passer plus vite** "Dividing by its presence the height of a vague tree an invisible bird did its utmost to make one feel the day was short, exploring with a prolonged note the surrounding silence, from which it received so unanimous an answer, a counter-shock of silence and immobility so doubled in intensity that it was as though the note just immobilized for ever the moment which it had attempted to make pass more quickly."

[36] **Maelstrom** famous whirlpool off the coast of Norway.

nantes nervures de style flamboyant comme celles qui à l'église
ajouraient la rampe du jubé ou les meneaux du vitrail et qui
s'épanouissaient en blanche chair de fleur de fraisier.[37] Combien
naïves et paysannes en comparaison sembleraient les églantines qui,
dans quelques semaines, monteraient elles aussi en plein soleil le
même chemin rustique, en la soie unie de leur corsage rougissant
qu'un souffle défait.

Mais j'avais beau rester devant les aubépines à respirer, à porter
devant ma pensée qui ne savait ce qu'elle devait en faire, à perdre, à
10 retrouver leur invisible et fixe odeur, à m'unir au rythme qui jetait
leurs fleurs, ici et là, avec une allégresse juvénile et à des intervalles
inattendus comme certains intervalles musicaux,[38] elles m'offraient
indéfiniment le même charme avec une profusion inépuisable, mais
sans me le laisser approfondir davantage, comme ces mélodies qu'on
rejoue cent fois de suite sans descendre plus avant dans leur secret.
Je me détournais d'elles un moment, pour les aborder ensuite avec
des forces plus fraîches. Je poursuivais jusque sur le talus qui, derrière
la haie, montait en pente raide vers les champs, quelques coquelicots
perdus, quelques bluets restés paresseusement en arrière, qui le
20 décoraient çà et là de leurs fleurs comme la bordure d'une tapisserie
où apparaît clairsemé le motif agreste qui triomphera sur le panneau;
rares encore, espacés comme les maisons isolées qui annoncent déjà
l'approche d'un village, ils m'annonçaient l'immense étendue où
déferlent les blés, où moutonnent les nuages, et la vue d'un seul
coquelicot hissant au bout de son cordage et faisant cingler au vent
sa flamme rouge, au-dessus de sa bouée graisseuse et noire, me faisait battre le cœur, comme au voyageur qui aperçoit sur une terre
basse une première barque échouée que répare un calfat,[39] et s'écrie,
avant de l'avoir encore vue: «La Mer!»

[37]. . . fraisier "and the flowers, as richly adorned, absent-mindedly held
each its glittering bunch of stamens, delicate and radiating lines of flamboyant
architecture—like those which decorated the stair to the rood-loft or the trac-
ery of the windows—and which bloomed with the white carnation of the
strawberry flower."
[38]. . . intervalles musicaux "But it was in vain that I stayed in front
of the hawthorns breathing in their invisible and unchanging odor, drawing
it to the attention of my mind which didn't know what to do with it, losing
it, recapturing it, absorbing myself in the rhythm which dispersed their flowers here and there at intervals unexpected as certain intervals in music."
[39]calfat a caulker.

Puis je revenais devant les aubépines comme devant ces chefs-
d'œuvre dont on croit qu'on saura mieux les voir quand on a cessé
un moment de les regarder, mais j'avais beau me faire un écran
de mes mains pour n'avoir qu'elles sous les yeux, le sentiment
qu'elles éveillaient en moi restait obscur et vague, cherchant en vain
à se dégager, à venir adhérer à leurs fleurs. Elles ne m'aidaient pas
à l'éclaircir, et je ne pouvais demander à d'autres fleurs de le satis-
faire. Alors me donnant cette joie que nous éprouvons quand nous
voyons de notre peintre préféré une œuvre qui diffère de celles que
nous connaissions, ou bien si l'on nous mène devant un tableau   10
dont nous n'avions vu jusque-là qu'une esquisse au crayon, si un
morceau entendu seulement au piano nous apparaît ensuite revêtu
des couleurs de l'orchestre, mon grand-père m'appelant et me dé-
signant la haie de Tansonville, me dit: «Toi qui aimes les aubépines,
regarde un peu cette épine rose; est-elle jolie!» En effet c'était une
épine, mais rose, plus belle encore que les blanches. Elle aussi avait
une parure de fête, de ces seules vraies fêtes que sont les fêtes reli-
gieuses, puisqu'un caprice contingent ne les applique pas comme
les fêtes mondaines à un jour quelconque qui ne leur est pas spécialement destiné, qui n'a rien d'essentiellement férié—mais une   20
parure plus riche encore, car les fleurs attachées sur la branche, les
unes au-dessus des autres, de manière à ne laisser aucune place qui
ne fût décorée, comme des pompons qui enguirlandent une houlette
rococo,[40] étaient «en couleur», par conséquent d'une qualité supérieure selon l'esthétique de Combray, si l'on en jugeait par l'échelle
des prix dans le «magasin» de la Place ou chez Camus où étaient
plus chers ceux des biscuits qui étaient roses. Moi-même j'appréciais
plus le fromage à la crème rose, celui où l'on m'avait permis
d'écraser des fraises. Et justement ces fleurs avaient choisi une de
ces teintes de chose mangeable, ou de tendre embellissement à une   30
toilette pour une grande fête, qui, parce qu'elles leur présentent la
raison de leur supériorité, sont celles qui semblent belles avec le
plus d'évidence aux yeux des enfants, et à cause de cela, gardent
toujours pour eux quelque chose de plus vif et de plus naturel que
les autres teintes, même lorsqu'ils ont compris qu'elles ne promet-

---

[40] **rococo** a style of decoration characterized by a profusion of ornaments,
prevalent in the seventeenth and eighteenth centuries, as also were, especially
in the eighteenth century, aristocratic shepherdesses with beribboned crooks.

taient rien à leur gourmandise et n'avaient pas été choisies par la couturière. Et certes, je l'avais tout de suite senti, comme devant les épines blanches mais avec plus d'émerveillement, que ce n'était pas facticement, par un artifice de fabrication humaine, qu'était traduite l'intention de festivité dans les fleurs, mais que c'était la nature qui, spontanément, l'avait exprimée avec la naïveté d'une commerçante de village travaillant pour un reposoir, en surchargeant l'arbuste de ces rosettes d'un ton trop tendre et d'un pompadour[41] provincial. Au haut des branches, comme autant de ces petits
10 rosiers aux pots cachés dans des papiers en dentelles, dont aux grandes fêtes on faisait rayonner sur l'autel les minces fusées, pullulaient mille petits boutons d'une teinte plus pâle qui, en s'entr'ouvrant, laissaient voir, comme au fond d'une coupe de marbre rose, de rouges sanguines, et trahissaient, plus encore que les fleurs, l'essence particulière, irrésistible, de l'épine, qui, partout où elle bourgeonnait, où elle allait fleurir, ne le pouvait qu'en rose.[42] Intercalé dans la haie, mais aussi différent d'elle qu'une jeune fille en robe de fête au milieu de personnes en négligé qui resteront à la maison, tout prêt pour le mois de Marie, dont il semblait faire partie
20 déjà, tel brillait en souriant dans sa fraîche toilette rose l'arbuste catholique[43] et délicieux.

La haie laissait voir à l'intérieur du parc une allée bordée de jasmins, de pensées et de verveines entre lesquelles des giroflées ouvraient leurs bourses fraîches du rose odorant et passé d'un cuir ancien de Cordoue,[44] tandis que sur le gravier un long tuyau d'ar-

---

[41] **pompadour** style often apparent in silk or cotton prints decorated with little bouquets of flowers. The pompadour style, characterized by the use of garlands and flowers as decorative motifs, developed in the eighteenth century, under the influence of one of Louis XV's favorite mistresses, the Marquise de Pompadour.

[42] **. . . pouvait qu'en rose** "high upon the branches like so many of those little rose trees, whose pots are hidden under festoons of paper lace, and whose luminous stems shine like rays around the altar on important fête-days, were crowded a thousand small buds, paler in color, which, as they opened, revealed sanguine reds like those at the bottom of a marble cup, and which revealed even more strongly than the flowers the special, irresistible essence of that hawthorn tree which, wherever it budded, wherever it was about to bloom, could only bud and bloom in pink."

[43] **catholique** The hawthorn is Catholic, because it is associated with the church, both in sculpture and as a decoration during the festive month of May.

[44] **Cordoue** Cordova, a town in Spain famous for the quality of its leather. The flowers of the stock suggest the comparison with a purse, their color and smell then suggest, by association, old cordovan leather.

rosage peint en vert, déroulant ses circuits, dressait aux points où il était percé au-dessus des fleurs, dont il imbibait les parfums, l'éventail vertical et prismatique de ses gouttelettes multicolores. Tout à coup, je m'arrêtai, je ne pus plus bouger, comme il arrive quand une vision ne s'adresse pas seulement à nos regards, mais requiert des perceptions plus profondes et dispose de notre être tout entier. Une fillette d'un blond roux, qui avait l'air de rentrer de promenade et tenait à la main une bêche de jardinage, nous regardait, levant son visage semé de taches roses. Ses yeux noirs brillaient et, comme je ne savais pas alors, ni ne l'ai appris depuis, réduire en ses éléments 10 objectifs une impression forte, comme je n'avais pas, ainsi qu'on dit, assez «d'esprit d'observation» pour dégager la notion de leur couleur, pendant longtemps, chaque fois que je repensai à elle, le souvenir de leur éclat se présentait aussitôt à moi comme celui d'un vif azur, puisqu'elle était blonde: de sorte que, peut-être si elle n'avait pas eu des yeux aussi noirs—ce qui frappait tant la première fois qu'on la voyait—je n'aurais pas été, comme je le fus, plus particulièrement amoureux, en elle, de ses yeux bleus.

Je la regardai, d'abord de ce regard qui n'est pas que le porteparole des yeux, mais à la fenêtre duquel se penchent tous les sens, 20 anxieux et pétrifiés, le regard qui voudrait toucher, capturer, emmener le corps qu'il regarde et l'âme avec lui; puis, tant j'avais peur que d'une seconde à l'autre mon grand-père et mon père, apercevant cette jeune fille, me fissent éloigner en me disant de courir un peu devant eux, d'un second regard, inconsciemment supplicateur, qui tâchait de la forcer à faire attention à moi, à me connaître! Elle jeta en avant et de côté ses pupilles pour prendre connaissance de mon grand-père et de mon père, et sans doute l'idée qu'elle en rapporta fut celle que nous étions ridicules, car elle se détourna, et d'un air indifférent et dédaigneux, se plaça de côté 30 pour épargner à son visage d'être dans leur champ visuel; et tandis que continuant à marcher et ne l'ayant pas aperçue, ils m'avaient dépassé, elle laissa ses regards filer de toute leur longueur dans ma direction, sans expression particulière, sans avoir l'air de me voir, mais avec une fixité et un sourire dissimulé, que je ne pouvais interpréter d'après les notions que l'on m'avait données sur la bonne éducation que comme une preuve d'outrageant mépris; et sa main esquissait en même temps un geste indécent, auquel quand il était adressé en public à une personne qu'on ne connaissait pas, le petit dictionnaire de civilité que je portais en moi ne donnait qu'un seul sens, celui d'une intention insolente.

—Allons, Gilberte, viens; qu'est-ce que tu fais, cria d'une voix perçante et autoritaire une dame en blanc que je n'avais pas vue, et à quelque distance de laquelle un monsieur habillé de coutil et que je ne connaissais pas fixait sur moi des yeux qui lui sortaient de la tête; et cessant brusquement de sourire, la jeune fille prit sa bêche et s'éloigna sans se retourner de mon côté, d'un air docile, 10 impénétrable et sournois.

Ainsi passa près de moi ce nom de Gilberte, donné comme un talisman qui me permettrait peut-être de retrouver un jour celle dont il venait de faire une personne et qui, l'instant d'avant, n'était qu'une image incertaine. Ainsi passa-t-il, proféré au-dessus des jasmins et des giroflées, aigre et frais comme les gouttes de l'arrosoir vert; imprégnant, irisant la zone d'air pur qu'il avait traversée— et qu'il isolait—du mystère de la vie de celle qu'il désignait pour les êtres heureux qui vivaient, qui voyageaient avec elle; déployant sous l'épinier rose, à hauteur de mon épaule, la quintessence de 20 leur familiarité, pour moi si douloureuse, avec elle, avec l'inconnu de sa vie où je n'entrerais pas.

Un instant (tandis que nous nous éloignions et que mon grand-père murmurait: «Ce pauvre Swann, quel rôle ils lui font jouer: on le fait partir pour qu'elle reste seule avec son Charlus, car c'est lui, je l'ai reconnu! Et cette petite, mêlée à toute cette infamie!») l'impression laissée en moi par le ton despotique avec lequel la mère de Gilberte lui avait parlé sans qu'elle répliquât, en me la montrant comme forcée d'obéir à quelqu'un, comme n'étant pas supérieure à tout, calma un peu ma souffrance, me rendit quelque espoir et 30 diminua mon amour. Mais bien vite cet amour s'éleva de nouveau en moi comme une réaction par quoi mon cœur humilié voulait se mettre de niveau avec Gilberte ou l'abaisser jusqu'à lui. Je l'aimais, je regrettais de ne pas avoir eu le temps et l'inspiration de l'offenser, de lui faire mal, et de la forcer à se souvenir de moi. Je la trouvais si belle que j'aurais voulu pouvoir revenir sur mes pas, pour lui crier en haussant les épaules: «Comme je vous trouve laide, grotesque, comme vous me répugnez!» Cependant je m'éloignais, emportant pour toujours, comme premier type d'un bonheur inaccessible aux enfants de mon espèce de par des lois naturelles impossibles à transgresser, l'image d'une petite fille rousse, à la peau semée de taches roses, qui tenait une bêche et qui riait en laissant filer sur moi de longs regards sournois et inexpressifs. Et déjà le charme dont son nom avait encensé cette place sous les épines roses où il avait été entendu ensemble par elle et par moi, allait gagner, enduire, embaumer tout ce qui l'approchait, ses grands-parents que les miens avaient eu l'ineffable bonheur de connaître, la sublime profession d'agent de change, le douloureux quartier des Champs-Elysées[45] qu'elle habitait à Paris.

«Léonie, dit mon grand-père en rentrant, j'aurais voulu t'avoir avec nous tantôt. Tu ne reconnaîtrais pas Tansonville. Si j'avais osé, je t'aurais coupé une branche de ces épines roses que tu aimais tant.» Mon grand-père racontait ainsi notre promenade à ma tante Léonie, soit pour la distraire, soit qu'on n'eût pas perdu tout espoir d'arriver à la faire sortir. Or elle aimait beaucoup autrefois cette propriété, et d'ailleurs les visites de Swann avaient été les dernières qu'elle avait reçues, alors qu'elle fermait déjà sa porte à tout le monde. Et de même que, quand il venait maintenant prendre de ses nouvelles (elle était la seule personne de chez nous qu'il demandât encore à voir), elle lui faisait répondre qu'elle était fatiguée, mais qu'elle le laisserait entrer la prochaine fois, de même elle dit ce soir-là: «Oui, un jour qu'il fera beau, j'irai en voiture jusqu'à la porte du parc.» C'est sincèrement qu'elle le disait. Elle eût aimé revoir Swann et Tansonville; mais le désir qu'elle en avait suffisait à ce qui lui restait de forces; sa réalisation les eût excédées. Quelquefois le beau temps lui rendait un peu de vigueur, elle se levait, s'habillait; la fatigue commençait avant qu'elle fût passée dans l'autre chambre et elle réclamait son lit. Ce qui avait commencé pour elle—plus tôt seulement que cela n'arrive d'habitude —c'est ce grand renoncement de la vieillesse qui se prépare à la mort, s'enveloppe dans sa chrysalide, et qu'on peut observer, à la fin des vies qui se prolongent tard, même entre les anciens amants

---

[45] les **Champs-Elysées** a large and beautiful avenue which goes from the Arc de Triomphe de l'Etoile to the Concorde, in Paris. The section is inhabited by wealthy people. The avenue is lined on both sides with trees and gardens where children play and where the narrator will, later, meet and know Gilberte. The "quartier" is "douloureux" because it is a world closed to the child, but it contains his heart's desire, Gilberte.

qui se sont le plus aimés, entre les amis unis par les liens les plus spirituels, et qui, à partir d'une certaine année cessent de faire le voyage ou la sortie nécessaire pour se voir, cessent de s'écrire et savent qu'ils ne communiqueront plus en ce monde. Ma tante devait parfaitement savoir qu'elle ne reverrait pas Swann, qu'elle ne quitterait plus jamais la maison, mais cette réclusion définitive devait lui être rendue assez aisée pour la raison même qui, selon nous, aurait dû la lui rendre plus douloureuse: c'est que cette réclusion lui était imposée par la diminution qu'elle pouvait constater chaque
10   jour dans ses forces, et qui, en faisant de chaque action, de chaque mouvement, une fatigue, sinon une souffrance, donnait pour elle à l'inaction, à l'isolement, au silence, la douceur réparatrice et bénie du repos.

    Ma tante n'alla pas voir la haie d'épines roses, mais à tous moments je demandais à mes parents si elle n'irait pas, si autrefois elle allait souvent à Tansonville, tâchant de les faire parler des parents et grands-parents de Mlle Swann qui me semblaient grands comme des dieux. Ce nom, devenu pour moi presque mythologique, de Swann, quand je causais avec mes parents, je languissais du besoin
20   de le leur entendre dire, je n'osais pas le prononcer moi-même, mais je les entraînais sur des sujets qui avoisinaient Gilberte et sa famille, qui la concernaient, où je ne me sentais pas exilé trop loin d'elle; et je contraignais tout d'un coup mon père, en feignant de croire par exemple que la charge[46] de mon grand-père avait été déjà avant lui dans notre famille, ou que la haie d'épines roses que voulait voir ma tante Léonie se trouvait en terrain communal,[47] à rectifier mon assertion, à me dire, comme malgré moi, comme de lui-même: «Mais non, cette charge-là était au père de *Swann,* cette haie fait partie du parc *Swann.*» Alors j'étais obligé de reprendre ma respira-
30   tion, tant, en se posant sur la place où il était toujours écrit en moi, pesait à m'étouffer ce nom qui, au moment où je l'entendais, me paraissait plus plein que tout autre, parce qu'il était lourd de toutes les fois où, d'avance, je l'avais mentalement proféré. Il me causait un plaisir que j'étais confus d'avoir osé réclamer à mes parents, car ce plaisir était si grand qu'il avait dû exiger d'eux pour qu'ils

---

[46] **charge** public function.
[47] **communal** land belonging to the town. A *commune* is a township-district administered by a mayor.

me le procurassent beaucoup de peine, et sans compensation, puisqu'il n'était pas un plaisir pour eux. Aussi je détournais la conversation par discrétion. Par scrupule aussi. Toutes les séductions
singulières que je mettais dans ce nom de Swann, je les retrouvais
en lui dès qu'ils le prononçaient. Il me semblait alors tout d'un
coup que mes parents ne pouvaient pas ne pas les ressentir, qu'ils
se trouvaient placés à mon point de vue, qu'ils apercevaient à leur
tour, absolvaient, épousaient mes rêves, et j'étais malheureux comme
si je les avais vaincus et dépravés.

Cette année-là, quand, un peu plus tôt que d'habitude, mes pa-   10
rents eurent fixé le jour de rentrer à Paris, le matin du départ, comme
on m'avait fait friser pour être photographié, coiffer avec précaution
un chapeau que je n'avais encore jamais mis et revêtir une douillette[48]
de velours, après m'avoir cherché partout, ma mère me trouva en
larmes dans le petit raidillon contigu à Tansonville, en train de dire
adieu aux aubépines, entourant de mes bras les branches piquantes,
et comme une princesse de tragédie à qui pèseraient ces vains ornements, ingrat envers l'importune main qui en formant tous ces
nœuds avait pris soin sur mon front d'assembler mes cheveux,[49]
foulant aux pieds mes papillotes[50] arrachées et mon chapeau neuf.   20
Ma mère ne fut pas touchée par mes larmes, mais elle ne put retenir
un cri à la vue de la coiffe défoncée et de la douillette perdue. Je
ne l'entendis pas: «O mes pauvres petites aubépines, disais-je en
pleurant, ce n'est pas vous qui voudriez me faire du chagrin, me
forcer à partir. Vous, vous ne m'avez jamais fait de peine! Aussi
je vous aimerai toujours.» Et, essuyant mes larmes, je leur promettais, quand je serais grand, de ne pas imiter la vie insensée des autres
hommes et, même à Paris, les jours de printemps, au lieu d'aller
faire des visites et écouter des niaiseries, de partir dans la campagne
voir les premières aubépines.   30

Une fois dans les champs, on ne les quittait plus pendant tout
le reste de la promenade qu'on faisait du côté de Méséglise. Ils étaient

---

[48] **douillette** quilted coat.
[49] **ornements** . . . **cheveux** humorous paraphrase of a passage from
Racine's *Phèdre* (I, 3). Phèdre says:
Que ces vains ornements, que ces voiles me pèsent!
Quelle importune main, en formant tous ces nœuds,
A pris soin sur mon front d'assembler mes cheveux?
[50] **papillotes** curl-papers.

perpétuellement parcourus, comme par un chemineau invisible, par le vent qui était pour moi le génie particulier de Combray. Chaque année, le jour de notre arrivée, pour sentir que j'étais bien à Combray, je montais le retrouver qui courait dans les sayons[51] et me faisait courir à sa suite. On avait toujours le vent à côté de soi du côté de Méséglise, sur cette plaine bombée où pendant des lieues il ne rencontre aucun accident de terrain. Je savais que Mlle Swann allait souvent à Laon passer quelques jours et, bien que ce fût à plusieurs lieues, la distance se trouvant compensée par l'absence de tout obstacle, quand, par les chauds après-midi, je voyais un même souffle, venu de l'extrême horizon, abaisser les blés les plus éloignés, se propager comme un flot sur toute l'immense étendue et venir se coucher, murmurant et tiède, parmi les sainfoins et les trèfles, à mes pieds, cette plaine qui nous était commune à tous deux semblait nous rapprocher, nous unir, je pensais que ce souffle avait passé auprès d'elle, que c'était quelque message d'elle qu'il me chuchotait sans que je pusse le comprendre, et je l'embrassais au passage. A gauche était un village qui s'appelait Champieu (*Campus Pagani,* selon le curé). Sur la droite, on apercevait par delà les blés les deux clochers ciselés et rustiques de Saint-André-des-Champs, eux-mêmes effilés, écailleux, imbriqués d'alvéoles, guillochés, jaunissants et grumeleux, comme deux épis.[52]

A intervalles symétriques, au milieu de l'inimitable ornementation de leurs feuilles qu'on ne peut confondre avec la feuille d'aucun autre arbre fruitier, les pommiers ouvraient leurs larges pétales de satin blanc ou suspendaient les timides bouquets de leurs rougissants boutons. C'est du côté de Méséglise que j'ai remarqué pour la première fois l'ombre ronde que les pommiers font sur la terre ensoleillée, et aussi ces soies d'or impalpable que le couchant tisse obliquement sous les feuilles, et que je voyais mon père interrompre de sa canne sans les faire jamais dévier.

Parfois dans le ciel de l'après-midi passait la lune blanche comme

---

[51] **sayons** an unusual word, probably peasant and local, from the old French *sayer,* to cut the wheat. The *sayons* would be the ploughed furrows, or *sillons,* where the wheat is sown. The region around Chartres, where Combray is located, is called the bread-basket of France, as it grows wheat almost exclusively.

[52] . . . **épis** themselves as slender, scaly, honeycombed, checkered, yellow, and rough as two ears of corn.

une nuée, furtive, sans éclat, comme une actrice dont ce n'est pas l'heure de jouer et qui, de la salle, en toilette de ville, regarde un moment ses camarades, s'effaçant, ne voulant pas qu'on fasse attention à elle. J'aimais à retrouver son image dans des tableaux et dans des livres, mais ces œuvres d'art étaient bien différentes—du moins pendant les premières années, avant que Bloch eût accoutumé mes yeux et ma pensée à des harmonies plus subtiles—de celles où la lune me paraîtrait belle aujourd'hui et où je ne l'eusse pas reconnue alors. C'était, par exemple, quelque roman de Saintine, un paysage de Gleyre[53] où elle découpe nettement sur le ciel une faucille d'ar- 10 gent, de ces œuvres naïvement incomplètes comme étaient mes propres impressions et que les sœurs de ma grand'mère s'indignaient de me voir aimer. Elles pensaient qu'on doit mettre devant les enfants, et qu'ils font preuve de goût en aimant d'abord les œuvres que parvenu à la maturité, on admire définitivement. C'est sans doute qu'elles se figuraient les mérites esthétiques comme des objets matériels qu'un œil ouvert ne peut faire autrement que de percevoir, sans avoir eu besoin d'en mûrir lentement des équivalents dans son propre cœur.

C'est du côté de Méséglise, à Montjouvain, maison située au bord 20 d'une grande mare et adossée à un talus buissonneux que demeurait M. Vinteuil.[54] Aussi croisait-on souvent sur la route sa fille, conduisant un buggy à toute allure. A partir d'une certaine année on ne la rencontra plus seule, mais avec une amie plus âgée, qui avait mauvaise réputation dans le pays et qui un jour s'installa définitivement à Montjouvain. On disait: «Faut-il que ce pauvre M. Vinteuil soit aveuglé par la tendresse pour ne pas s'apercevoir de ce qu'on raconte, et permettre à sa fille, lui qui se scandalise d'une parole *déplacée,* de faire vivre sous son toit une femme pareille. Il dit que c'est une femme supérieure, un grand cœur et qu'elle aurait eu des dispositions 30 extraordinaires pour la musique si elle les avait cultivées. Il peut être

---

[53] **Saintine** (1798-1865), author of romantic and rather naïve novels, highly sentimental and moral in nature. Very popular at the time they were written, they are now no longer read. *Gleyre* (1808-1874), Swiss painter of the academic style who was very successful during his life, but is no longer highly rated.

[54] **Vinteuil** Here begins the story of Vinteuil's daughter, through whom Proust introduces the theme of homosexuality, which he develops at length in later volumes, mainly through the Baron de Charlus.

sûr que ce n'est pas de musique qu'elle s'occupe avec sa fille.» M.
Vinteuil le disait; et il est en effet remarquable combien une personne
excite toujours d'admiration pour ses qualités morales chez les
parents de toute autre personne avec qui elle a des relations char-
nelles. L'amour physique, si injustement décrié, force tellement
tout être à manifester jusqu'aux moindres parcelles qu'il possède
de bonté, d'abandon de soi, qu'elles resplendissent jusqu'aux yeux
de l'entourage immédiat. Le docteur Percepied à qui sa grosse voix
et ses gros sourcils permettaient de tenir tant qu'il voulait le rôle de
10 perfide dont il n'avait pas le physique, sans compromettre en rien
sa réputation inébranlable et imméritée de bourru bienfaisant, savait
faire rire aux larmes le curé et tout le monde en disant d'un ton
rude: «Hé bien! il paraît qu'elle fait de la musique avec son amie,
Mlle Vinteuil. Ça a l'air de vous étonner. Moi je sais pas.[55] C'est
le père Vinteuil qui m'a encore dit ça hier. Après tout, elle a bien le
droit d'aimer la musique, c'te fille. Moi je ne puis pas contrarier
les vocations artistiques des enfants. Vinteuil non plus à ce qu'il
paraît. Et puis lui aussi il fait de la musique avec l'amie de sa fille.
Ah! sapristi, on en fait une musique dans c'te boîte-là.[56] Mais qu'est-
20 ce que vous avez à rire? mais ils font trop de musique ces gens.
L'autre jour j'ai rencontré le père Vinteuil près du cimetière. Il ne
tenait pas sur ses jambes.»

Pour ceux qui comme nous virent à cette époque M. Vinteuil
éviter les personnes qu'il connaissait, se détourner quand il les apercevait, vieillir en quelques mois, s'absorber dans un chagrin, devenir
incapable de tout effort qui n'avait pas directement le bonheur de
sa fille pour but, passer des journées entières devant la tombe de
sa femme—il eût été difficile de ne pas comprendre qu'il était en
train de mourir de chagrin, et de supposer qu'il ne se rendait pas
30 compte des propos qui couraient. Il les connaissait, peut-être même
y ajoutait-il foi. Il n'est peut-être pas une personne, si grande que
soit sa vertu, que la complexité des circonstances ne puisse amener
à vivre un jour dans la familiarité du vice qu'elle condamne le plus
formellement—sans qu'elle le reconnaisse d'ailleurs tout à fait sous
le déguisement de faits particuliers qu'il revêt pour entrer en contact

---

[55] **je sais pas** current and slightly vulgar omission of the *ne* in conversation. *C'te* for *cette:* the spelling imitates the doctor's pronunciation.
[56] **c'te boîte-là** that outfit: slang for house or establishment.

avec elle et la faire souffrir: paroles bizarres, attitude inexplicable, un certain soir, de tel être qu'elle a par ailleurs tant de raisons pour aimer. Mais pour un homme comme M. Vinteuil il devait entrer bien plus de souffrance que pour un autre dans la résignation à une de ces situations qu'on croit à tort être l'apanage exclusif du monde de la bohème:[57] elles se produisent chaque fois qu'a besoin de se réserver la place et la sécurité qui lui sont nécessaires un vice que la nature elle-même fait épanouir chez un enfant, parfois rien qu'en mêlant les vertus de son père et de sa mère, comme la couleur de ses yeux. Mais, de ce que M. Vinteuil connaissait peut-être la 10 conduite de sa fille, il ne s'ensuit pas que son culte pour elle en eût été diminué. Les faits ne pénètrent pas dans le monde où vivent nos croyances, ils n'ont pas fait naître celles-ci, ils ne les détruisent pas; ils peuvent leur infliger les plus constants démentis sans les affaiblir, et une avalanche de malheurs ou de maladies se succédant sans interruption dans une famille ne la fera pas douter de la bonté de son Dieu ou du talent de son médecin. Mais quand M. Vinteuil songeait à sa fille et à lui-même du point de vue du monde, du point de vue de leur réputation, quand il cherchait à se situer avec elle au rang qu'ils occupaient dans l'estime générale, alors ce juge- 20 ment d'ordre social, il le portait exactement comme l'eût fait l'habitant de Combray qui lui eût été le plus hostile, il se voyait avec sa fille dans le dernier bas-fond,[58] et ses manières en avaient reçu depuis peu cette humilité, ce respect pour ceux qui se trouvaient au-dessus de lui et qu'il voyait d'en bas (eussent-ils été fort au-dessous de lui jusque-là), cette tendance à chercher à remonter jusqu'à eux, qui est une résultante presque mécanique de toutes les déchéances. Un jour que nous marchions avec Swann dans une rue de Combray, M. Vinteuil qui débouchait d'une autre s'était trouvé trop brus- quement en face de nous pour avoir le temps de nous éviter, et 30 Swann, avec cette orgueilleuse charité de l'homme du monde qui, au milieu de la dissolution de tous ses préjugés moraux, ne trouve dans l'infamie d'autrui qu'une raison d'exercer envers lui une bien- veillance dont les témoignages chatouillent d'autant plus l'amour-

---

[57] . . . **bohème** "which are wrongly thought to be characteristic of the Bohemian world exclusively." *Le monde de la bohème* is the world of artists, intellectuals, and other individuals who do not accept current social or moral conventions.
[58] **le dernier bas-fond** the lowest depths.

propre de celui qui les donne, qu'il les sent plus précieux à celui qui les reçoit, avait longuement causé avec M. Vinteuil, à qui jusque-là il n'adressait pas la parole, et lui avait demandé avant de nous quitter s'il n'enverrait pas un jour sa fille jouer à Tansonville. C'était une invitation qui, il y a deux ans, eût indigné M. Vinteuil, mais qui, maintenant, le remplissait de sentiments si reconnaissants qu'il se croyait obligé par eux à ne pas avoir l'indiscrétion de l'accepter. L'amabilité de Swann envers sa fille lui semblait être en soi-même un appui si honorable et si délicieux qu'il pensait qu'il 10 valait peut-être mieux ne pas s'en servir, pour avoir la douceur toute platonique de le conserver.

—Quel homme exquis, nous dit-il, quand Swann nous eut quittés, avec la même enthousiaste vénération qui tient de spirituelles et jolies bourgeoises en respect et sous le charme d'une duchesse, fût-elle laide et sotte. Quel homme exquis! Quel malheur qu'il ait fait un mariage tout à fait déplacé.

Et alors, tant les gens les plus sincères sont mêlés d'hypocrisie et dépouillent en causant avec une personne l'opinion qu'ils ont d'elle et expriment dès qu'elle n'est plus là, mes parents déplorèrent 20 avec M. Vinteuil le mariage de Swann au nom de principes et de convenances auxquels (par cela même qu'ils les invoquaient en commun avec lui, en braves gens de même acabit)[59] ils avaient l'air de sous-entendre qu'il n'était pas contrevenu à Montjouvain. M. Vinteuil n'envoya pas sa fille chez Swann. Et celui-ci fut le premier à le regretter. Car, chaque fois qu'il venait de quitter M. Vinteuil, il se rappelait qu'il avait depuis quelque temps un renseignement à lui demander sur quelqu'un qui portait le même nom que lui,[60] un de ses parents, croyait-il. Et cette fois-là il s'était bien promis de ne pas oublier ce qu'il avait à lui dire, quand M. Vinteuil enver-30 rait sa fille à Tansonville.

Comme la promenade du côté de Méséglise était la moins longue des deux que nous faisions autour de Combray et qu'à cause de cela on la réservait pour les temps incertains, le climat du côté de Méséglise était assez pluvieux et nous ne perdions jamais de vue

---

[59] . . . acabit   good solid people of the same kind.

[60] . . . que lui   Swann had heard a sonata, by a composer called Vinteuil, which he admired greatly and which plays a great part in *Un Amour de Swann*. It did not occur to him that the little music-teacher of Combray and the composer of genius were one and the same man.

la lisière des bois de Roussainville dans l'épaisseur desquels nous pourrions nous mettre à couvert.

Souvent le soleil se cachait derrière une nuée qui déformait son ovale et dont il jaunissait la bordure. L'éclat, mais non la clarté, était enlevé à la campagne où toute vie semblait suspendue, tandis que le petit village de Roussainville sculptait sur le ciel le relief de ses arêtes blanches avec une précision et un fini accablants. Un peu de vent faisait envoler un corbeau qui retombait dans le lointain et, contre le ciel blanchissant, le lointain des bois paraissait plus bleu, comme peint dans ces camaïeux qui décorent les trumeaux des anciennes demeures.[61]

Mais d'autres fois se mettait à tomber la pluie dont nous avait menacés le capucin[62] que l'opticien avait à sa devanture; les gouttes d'eau, comme des oiseaux migrateurs qui prennent leur vol tous ensemble, descendaient à rangs pressés du ciel. Elles ne se séparent point, elles ne vont pas à l'aventure pendant la rapide traversée, mais chacune tenant sa place attire à elle celle qui la suit et le ciel en est plus obscurci qu'au départ des hirondelles. Nous nous réfugiions dans le bois. Quand leur voyage semblait fini, quelques-unes, plus débiles, plus lentes, arrivaient encore. Mais nous ressortions de notre abri, car les gouttes se plaisent aux feuillages, et la terre était déjà presque séchée que plus d'une s'attardait à jouer sur les nervures d'une feuille, et suspendue à la pointe, reposée, brillant au soleil, tout d'un coup se laissait glisser de toute la hauteur de la branche et nous tombait sur le nez.

Souvent aussi nous allions nous abriter, pêle-mêle avec les saints et les patriarches de pierre sous le porche de Saint-André-des-Champs. Que cette église était française! Au-dessus de la porte, les saints, les rois-chevaliers une fleur de lys à la main, des scènes de noces et de funérailles, étaient représentés comme ils pouvaient l'être dans l'âme de Françoise. Le sculpteur avait aussi narré certaines anecdotes relatives à Aristote et à Virgile de la même façon que Françoise à la cuisine parlait volontiers de saint Louis comme si elle l'avait personnellement connu, et généralement pour faire honte

[61] . . . **demeures** as though painted in cameos carved on the walls, between the windows of ancient dwellings.
[62] **capucin** friar. The figure of the friar in the optician's window serves as a barometer. His hood goes on when the weather is rainy and comes off when it is fine.

par la comparaison à mes grands-parents moins «justes». On sentait
que les notions que l'artiste médiéval et la paysanne médiévale
(survivant au XIXe siècle) avaient de l'histoire ancienne ou chré-
tienne, et qui se distinguaient par autant d'inexactitude que de
bonhomie, ils les tenaient non des livres, mais d'une tradition à
la fois antique et directe, ininterrompue, orale, déformée, mécon-
naissable et vivante. Une autre personnalité de Combray que je
reconnaissais aussi, virtuelle et prophétisée,[63] dans la sculpture
gothique de Saint-André-des-Champs, c'était le jeune Théodore,
10 le garçon de chez Camus. Françoise sentait d'ailleurs si bien en lui
un pays[64] et un contemporain que, quand ma tante Léonie était
trop malade pour que Françoise pût suffire à la retourner dans son
lit, à la porter dans son fauteuil, plutôt que de laisser la fille de cuisine monter se faire «bien voir»[65] de ma tante, elle appelait Théodore.
Or ce garçon, qui passait et avec raison pour si mauvais sujet, était
tellement rempli de l'âme qui avait décoré Saint-André-des-Champs
et notamment des sentiments de respect que Françoise trouvait dus
aux «pauvres malades», à «sa pauvre maîtresse», qu'il avait pour
soulever la tête de ma tante sur son oreiller la mine naïve et zélée
20 des petits anges des bas-reliefs, s'empressant, un cierge à la main,
autour de la Vierge défaillante, comme si les visages de pierre
sculptée, grisâtres et nus, ainsi que sont les bois en hiver, n'étaient
qu'un ensommeillement, qu'une réserve, prête à refleurir dans la
vie en innombrables visages populaires, révérends et futés comme
celui de Théodore, enluminés de la rougeur d'une pomme mûre.[66]
Non plus appliquée à la pierre comme ces petits anges, mais détachée du porche, d'une stature plus qu'humaine, debout sur un
socle comme sur un tabouret qui lui évitât de poser ses pieds sur

---

[63] **virtuelle et prophétisée** The sculptures existed long before Théodore
whose existence they seem to have foreseen; therefore they contain it "virtu-
ally" and prophesy its future appearance.

[64] **pays** a compatriot (vernacular).

[65] **se faire bien voir** to "insinuate oneself into the good graces" of someone
(vernacular).

[66] **. . . pomme mûre** "that he had . . . the naïve and zealous expression
of the little angels in the bas-reliefs who, taper in hand, gather around the
dying Virgin, as if the naked and grey faces, carved in the stone, were, like
the woods in winter, only plunged into sleep, and were held in reserve, ready
to flower again in life in the countless faces of simple country people, faces rev-
erent and cunning like Théodore's, glowing with the ruddiness of a ripe
apple."

le sol humide, une sainte avait les joues pleines, le sein ferme et
qui gonflait la draperie comme une grappe mûre dans un sac de
crin, le front étroit, le nez court et mutin, les prunelles enfoncées,
l'air valide, insensible et courageux des paysannes de la contrée.
Cette ressemblance, qui insinuait dans la statue une douceur que je
n'y avais pas cherchée, était souvent certifiée par quelque fille des
champs, venue comme nous se mettre à couvert, et dont la présence,
pareille à celle de ces feuillages pariétaires[67] qui ont poussé à côté des
feuillages sculptés, semblait destinée à permettre, par une confronta-
tion avec la nature, de juger de la vérité de l'œuvre d'art. Devant 10
nous, dans le lointain, terre promise ou maudite, Roussainville, dans
les murs duquel je n'ai jamais pénétré, Roussainville, tantôt, quand
la pluie avait déjà cessé pour nous, continuait à être châtié comme un
village de la Bible par toutes les lances de l'orage qui flagellaient
obliquement les demeures de ses habitants, ou bien était déjà par-
donné par Dieu le Père qui faisait descendre vers lui, inégalement
longues, comme les rayons d'un ostensoir d'autel, les tiges d'or
effrangées de son soleil reparu.

Quelquefois le temps était tout à fait gâté, il fallait rentrer et
rester enfermé dans la maison. Çà et là au loin dans la campagne que 20
l'obscurité et l'humidité faisaient ressembler à la mer, des maisons
isolées, accrochées au flanc d'une colline plongée dans la nuit et
dans l'eau, brillaient comme des petits bateaux qui ont replié leurs
voiles et sont immobiles au large pour toute la nuit. Mais qu'importait la pluie, qu'importait l'orage! L'été, le mauvais temps n'est
qu'une humeur passagère, superficielle, du beau temps sous-jacent
et fixe, bien différent du beau temps instable et fluide de l'hiver et
qui, au contraire, installé sur la terre où il s'est solidifié en denses
feuillages sur lesquels la pluie peut s'égoutter sans compromettre la
résistance de leur permanente joie, a hissé pour toute la saison, jusque 30
dans les rues du village, aux murs des maisons et des jardins, ses
pavillons de soie violette ou blanche. Assis dans le petit salon, où
j'attendais l'heure du dîner en lisant, j'entendais l'eau dégoutter de
nos marronniers, mais je savais que l'averse ne faisait que vernir leurs
feuilles et qu'ils promettaient de demeurer là, comme des gages de
l'été, toute la nuit pluvieuse, à assurer la continuité du beau temps;
qu'il avait beau pleuvoir, demain, au-dessus de la barrière blanche de

---

[67] **pariétaires** plants which grow on walls.

Tansonville, onduleraient, aussi nombreuses, de petites feuilles en forme de cœur; et c'est sans tristesse que j'apercevais le peuplier de la rue des Perchamps adresser à l'orage des supplications et des salutations désespérées; c'est sans tristesse que j'entendais au fond du jardin les derniers roulements du tonnerre roucouler dans les lilas. Si le temps était mauvais dès le matin, mes parents renonçaient à la promenade et je ne sortais pas. Mais je pris ensuite l'habitude d'aller, ces jours-là, marcher seul du côté de Méséglise-la-Vineuse, dans l'automne où nous dûmes venir à Combray pour la succession 10 de ma tante Léonie, car elle était enfin morte, faisant triompher à la fois ceux qui prétendaient que son régime affaiblissant finirait par la tuer, et non moins les autres qui avaient toujours soutenu qu'elle souffrait d'une maladie non pas imaginaire mais organique, à l'évidence de laquelle les sceptiques seraient bien obligés de se rendre quand elle y aurait succombé; et ne causant par sa mort de grande douleur qu'à un seul être, mais à celui-là, sauvage. Pendant les quinze jours que dura la dernière maladie de ma tante, Françoise ne la quitta pas un instant, ne se déshabilla pas, ne laissa personne lui donner aucun soin, et ne quitta son corps que quand il fut 20 enterré. Alors nous comprîmes que cette sorte de crainte où Françoise avait vécu des mauvaises paroles, des soupçons, des colères de ma tante avait développé chez elle un sentiment que nous avions pris pour de la haine et qui était de la vénération et de l'amour. Sa véritable maîtresse aux décisions impossibles à prévoir, aux ruses difficiles à déjouer, au bon cœur facile à fléchir, sa souveraine, son mystérieux et tout-puissant monarque n'était plus. A côté d'elle nous comptions pour bien peu de chose. Il était loin le temps où, quand nous avions commencé à venir passer nos vacances à Combray, nous possédions autant de prestige que ma tante aux yeux de Françoise. 30 Cet automne-là, tout occupés des formalités à remplir, des entretiens avec les notaires et avec les fermiers, mes parents, n'ayant guère de loisir pour faire des sorties que le temps d'ailleurs contrariait, prirent l'habitude de me laisser aller me promener sans eux du côté de Méséglise, enveloppé dans un grand plaid [68] qui me protégeait contre la pluie et que je jetais d'autant plus volontiers sur mes épaules que je sentais que ses rayures écossaises scandalisaient Françoise, dans l'esprit de qui on n'aurait pu faire entrer l'idée que la couleur des

[68] **un grand plaid**   a plaid coat.

vêtements n'a rien à faire avec le deuil et à qui d'ailleurs le chagrin
que nous avions de la mort de ma tante plaisait peu, parce que nous
n'avions pas donné de grand repas funèbre,[69] que nous ne prenions
pas un son de voix spécial pour parler d'elle, que même parfois je
chantonnais. Je suis sûr que dans un livre—et en cela j'étais bien
moi-même comme Françoise—cette conception du deuil d'après la
chanson de Roland[70] et le portail de Saint-André-des-Champs m'eût
été sympathique. Mais dès que Françoise était auprès de moi, un
démon me poussait à souhaiter qu'elle fût en colère, je saisissais le
moindre prétexte pour lui dire que je regrettais ma tante parce que   10
c'était une bonne femme, malgré ses ridicules, mais nullement parce
que c'était ma tante, qu'elle eût pu être ma tante et me sembler
odieuse, et sa mort ne me faire aucune peine, propos qui m'eussent
semblé ineptes dans un livre.

Si alors Françoise, remplie comme un poète d'un flot de pensées
confuses sur le chagrin, sur les souvenirs de famille, s'excusait de ne
pas savoir répondre à mes théories et disait: «Je ne sais pas
m'exprimer», je triomphais de cet aveu avec un bon sens ironique et
brutal digne du docteur Percepied; et si elle ajoutait: «Elle était tout
de même de la parenthèse,[71] il reste toujours le respect qu'on doit à   20
la parenthèse», je haussais les épaules et je me disais: «Je suis bien
bon de discuter avec une illettrée qui fait des cuirs[72] pareils»,
adoptant ainsi pour juger Françoise le point de vue mesquin d'hommes dont ceux qui les méprisent le plus dans l'impartialité de la
méditation sont fort capables de tenir le rôle, quand ils jouent une
des scènes vulgaires de la vie.

Mes promenades de cet automne-là furent d'autant plus agréables
que je les faisais après de longues heures passées sur un livre. Quand
j'étais fatigué d'avoir lu toute la matinée dans la salle, jetant mon
plaid sur mes épaules, je sortais: mon corps obligé depuis longtemps   30
de garder l'immobilité, mais qui s'était chargé sur place d'animation
et de vitesse accumulées, avait besoin ensuite, comme une toupie

---

[69] **repas funèbre** It is a peasant custom to serve a large meal after a
funeral. Compare the Irish wake.

[70] **. . . Roland** *The Song of Roland*—twelfth-century epic, in which the
codes of rising feudalism play an important part.

[71] **parenthèse** word invented by Françoise; designates all people who belong to the same family, who, in the broad sense, are "parents." Confusion
with *parenthèse,* a parenthesis.

[72] **cuirs** boners.

qu'on lâche, de les dépenser dans toutes les directions. Les murs des
maisons, la haie de Tansonville, les arbres du bois de Roussainville,
les buissons auxquels s'adosse Montjouvain, recevaient des coups de
parapluie ou de canne, entendaient des cris joyeux, qui n'étaient,
les uns et les autres, que des idées confuses qui m'exaltaient et qui
n'ont pas atteint le repos dans la lumière, pour avoir préféré, à un
lent et difficile éclaircissement, le plaisir d'une dérivation plus aisée
vers une issue immédiate. La plupart des prétendues traductions de
ce que nous avons ressenti ne font ainsi que nous en débarrasser, en
10 le[73] faisant sortir de nous sous une forme indistincte qui ne nous
apprend pas à le connaître. Quand j'essaye de faire le compte de ce
que je dois au côté de Méséglise, des humbles découvertes dont il fut
le cadre fortuit ou le nécessaire inspirateur, je me rappelle que c'est
cet automne-là, dans une de ces promenades, près du talus brous-
sailleux qui protège Montjouvain, que je fus frappé pour la première fois de ce désaccord entre nos impressions et leur expression
habituelle. Après une heure de pluie et de vent contre lesquels j'avais
lutté avec allégresse, comme j'arrivais au bord de la mare de Montjouvain, devant une petite cahute recouverte en tuiles où le jardinier
20 de M. Vinteuil serrait ses instruments de jardinage, le soleil venait
de reparaître, et ses dorures lavées par l'averse reluisaient à neuf dans
le ciel, sur les arbres, sur le mur de la cahute, sur son toit de tuile
encore mouillé, à la crête duquel se promenait une poule. Le vent
qui soufflait tirait horizontalement les herbes folles qui avaient
poussé dans la paroi du mur, et les plumes du duvet de la poule,
qui, les unes et les autres se laissaient filer au gré de son souffle
jusqu'à l'extrémité de leur longueur, avec l'abandon de choses inertes
et légères. Le toit de tuile faisait dans la mare, que le soleil rendait
de nouveau réfléchissante, une marbrure rose, à laquelle je n'avais
30 encore jamais fait attention. Et voyant sur l'eau et à la face du mur un
pâle sourire répondre au sourire du ciel, je m'écriai dans tout mon
enthousiasme en brandissant mon parapluie refermé: «Zut, zut, zut,
zut.» Mais en même temps je sentis que mon devoir eût été de ne pas
m'en tenir à ces mots opaques et de tâcher de voir plus clair dans mon
ravissement.

Et c'est en ce moment-là encore—grâce à un paysan qui passait,
l'air déjà d'être d'assez mauvaise humeur, qui le fut davantage quand

[73] **le** *ce que nous avons ressenti.*

il faillit recevoir mon parapluie dans la figure, et qui répondit sans
chaleur à mes «beau temps, n'est-ce pas, il fait bon marcher»—que
j'appris que les mêmes émotions ne se produisent pas simultanément,
dans un ordre préétabli, chez tous les hommes. Plus tard, chaque fois
qu'une lecture un peu longue m'avait mis en humeur de causer, le
camarade à qui je brûlais d'adresser la parole venait justement de
se livrer au plaisir de la conversation et désirait maintenant qu'on le
laissât lire tranquille. Si je venais de penser à mes parents avec
tendresse et de prendre les décisions les plus sages et les plus propres
à leur faire plaisir, ils avaient employé le même temps à apprendre   10
une peccadille que j'avais oubliée et qu'ils me reprochaient sévèrement au moment où je m'élançais vers eux pour les embrasser.

Parfois à l'exaltation que me donnait la solitude, s'en ajoutait une
autre que je ne savais pas en départager nettement, causée par le
désir de voir surgir devant moi une paysanne que je pourrais serrer
dans mes bras. Né brusquement, et sans que j'eusse eu le temps de
le rapporter exactement à sa cause, au milieu de pensées très différentes, le plaisir dont il était accompagné ne me semblait qu'un degré
supérieur de celui qu'elles me donnaient. Je faisais un mérite de plus
à tout ce qui était à ce moment-là dans mon esprit, au reflet rose du   20
toit de tuile, aux herbes folles, au village de Roussainville où je
désirais depuis longtemps aller, aux arbres de son bois, au clocher de
son église, de cet émoi nouveau qui me les faisait seulement paraître
plus désirables parce que je croyais que c'était eux qui le provo-
quaient, et qui semblait ne vouloir que me porter vers eux plus rapide-
ment quand il enflait ma voile d'une brise puissante, inconnue et
propice. Mais si ce désir qu'une femme apparût ajoutait pour moi
aux charmes de la nature quelque chose de plus exaltant, les charmes
de la nature, en retour, élargissaient ce que celui de la femme
aurait eu de trop restreint. Il me semblait que la beauté des arbres,   30
c'était encore la sienne, et que l'âme de ces horizons, du village de
Roussainville, des livres que je lisais cette année-là, son baiser me la
livrerait; et mon imagination reprenant des forces au contact de ma
sensualité, ma sensualité se répandant dans tous les domaines de
mon imagination, mon désir n'avait plus de limites. C'est qu'aussi—
comme il arrive dans ces moments de rêverie au milieu de la nature
où l'action de l'habitude étant suspendue, nos notions abstraites des
choses mises de côté, nous croyons d'une foi profonde à l'originalité,

à la vie individuelle du lieu où nous nous trouvons—la passante qu'appelait mon désir me semblait être non un exemplaire quelconque de ce type général: la femme, mais un produit nécessaire et naturel de ce sol. Car en ce temps-là tout ce qui n'était pas moi, la terre et les êtres, me paraissait plus précieux, plus important, doué d'une existence plus réelle que cela ne paraît aux hommes faits. Et la terre et les êtres, je ne les séparais pas. J'avais le désir d'une paysanne de Méséglise ou de Roussainville, d'une pêcheuse de Balbec, comme j'avais le désir de Méséglise et de Balbec. Le plaisir qu'elles pou-
10 vaient me donner m'aurait paru moins vrai, je n'aurais plus cru en lui, si j'en avais modifié à ma guise les conditions. Connaître à Paris une pêcheuse de Balbec ou une paysanne de Méséglise, ç'eût été recevoir des coquillages que je n'aurais pas vus sur la plage, une fougère que je n'aurais pas trouvée dans les bois, ç'eut été retrancher au plaisir que la femme me donnerait tous ceux au milieu desquels l'avait enveloppée mon imagination. Mais errer ainsi dans les bois de Roussainville sans une paysanne à embrasser, c'était ne pas connaître de ces bois le trésor caché, la beauté profonde. Cette fille que je ne voyais que criblée de feuillages, elle était elle-même pour moi comme
20 une plante locale d'une espèce plus élevée seulement que les autres et dont la structure permet d'approcher de plus près qu'en elles la saveur profonde du pays. Je pouvais d'autant plus facilement le croire (et que les caresses par lesquelles elle m'y ferait parvenir seraient aussi d'une sorte particulière et dont je n'aurais pas pu connaître le plaisir par une autre qu'elle), que j'étais pour longtemps encore à l'âge où l'on n'a pas encore abstrait ce plaisir de la possession des femmes différentes avec lesquelles on l'a goûté, où on ne l'a pas réduit à une notion générale qui les fait considérer dès lors comme des instruments interchangeables d'un plaisir toujours identique. Il [74]
30 n'existe même pas, isolé, séparé et formulé dans l'esprit, comme le but qu'on poursuit en s'approchant d'une femme, comme la cause du trouble préalable qu'on ressent. A peine y songe-t-on comme un plaisir qu'on aura; plutôt, on l'appelle son charme à elle; car on ne pense pas à soi, on ne pense qu'à sortir de soi. Obscurément attendu, immanent et caché, il porte seulement à un tel paroxysme au moment où il s'accomplit les autres plaisirs que nous causent les doux regards, les baisers de celle qui est auprès de nous, qu'il nous apparaît surtout

[74] Il *le plaisir.*

à nous-mêmes comme une sorte de transport de notre reconnaissance pour la bonté de cœur de notre compagne et pour sa touchante prédilection à notre égard que nous mesurons aux bienfaits, au bonheur dont elle nous comble.

Hélas, c'était en vain que j'implorais le donjon de Roussainville, que je lui demandais de faire venir auprès de moi quelque enfant de son village, comme au seul confident que j'avais eu de mes premiers désirs, quand au haut de notre maison de Combray, dans le petit cabinet sentant l'iris, je ne voyais que sa tour au milieu du carreau de la fenêtre entr'ouverte, pendant qu'avec les hésitations héroïques 10 du voyageur qui entreprend une exploration ou du désespéré qui se suicide, défaillant, je me frayais en moi-même une route inconnue et que je croyais mortelle,[75] jusqu'au moment où une trace naturelle comme celle d'un colimaçon s'ajoutait aux feuilles du cassis sauvage qui se penchaient jusqu'à moi. En vain je suppliais maintenant. En vain, tenant l'étendue dans le champ de ma vision, je la drainais de mes regards qui eussent voulu en ramener une femme. Je pouvais aller jusqu'au porche de Saint-André-des-Champs; jamais ne s'y trouvait la paysanne que je n'eusse pas manqué d'y rencontrer si j'avais été avec mon grand-père et dans l'impossibilité de lier conver- 20 sation avec elle. Je fixais indéfiniment le tronc d'un arbre lointain, de derrière lequel elle allait surgir et venir à moi; l'horizon scruté restait désert, la nuit tombait, c'était sans espoir que mon attention s'attachait, comme pour aspirer les créatures qu'ils pouvaient recéler, à ce sol stérile, à cette terre épuisée;[76] et ce n'était plus d'allégresse, c'était de rage que je frappais les arbres du bois de Roussainville d'entre lesquels ne sortaient pas plus d'êtres vivants que s'ils eussent été des arbres peints sur la toile d'un panorama, quand, ne pouvant me résigner à rentrer à la maison avant d'avoir serré dans mes bras la femme que j'avais tant désirée, j'étais pourtant obligé de reprendre 30 le chemin de Combray en m'avouant à moi-même qu'était de moins en moins probable le hasard qui l'eût mise sur mon chemin. Et s'y fût-elle trouvée, d'ailleurs, eussé-je osé lui parler? Il me semblait qu'elle m'eût considéré comme un fou; je cessais de croire partagés par d'autres êtres, de croire vrais en dehors de moi, les désirs que je

---

[75] . . . **mortelle** guilt and fear attached to adolescent masturbation.

[76] . . . **terre épuisée** The land is sterile and drained of all resource because it offers not the slightest harvest to the adolescent's desire.

formais pendant ces promenades et qui ne se réalisaient pas. Ils ne
m'apparaissaient plus que comme les créations purement subjectives,
impuissantes, illusoires, de mon tempérament. Ils n'avaient plus de
lien avec la nature, avec la réalité qui dès lors perdait tout charme et
toute signification et n'était plus à ma vie qu'un cadre conventionnel,
comme l'est à la fiction d'un roman le wagon sur la banquette duquel
le voyageur le lit pour tuer le temps.

    C'est peut-être d'une impression ressentie aussi auprès de Montjou-
vain, quelques années plus tard, impression restée obscure alors,
10 qu'est sortie, bien après, l'idée que je me suis faite du sadisme. On
verra plus tard que, pour de tout autres raisons, le souvenir de cette
impression devait jouer un rôle important dans ma vie.[77] C'était par
un temps très chaud; mes parents, qui avaient dû s'absenter pour
toute la journée, m'avaient dit de rentrer aussi tard que je voudrais; et
étant allé jusqu'à la mare de Montjouvain où j'aimais revoir les
reflets du toit de tuile, je m'étais étendu à l'ombre et endormi dans
les buissons du talus qui domine la maison, là où j'avais attendu mon
père autrefois, un jour qu'il était allé voir M. Vinteuil. Il faisait
presque nuit quand je m'éveillai, je voulus me lever, mais je vis
20 Mlle Vinteuil (autant que je pus la reconnaître, car je ne l'avais pas
vue souvent à Combray, et seulement quand elle était encore une
enfant, tandis qu'elle commençait d'être une jeune fille) qui probablement venait de rentrer, en face de moi, à quelques centimètres de moi,
dans cette chambre où son père avait reçu le mien et dont elle avait
fait son petit salon à elle. La fenêtre était entr'ouverte, la lampe était
allumée, je voyais tous ses mouvements sans qu'elle me vît, mais en
m'en allant j'aurais fait craquer les buissons, elle m'aurait entendue
et elle aurait pu croire que je m'étais caché là pour l'épier.

    Elle était en grand deuil, car son père était mort depuis peu. Nous
30 n'étions pas allés la voir, ma mère ne l'avait pas voulu à cause d'une

---

[77] . . . vie The incident which follows is linked doubly to future developments; the scene, strange as it is, is sadistic only insofar as the guilt Mademoiselle Vinteuil feels toward her father turns into the need to insult and in-
jure him, even in death. It is subconsciously linked for her with sensual enjoy-
ment and in a less gentle person might well develop into sadism. In the same
way sensual pleasure, for the Baron de Charlus, tends both toward sadism and
masochism. Much later in life, the narrator discovers that Albertine whom
he loves was an intimate friend of "Mlle Vinteuil et son amie." The discovery
plunges him into violent jealousy and despair. (*La Prisonnière* and *Albertine
disparue*.)

vertu qui chez elle limitait seule les effets de la bonté: la pudeur;
mais elle la plaignait profondément. Ma mère se rappelant la triste
fin de vie de M. Vinteuil, tout absorbée d'abord par les soins de
mère et de bonne d'enfant qu'il donnait à sa fille, puis par les souffrances que celle-ci lui avait causées; elle revoyait le visage torturé
qu'avait eu le vieillard tous les derniers temps; elle savait qu'il avait
renoncé à jamais à achever de transcrire au net toute son œuvre des
dernières années, pauvres morceaux d'un vieux professeur de piano,
d'un ancien organiste de village, dont nous imaginions bien qu'ils
n'avaient guère de valeur en eux-mêmes, mais que nous ne mépri-   10
sions pas, parce qu'ils en avaient tant pour lui dont ils avaient été la
raison de vivre avant qu'il les sacrifiât à sa fille, et qui pour la plupart
pas même notés, conservés seulement dans sa mémoire, quelques-uns
inscrits sur des feuillets épars, illisibles, resteraient inconnus;[78] ma
mère pensait à cet autre renoncement plus cruel encore auquel
M. Vinteuil avait été contraint, le renoncement à un avenir de bonheur honnête et respecté pour sa fille; quand elle évoquait toute cette
détresse suprême de l'ancien maître de piano de mes tantes, elle
éprouvait un véritable chagrin et songeait avec effroi à celui, autrement amer, que devait éprouver Mlle Vinteuil, tout mêlé du remords 20
d'avoir à peu près tué son père. «Pauvre M. Vinteuil, disait ma mère,
il a vécu et il est mort pour sa fille, sans avoir reçu son salaire. Le
recevra-t-il après sa mort et sous quelle forme? Il ne pourrait lui venir
que d'elle.»[79]

Au fond du salon de Mlle Vinteuil, sur la cheminée, était posé un
petit portrait de son père que vivement elle alla chercher au moment
où retentit le roulement d'une voiture qui venait de la route, puis
elle se jeta sur un canapé, et tira près d'elle une petite table sur
laquelle elle plaça le portrait, comme M. Vinteuil autrefois avait mis
à côté de lui le morceau qu'il avait le désir de jouer à mes parents. 30
Bientôt son amie entra. Mlle Vinteuil l'accueillit sans se lever, ses
deux mains derrière la tête et se recula sur le bord opposé du sofa
comme pour lui faire une place. Mais aussitôt elle sentit qu'elle
semblait ainsi lui imposer une attitude qui lui était peut-être im-

---

[78] . . . **inconnus** The music of Vinteuil's last years, patiently transcribed
and published by his daughter's friend, will be recognized as great. In particular, a septet will play a more significant part even, in the narrator's life,
than the sonata played in Swann's.

[79] . . . **que d'elle** unconsciously prophetic words, as indicated in Note 78.

portune. Elle pensa que son amie aimerait peut-être mieux être loin
d'elle sur une chaise, elle se trouva indiscrète, la délicatesse de son
cœur s'en alarma; reprenant toute la place sur le sofa elle ferma les
yeux et se mit à bâiller pour indiquer que l'envie de dormir était la
seule raison pour laquelle elle s'était ainsi étendue. Malgré la familiarité rude et dominatrice qu'elle avait avec sa camarade, je reconnaissais les gestes obséquieux et réticents, les brusques scrupules de son
père. Bientôt elle se leva, feignit de vouloir fermer les volets et de
n'y pas réussir.

10   —Laisse donc tout ouvert, j'ai chaud, dit son amie.

—Mais c'est assommant, on nous verra, répondit Mlle Vinteuil.

Mais elle devina sans doute que son amie penserait qu'elle n'avait
dit ces mots que pour la provoquer à lui répondre par certains autres,
qu'elle avait en effet le désir d'entendre, mais que par discrétion elle
voulait lui laisser l'initiative de prononcer. Aussi son regard, que je
ne pouvais distinguer, dut-il prendre l'expression qui plaisait tant à
ma grand'mère, quand elle ajouta vivement:

—Quand je dis nous voir, je veux dire nous voir lire; c'est assommant, quelque chose insignifiante[80] qu'on fasse, de penser que des
20 yeux nous voient.

Par une générosité instinctive et une politesse volontaire elle taisait
les mots prémédités qu'elle avait jugés indispensables à la pleine
réalisation de son désir. Et à tous moments au fond d'elle-même une
vierge timide et suppliante implorait et faisait reculer un soudard[81]
fruste et vainqueur.

—Oui, c'est probable qu'on nous regarde à cette heure-ci, dans
cette campagne fréquentée, dit ironiquement son amie. Et puis quoi?
ajouta-t-elle (en croyant devoir accompagner d'un clignement d'yeux
malicieux et tendre ces mots qu'elle récita par bonté, comme un
30 texte qu'elle savait être agréable à Mlle Vinteuil, d'un ton qu'elle
s'efforçait de rendre cynique), quand même on vous verrait, ce n'en
est que meilleur.

Mlle Vinteuil frémit et se leva. Son cœur scrupuleux et sensible
ignorait quelles paroles devaient spontanément venir s'adapter à la
scène que ses sens réclamaient. Elle cherchait le plus loin qu'elle

---

[80] . . . insignifiante   a perfectly correct but no longer common use of
chose with *quelque* as a separate adjective: "any insignificant thing one may
do."

[81] soudard   same origin as *soldat*: a mercenary, violent and rough.

pouvait de sa vraie nature morale, à trouver le langage propre à la fille vicieuse qu'elle désirait d'être, mais les mots qu'elle pensait que celle-ci eût prononcés sincèrement lui paraissaient faux dans sa bouche. Et le peu qu'elle s'en permettait était dit sur un ton guindé[82] où ses habitudes de timidité paralysaient ses velléités d'audace, et s'entremêlait de: «Tu n'as pas froid, tu n'as pas trop chaud, tu n'as pas envie d'être seule et de lire?»

—Mademoiselle me semble avoir des pensées bien lubriques ce soir, finit-elle par dire, répétant sans doute une phrase qu'elle avait entendue autrefois dans la bouche de son amie.

Dans l'échancrure de son corsage de crêpe, Mlle Vinteuil sentit que son amie piquait un baiser, elle poussa un petit cri, s'échappa, et elles se poursuivirent en sautant, faisant voleter leurs larges manches comme des ailes et gloussant et piaillant comme des oiseaux amoureux. Puis Mlle Vinteuil finit par tomber sur le canapé, recouverte par le corps de son amie. Mais celle-ci tournait le dos à la petite table sur laquelle était placé le portrait de l'ancien professeur de piano. Mlle Vinteuil comprit que son amie ne le verrait pas si elle n'attirait pas sur lui son attention, et elle lui dit, comme si elle venait seulement de le remarquer:

—Oh! ce portrait de mon père qui nous regarde, je ne sais pas qui a pu le mettre là, j'ai pourtant dit vingt fois que ce n'était pas sa place.

Je me souvins que c'étaient les mots que M. Vinteuil avait dits à mon père à propos du morceau de musique. Ce portrait leur servait sans doute habituellement pour des profanations rituelles, car son amie lui répondit par ces paroles qui devaient faire partie de ses réponses liturgiques:

—Mais laisse-le donc où il est, il n'est plus là pour nous embêter. Crois-tu qu'il pleurnicherait, qu'il voudrait te mettre ton manteau, s'il te voyait là, la fenêtre ouverte, le vilain singe.

Mlle Vinteuil répondit par des paroles de doux reproche: «Voyons, voyons», qui prouvaient la bonté de sa nature, non qu'elles fussent dictées par l'indignation que cette façon de parler de son père eût pu lui causer (évidemment, c'était là un sentiment qu'elle s'était habituée, à l'aide de quels sophismes? à faire taire en elle dans ces minutes-là), mais parce qu'elles étaient comme un frein que pour ne pas se montrer égoïste elle mettait elle-même au plaisir que son amie

[82] **ton guindé** stilted tone.

cherchait à lui procurer. Et puis cette modération souriante en répon-
dant à ces blasphèmes, ce reproche hypocrite et tendre, paraissaient
peut-être à sa nature franche et bonne une forme particulièrement
infâme, une forme doucereuse de cette scélératesse qu'elle cherchait
à s'assimiler. Mais elle ne put résister à l'attrait du plaisir qu'elle
éprouverait à être traitée avec douceur par une personne si implacable
envers un mort sans défense; elle sauta sur les genoux de son amie,
et lui tendit chastement son front à baiser comme elle aurait pu faire
si elle avait été sa fille, sentant avec délices qu'elles allaient ainsi
10 toutes deux au bout de la cruauté en ravissant à M. Vinteuil, jusque
dans le tombeau, sa paternité. Son amie lui prit la tête entre ses mains
et lui déposa un baiser sur le front avec cette docilité que lui rendait
facile la grande affection qu'elle avait pour Mlle Vinteuil et le désir
de mettre quelque distraction dans la vie si triste maintenant de l'or-
pheline.

—Sais-tu ce que j'ai envie de lui faire à cette vieille horreur? dit-
elle en prenant le portrait.

Et elle murmura à l'oreille de Mlle Vinteuil quelque chose que je
ne pus entendre.

20 —Oh! tu n'oserais pas.

—Je n'oserais pas cracher dessus? sur *ça?* dit l'amie avec une
brutalité voulue.

Je n'en entendis pas davantage, car Mlle Vinteuil, d'un air las,
gauche, affairé, honnête et triste, vint fermer les volets et la fenêtre,
mais je savais maintenant, pour toutes les souffrances que pendant sa
vie M. Vinteuil avait supportées à cause de sa fille, ce qu'après la
mort il avait reçu d'elle en salaire.

Et pourtant j'ai pensé depuis que si M. Vinteuil avait pu assister à
cette scène, il n'eût peut-être pas encore perdu sa foi dans le bon
30 cœur de sa fille, et peut-être même n'eût-il pas eu en cela tout à fait
tort. Certes, dans les habitudes de Mlle Vinteuil l'apparence du mal
était si entière qu'on aurait eu de la peine à la rencontrer réalisée à
ce degré de perfection ailleurs que chez une sadique; c'est à la
lumière de la rampe des théâtres du boulevard [83] plutôt que sous la
lampe d'une maison de campagne véritable qu'on peut voir une fille

[83] . . . **boulevard** "behind the footlights of a boulevard theatre . . ."
The theatres on the *grands boulevards* in Paris are commercial and tend to
present melodramatic plays lacking in subtlety.

faire cracher une amie sur le portrait d'un père qui n'a vécu que
pour elle; et il n'y a guère que le sadisme qui donne un fondement
dans la vie à l'esthétique du mélodrame. Dans la réalité, en dehors
des cas de sadisme, une fille aurait peut-être des manquements aussi
cruels que ceux de Mlle Vinteuil envers la mémoire et les volontés de
son père mort, mais elle ne les résumerait pas expressément en un
acte d'un symbolisme aussi rudimentaire et aussi naïf; ce que sa
conduite aurait de criminel serait plus voilé aux yeux des autres et
même à ses yeux à elle qui ferait le mal sans se l'avouer. Mais, au
delà de l'apparence, dans le cœur de Mlle Vinteuil, le mal, au début   10
du moins, ne fut sans doute pas sans mélange. Une sadique comme
elle est l'artiste du mal, ce qu'une créature entièrement mauvaise ne
pourrait être, car le mal ne lui serait pas extérieur, il lui semblerait
tout naturel, ne se distinguerait même pas d'elle; et la vertu, la
mémoire des morts, la tendresse filiale, comme elle n'en aurait pas le
culte, elle ne trouverait pas un plaisir sacrilège à les profaner. Les
sadiques de l'espèce de Mlle Vinteuil sont des êtres si purement
sentimentaux, si naturellement vertueux que même le plaisir sensuel
leur paraît quelque chose de mauvais, le privilège des méchants. Et
quand ils se concèdent à eux-mêmes de s'y livrer un moment, c'est   20
dans la peau des méchants qu'ils tâchent d'entrer et de faire entrer
leur complice, de façon à avoir eu un moment l'illusion de s'être
évadé de leur âme scrupuleuse et tendre, dans le monde inhumain du
plaisir. Et je comprenais combien elle l'eût désiré en voyant combien
il lui était impossible d'y réussir. Au moment où elle se voulait si
différente de son père, ce qu'elle me rappelait, c'étaient les façons de
penser, de dire, du vieux professeur de piano. Bien plus que sa
photographie, ce qu'elle profanait, ce qu'elle faisait servir à ses plaisirs
mais qui restait entre eux et elle et l'empêchait de les goûter directement, c'était la ressemblance de son visage, les yeux bleus de sa mère   30
à lui qu'il lui avait transmis comme un bijou de famille, ces gestes
d'amabilité qui interposaient entre le vice de Mlle Vinteuil et elle
une phraséologie, une mentalité qui n'était pas faite pour lui et
l'empêchait de le connaître, comme quelque chose de très différent
des nombreux devoirs de politesse auxquels elle se consacrait d'habitude. Ce n'est pas le mal qui lui donnait l'idée du plaisir, qui lui
semblait agréable; c'est le plaisir qui lui semblait malin. Et comme
chaque fois qu'elle s'y adonnait il s'accompagnait pour elle de ces

pensées mauvaises qui le reste du temps étaient absentes de son âme vertueuse, elle finissait par trouver au plaisir quelque chose de diabolique, par l'identifier au Mal. Peut-être Mlle Vinteuil sentait-elle que son amie n'était pas foncièrement mauvaise, et qu'elle n'était pas sincère au moment où elle lui tenait ces propos blasphématoires. Dumoins avait-elle le plaisir d'embrasser sur son visage des sourires, des regards, feints peut-être, mais analogues dans leur expression vicieuse et basse à ceux qu'aurait eus non un être de bonté et de souffrance, mais un être de cruauté et de plaisir. Elle pouvait s'imaginer un
10 instant qu'elle jouait vraiment les jeux qu'eût joués, avec une complice aussi dénaturée, une fille qui aurait ressenti en effet ces sentiments barbares à l'égard de la mémoire de son père. Peut-être n'eût-elle pas pensé que le mal fût un état si rare, si extraordinaire, si dépaysant, où il était si reposant d'émigrer, si elle avait su discerner en elle, comme en tout le monde, cette indifférence aux souffrances qu'on cause et qui, quelques autres noms qu'on lui donne, est la forme terrible et permanente de la cruauté.

S'il était assez simple d'aller du côté de Méséglise, c'était une autre affaire d'aller du côté de Guermantes, car la promenade était longue
20 et l'on voulait être sûr du temps qu'il ferait. Quand on semblait entrer dans une série de beaux jours; quand Françoise désespérée qu'il ne tombât pas une goutte d'eau pour les «pauvres récoltes», et ne voyant que de rares nuages blancs nageant à la surface calme et bleue du ciel s'écriait en gémissant: «Ne dirait-on pas qu'on voit ni plus ni moins des chiens de mer qui jouent en montrant là-haut leurs museaux. Ah! ils pensent bien à faire pleuvoir pour les pauvres laboureurs! Et puis quand les blés seront poussés, alors la pluie se mettra à tomber tout à petit patapon,[84] sans discontinuer, sans plus savoir sur quoi elle tombe que si c'était sur la mer»; quand mon
30 père avait reçu invariablement les mêmes réponses favorables du jardinier et du baromètre, alors on disait au dîner: «Demain s'il fait le même temps, nous irons du côté de Guermantes.» On partait tout de suite après déjeuner par la petite porte du jardin et on tombait dans la rue des Perchamps, étroite et formant un angle aigu, remplie de graminées,[85] au milieu desquelles deux ou trois guêpes passaient

---

[84] à petit patapon   onomàtopœia which appears in certain popular songs such as *Il était une bergère;* the refrain is *Et ri et ron petit patapon.*
[85] graminées   grasses of all kinds.

la journée à herboriser, aussi bizarre que son nom d'où me semblaient dériver ses particularités curieuses et sa personnalité revêche, et qu'on chercherait en vain dans le Combray d'aujourd'hui où sur son tracé ancien s'élève l'école. Mais ma rêverie (semblable à ces architectes élèves de Viollet-le-Duc,[86] qui, croyant retrouver sous un jubé Renaissance[87] et un autel du XVIIe siècle les traces d'un chœur roman,[88] remettent tout l'édifice dans l'état où il devait être au VIIe siècle) ne laisse pas une pierre du bâtiment nouveau, reperce et «restitue» la rue des Perchamps. Elle a d'ailleurs pour ces reconstitutions des données plus précises que n'en ont généralement les restaurateurs: 10 quelques images conservées par ma mémoire, les dernières peut-être qui existent encore actuellement, et destinées à être bientôt anéanties, de ce qu'était le Combray du temps de mon enfance; et, parce que c'est lui-même qui les a tracées en moi avant de disparaître, émouvantes—si on peut comparer un obscur portrait à ces effigies glorieuses dont ma grand'mère aimait à me donner des reproductions—comme des gravures anciennes de la *Cène* ou ce tableau de Gentile Bellini, dans lesquels l'on voit en un état qui n'existe plus aujourd'hui le chef-d'œuvre de Vinci et le portail de Saint-Marc.[89]

On passait, rue de l'Oiseau, devant la vieille hôtellerie de l'Oiseau 20 fleché dans la grande cour de laquelle entrèrent quelquefois au XVIIe siècle les carrosses des duchesses de Montpensier, de Guermantes et de Montmorency, quand elles avaient à venir à Combray pour quelque contestation avec leurs fermiers, pour une question d'hommage. On gagnait le mail [90] entre les arbres duquel apparaissait le clocher de Saint-Hilaire. Et j'aurais voulu pouvoir m'asseoir là et rester toute la journée à lire en écoutant les cloches; car il faisait si beau et si tranquille que, quand sonnait l'heure, on aurait dit non

[86] **Viollet-le-Duc** (1814-1879). Architect and archeologist who restored many French monuments, such as the ramparts of Carcassonne. The dangers of his method are humorously presented by Proust.

[87] **jubé Renaissance** a rood screen in a church, and the gallery above the screen, in the Renaissance style (sixteenth century).

[88] **un chœur roman** The choir of a church built in the Romanesque style, which developed in Western Europe between the Roman and Gothic styles, characterized, after the year 1000, by the round arch.

[89] **Saint-Marc** allusion to Bellini's *Procession in Piazza San Marco,* in which the façade of San Marco, showing the five famous portals, serves as background.

[90] **mail** the mall, a shaded avenue where the game of pall-mall was played in a distant past.

qu'elle rompait le calme du jour, mais qu'elle le débarrassait de ce qu'il contenait et que le clocher, avec l'exactitude indolente et soigneuse d'une personne qui n'a rien d'autre à faire, venait seulement—pour exprimer et laisser tomber les quelques gouttes d'or que la chaleur y avait lentement et naturellement amassées—de presser, au moment voulu, la plénitude du silence.

Le plus grand charme du côté de Guermantes, c'est qu'on y avait presque tout le temps à côté de soi le cours de la Vivonne.[91] On la traversait une première fois, dix minutes après avoir quitté la maison,
10 sur une passerelle dite le Pont-Vieux. Dès le lendemain de notre arrivée, le jour de Pâques, après le sermon s'il faisait beau temps, je courais jusque-là, voir dans ce désordre d'un matin de grande fête où quelques préparatifs somptueux font paraître plus sordides les ustensiles de ménage qui traînent encore, la rivière qui se promenait déjà en bleu ciel entre les terres encore noires et nues, accompagnée seulement d'une bande de coucous[92] arrivés trop tôt et de primevères en avance, cependant que çà et là une violette au bec bleu laissait fléchir sa tige sous le poids de la goutte d'odeur qu'elle tenait dans son cornet. Le Pont-Vieux débouchait dans un sentier de halage[93]
20 qui à cet endroit se tapissait l'été du feuillage bleu d'un noisetier sous lequel un pêcheur en chapeau de paille avait pris racine. A Combray où je savais quelle individualité de maréchal ferrant ou de garçon épicier était dissimulée sous l'uniforme du suisse[94] ou le surplis de l'enfant de chœur, ce pêcheur est la seule personne dont je n'aie jamais découvert l'identité. Il devait connaître mes parents, car il soulevait son chapeau quand nous passions; je voulais alors demander son nom, mais on me faisait signe de me taire pour ne pas effrayer le poisson. Nous nous engagions dans le sentier de halage qui dominait le courant d'un talus de plusieurs pieds; de l'autre côté
30 la rive était basse, étendue en vastes prés jusqu'au village et jusqu'à la gare qui en était distante. Ils étaient semés des restes, à demi enfouis dans l'herbe, du château des anciens comtes de Combray qui au moyen âge avait de ce côté le cours de la Vivonne comme défense contre les attaques des sires de Guermantes et des abbés de Martin-

---

[91] **Vivonne** the fictitious river of Combray.
[92] **coucous** cowslips.
[93] **sentier de halage** tow-path.
[94] **suisse** the beadle.

ville. Ce n'étaient plus que quelques fragments de tours bossuant la
prairie, à peine apparents, quelques créneaux d'où jadis l'arbalétrier
lançait des pierres, d'où le guetteur surveillait Novepont, Clairefontaine, Martinville-le-Sec, Bailleau-l'Exempt, toutes terres vassales de
Guermantes entre lesquels Combray était enclavé, aujourd'hui au
ras de l'herbe, dominés par les enfants de l'école des frères qui
venaient là apprendre leurs leçons ou jouer aux récréations[95]—passé
presque descendu dans la terre, couché au bord de l'eau comme un
promeneur qui prend le frais, mais me donnant fort à songer, me
faisant ajouter dans le nom de Combray à la petite ville d'aujourd'hui   10
une cité très différente, retenant mes pensées par son visage incompréhensible et d'autrefois qu'il cachait à demi sous les boutons d'or.
Ils étaient fort nombreux à cet endroit qu'ils avaient choisi pour leurs
jeux sur l'herbe, isolés, par couples, par troupes, jaunes comme un
jaune d'œuf, brillant d'autant plus, me semblait-il, que ne pouvant
dériver vers aucune velléité de dégustation le plaisir que leur vue me
causait, je l'accumulais dans leur surface dorée, jusqu'à ce qu'il devînt
assez puissant pour produire de l'inutile beauté; et cela dès ma plus
petite enfance, quand du sentier de halage je tendais les bras vers eux
sans pouvoir épeler complètement leur joli nom de Princes de contes   20
de fées français, venus peut-être il y a bien des siècles d'Asie,[96] mais
apatriés[97] pour toujours au village, contents du modeste horizon,
aimant le soleil et le bord de l'eau, fidèles à la petite vue de la gare,
gardant encore pourtant comme certaines de nos vieilles toiles
peintes,[98] dans leur simplicité populaire, un poétique éclat d'orient.

[96] . . . récréations "They were nothing now but a few hummocks of
towers, denting the meadows and almost invisible, a few battlements from
which long ago crossbowmen hurled stones and watchmen searched the horizon toward Novepont, Clairefontaine, Martinville-le-Sec, Bailleau-l'Exempt,
all vassal domains of Guermantes in the midst of which Combray was en-
closed; and now the former towers were at grass-level, lorded over by the
children from the Catholic school, who came there to learn their lessons or
to play during recreations . . ."

[96] . . . d'Asie It is not known where buttercups originated. Here Proust
suggests they are Asiatic. In most French fairy tales the Prince bears no name;
he is called le fils du roi. But he is often associated with gold, gold-embroidered
clothes, a gold harness, and sometimes a heart of gold.

[97] apatriés an unusual word derived from patrie and meaning morally
and physically acclimatized. Cf. rapatrier.

[98] toiles peintes Toile is a heavy cloth of hemp used as canvas for oil
paintings. The first oil paintings, which date from the fourteenth century,
often have a rich glow.

Je m'amusais à regarder les carafes que les gamins mettaient dans
la Vivonne pour prendre les petits poissons,[99] et qui, remplies par la
rivière, où elles sont à leur tour encloses, à la fois «contenant» aux
flancs transparents comme une eau durcie, et «contenu» plongé dans
un plus grand contenant de cristal liquide et courant, évoquaient
l'image de la fraîcheur d'une façon plus délicieuse et plus irritante
qu'elles n'eussent fait sur une table servie, en ne la montrant qu'en
fuite dans cette allitération perpétuelle[1] entre l'eau sans consistance
où les mains ne pouvaient la capter et le verre sans fluidité où le
10 palais ne pourrait en jouir. Je me promettais de venir là plus tard
avec des lignes;[2] j'obtenais qu'on tirât un peu de pain des provisions
du goûter; j'en jetais dans la Vivonne les boulettes qui semblaient
suffire pour y provoquer un phénomène de sursaturation, car l'eau
se solidifiait aussitôt autour d'elles en grappes ovoïdes de têtards
inanitiés[3] qu'elle tenait sans doute jusque-là en dissolution, invisibles,
tout près d'être en voie de cristallisation.

Bientôt le cours de la Vivonne s'obstrue de plantes d'eau. Il y en a
d'abord d'isolées comme tel nénufar à qui le courant au travers
duquel il était placé d'une façon malheureuse laissait si peu de repos
20 que, comme un bac[4] actionné mécaniquement, il n'abordait une rive
que pour retourner à celle d'où il était venu, refaisant éternellement
la double traversée. Poussé vers la rive, son pédoncule se dépliait,
s'allongeait, filait, atteignait l'extrême limite de sa tension jusqu'au
bord où le courant le reprenait, le vert cordage se repliait sur lui-
même et ramenait la pauvre plante à ce qu'on peut d'autant mieux
appeler son point de départ qu'elle n'y restait pas une seconde sans en
repartir par une répétition de la même manœuvre. Je la retrouvais de
promenade en promenade, toujours dans la même situation, faisant
penser à certains neurasthéniques[5] au nombre desquels mon grand-

[99] **petits poissons** Boys put bottles into the river, counter current-wise,
generally with a little flour inside, to attract the small fishes who, once in the
bottle, cannot get out because of the pressure of the water and the narrowness
of the bottle neck.

[1] **cette allitération perpétuelle** The constant recurrence of the shock of
water on the transparent and still glass is compared by Proust to alliteration
in poetry.

[2] **lignes** fishing lines.

[3] **têtards inanitiés** emaciated tadpoles.

[4] **bac** a ferry-boat.

[5] **neurasthéniques** people afflicted with some form of neurasthenia, *i.e.,*
derangement of the nervous system with depression of vital force.

père comptait ma tante Léonie, qui nous offrent sans changement au cours des années le spectacle des habitudes bizarres qu'ils se croient chaque fois à la veille de secouer et qu'ils gardent toujours; pris dans l'engrenage de leurs malaises et de leurs manies, les efforts dans lesquels ils se débattent inutilement pour en sortir ne font qu'assurer le fonctionnement et faire jouer le déclic de leur diététique étrange, inéluctable et funeste.[6] Tel était ce nénufar, pareil aussi à quelqu'un de ces malheureux dont le tourment singulier, qui se répète indéfiniment durant l'éternité, excitait la curiosité de Dante, et dont il se serait fait raconter plus longuement les particularités et la cause par le 10 supplicié lui-même, si Virgile, s'éloignant à grands pas, ne l'avait forcé à le rattraper au plus vite,[7] comme moi mes parents.

Mais plus loin le courant se ralentit, il traverse une propriété dont l'accès était ouvert au public par celui à qui elle appartenait et qui s'y était complu à des travaux d'horticulture aquatique, faisant fleurir, dans les petits étangs que forme la Vivonne, de véritables jardins de nymphéas. Comme les rives étaient à cet endroit très boisées, les grandes ombres des arbres donnaient à l'eau un fond qui était habituellement d'un vert sombre mais que parfois, quand nous rentrions par certains soirs rassérénés d'après-midi orageux, j'ai vu d'un bleu 20 clair et cru, tirant sur le violet, d'apparence cloisonnée et de goût japonais. Çà et là, à la surface, rougissait comme une fraise une fleur de nymphéa au cœur écarlate, blanc sur les bords. Plus loin, les fleurs plus nombreuses étaient plus pâles, moins lisses, plus grenues, plus plissées, et disposées par le hasard en enroulements si gracieux qu'on croyait voir flotter à la dérive, comme après l'effeuillement mélancolique d'une fête galante, des roses mousseuses en guirlandes dénouées.[8] Ailleurs un coin semblait réservé aux espèces communes qui montraient le blanc et rose proprets de la julienne,[9] lavés comme

[6] . . . funeste "caught in the clockwork of their ills and eccentric habits, they make futile efforts to escape, efforts which only start the habitual processes, setting off the mechanism of their strange, unavoidable, and fatal hygiene."

[7] . . . plus vite allusion to Dante's *Inferno* (canto XXIX, 1-18).

[8] . . . dénouées "Further along, the flowers were more numerous and paler, less glossy, rougher in texture, more rumpled and disposed by chance in such graceful wreaths that one could imagine one saw—as after the melancholy dispersal of some exquisite out-door fête—moss-roses float downstream in broken garlands."

[9] julienne rocket-plant.

de la porcelaine avec un soin domestique, tandis qu'un peu plus loin, pressées les unes contre les autres en une véritable plate-bande flottante, on eût dit des pensées des jardins qui étaient venues poser comme des papillons leurs ailes bleuâtres et glacées sur l'obliquité transparente de ce parterre d'eau; de ce parterre céleste aussi: car il donnait aux fleurs un sol d'une couleur plus précieuse, plus émouvante que la couleur des fleurs elles-mêmes; et, soit que dans l'après-midi il [10] fît étinceler sous les nymphéas le kaléidoscope d'un bonheur attentif, silencieux et mobile, ou qu'il s'emplît vers le soir, comme quelque port lointain, du rose et de la rêverie du couchant, changeant sans cesse pour rester toujours en accord, autour des corolles de teintes plus fixes, avec ce qu'il y a de plus profond, de plus fugitif, de plus mystérieux—avec ce qu'il y a d'infini—dans l'heure, il semblait les avoir fait fleurir en plein ciel.

Au sortir de ce parc, la Vivonne redevient courante. Que de fois j'ai vu, j'ai désiré imiter quand je serais libre de vivre à ma guise, un rameur, qui, ayant lâché l'aviron, s'était couché à plat sur le dos, la tête en bas, au fond de sa barque, et la laissant flotter à la dérive, ne pouvant voir que le ciel qui filait lentement au-dessus de lui, portait sur son visage l'avant-goût du bonheur et de la paix.

Nous nous asseyions entre les iris au bord de l'eau. Dans le ciel férié flânait longuement un nuage oisif. Par moments, oppressée par l'ennui, une carpe se dressait hors de l'eau dans une aspiration anxieuse. C'était l'heure du goûter. Avant de repartir nous restions longtemps à manger des fruits, du pain et du chocolat, sur l'herbe où parvenaient jusqu'à nous, horizontaux, affaiblis, mais denses et métalliques encore, des sons de la cloche de Saint-Hilaire qui ne s'étaient pas mélangés à l'air qu'ils traversaient depuis si longtemps, et côtelés[11] par la palpitation successive de toutes leurs lignes sonores, vibraient en rasant les fleurs, à nos pieds.

Parfois, au bord de l'eau entourée de bois, nous rencontrions une maison dite de plaisance,[12] isolée, perdue, qui ne voyait rien du monde que la rivière qui baignait ses pieds. Une jeune femme dont le visage pensif et les voiles élégants n'étaient pas de ce pays et qui

[10] **il** *le parterre d'eau,* the pool; *céleste* also because it reflects the sky.
[11] **côtelés** ridged. The auditory sensation of vibration is transformed into a visual sensation.
[12] **. . . de plaisance** a country residence, built for pleasure; *dite* = so-called (ironical).

sans doute était venue, selon l'expression populaire, «s'enterrer» là, goûter le plaisir amer de sentir que son nom, le nom surtout de celui dont elle n'avait pu garder le cœur, y était inconnu, s'encadrait dans la fenêtre qui ne lui laissait pas regarder plus loin que la barque amarrée près de la porte. Elle levait distraitement les yeux en entendant derrière les arbres de la rive la voix des passants dont avant qu'elle eût aperçu leur visage, elle pouvait être certaine que jamais ils n'avaient connu, ni ne connaîtraient l'infidèle, que rien dans leur passé ne gardait sa marque, que rien dans leur avenir n'aurait l'occasion de la recevoir. On sentait que, dans son renoncement, elle avait 10 volontairement quitté des lieux où elle aurait pu du moins apercevoir celui qu'elle aimait, pour ceux-ci qui ne l'avaient jamais vu. Et je la regardais, revenant de quelque promenade sur un chemin où elle savait qu'il ne passerait pas, ôter de ses mains résignées de longs gants d'une grâce inutile.

Jamais dans la promenade du côté de Guermantes nous ne pûmes remonter jusqu'aux sources de la Vivonne auxquelles j'avais souvent pensé et qui avaient pour moi une existence si abstraite, si idéale, que j'avais été aussi surpris quand on m'avait dit qu'elles se trouvaient dans le département,[13] à une certaine distance kilométrique de Com- 20 bray, que le jour où j'avais appris qu'il y avait un autre point précis de la terre où s'ouvrait, dans l'antiquité, l'entrée des Enfers.[14] Jamais non plus nous ne pûmes pousser jusqu'au terme que j'eusse tant souhaité d'atteindre, jusqu'à Guermantes. Je savais que là résidaient des châtelains, le duc et la duchesse de Guermantes, je savais qu'ils étaient des personnages réels et actuellement existants, mais chaque fois que je pensais à eux, je me les représentais tantôt en tapisserie, comme était la comtesse de Guermantes, dans le «Couronnement d'Esther» de notre église, tantôt de nuances changeantes comme était Gilbert le Mauvais dans le vitrail où il passait du vert chou au bleu 30 prune, selon que j'étais encore à prendre de l'eau bénite ou que j'arrivais à nos chaises, tantôt tout à fait impalpables comme l'image de Geneviève de Brabant, ancêtre de la famille de Guermantes, que la lanterne magique promenait sur les rideaux de ma chambre ou

[13] **département** a larger administrative division of territory than the commune. France is divided into ninety departments.

[14] **Enfers** the entrance to Hades. The abode of the dead in Greek mythology was situated in various spots in Greece where a river or lake seemed to disappear into a chasm.

faisait monter au plafond—enfin toujours enveloppés du mystère des temps mérovingiens et baignant comme dans un coucher de soleil dans la lumière orangée qui émane de cette syllabe: «antes». Mais si malgré cela ils étaient pour moi, en tant que duc et duchesse, des êtres réels, bien qu'étranges, en revanche leur personne ducale se distendait démesurément, s'immatérialisait, pour pouvoir contenir en elle ce Guermantes dont ils étaient duc et duchesse, tout ce «côté de Guermantes» ensoleillé, le cours de la Vivonne, ses nymphéas et ses grands arbres, et tant de beaux après-midi. Et je savais qu'ils ne
10 portaient pas seulement le titre de duc et de duchesse de Guermantes, mais que depuis le XIVe siècle où, après avoir inutilement essayé de vaincre leurs anciens seigneurs ils s'étaient alliés à eux par des mariages, ils étaient comtes de Combray, les premiers des citoyens de Combray par conséquent et pourtant les seuls qui n'y habitassent pas. Comtes de Combray, possédant Combray au milieu de leur nom, de leur personne, et sans doute ayant effectivement en eux cette étrange et pieuse tristesse qui était spéciale à Combray; propriétaires de la ville, mais non d'une maison particulière, demeurant sans doute dehors, dans la rue, entre ciel et terre, comme ce Gilbert de Guer-
20 mantes, dont je ne voyais aux vitraux de l'abside de Saint-Hilaire que l'envers de laque noire, si je levais la tête quand j'allais chercher du sel chez Camus.

Puis il arriva que sur le côté de Guermantes je passai parfois devant de petits enclos humides où montaient des grappes de fleurs sombres. Je m'arrêtais, croyant acquérir une notion précieuse, car il me semblait avoir sous les yeux un fragment de cette région fluviatile, que je désirais tant connaître depuis que je l'avais vue décrite par un de mes écrivains préférés. Et ce fut avec elle, avec son sol imaginaire traversé de cours d'eau bouillonnants, que Guermantes, changeant d'aspect
30 dans ma pensée, s'identifia, quand j'eus entendu le docteur Percepied nous parler des fleurs et des belles eaux vives qu'il y avait dans le parc du château. Je rêvais que Mme de Guermantes m'y faisait venir, éprise pour moi d'un soudain caprice; tout le jour elle y pêchait la truite avec moi. Et le soir, me tenant par la main, en passant devant les petits jardins de ses vassaux, elle me montrait, le long des murs bas, les fleurs qui y appuient leurs quenouilles violettes et rouges et m'apprenait leurs noms. Elle me faisait lui dire le sujet des poèmes que j'avais l'intention de composer. Et ces rêves m'aver-

tissaient que, puisque je voulais un jour être un écrivain, il était temps de savoir ce que je comptais écrire.[15] Mais dès que je me le demandais, tâchant de trouver un sujet où je pusse faire tenir une signification philosophique infinie, mon esprit s'arrêtait de fonctionner, je ne voyais plus que le vide en face de mon attention, je sentais que je n'avais pas de génie ou peut-être une maladie cérébrale l'empêchait de naître. Parfois je comptais sur mon père pour arranger cela. Il était si puissant, si en faveur auprès des gens en place[16] qu'il arrivait à nous faire transgresser les lois que Françoise m'avait appris à considérer comme plus inéluctables que celles de la vie et de la   10 mort, à faire retarder d'un an pour notre maison, seule de tout le quartier, les travaux de «ravalement»,[17] à obtenir du ministre, pour le fils de Mme Sazerat qui voulait aller aux eaux,[18] l'autorisation qu'il passât le baccalauréat deux mois d'avance, dans la série des candidats dont le nom commençait par un A au lieu d'attendre le tour de S.[19] Si j'étais tombé gravement malade, si j'avais été capturé par des brigands, persuadé que mon père avait trop d'intelligences avec les puissances suprêmes, de trop irrésistibles lettres de recommandation auprès du bon Dieu, pour que ma maladie ou ma captivité pussent être autre chose que de vains simulacres sans danger pour moi j'au-   20 rais attendu avec calme l'heure inévitable du retour à la bonne réalité, l'heure de la délivrance ou de la guérison; peut-être cette absence de génie, ce trou noir qui se creusait dans mon esprit quand je cherchais le sujet de mes écrits futurs, n'était-il aussi qu'une illusion sans consistance, et cesserait-elle par l'intervention de mon père qui avait dû convenir avec le Gouvernement et avec la Providence que je serais le premier écrivain de l'époque. Mais d'autres fois, tandis que mes parents s'impatientaient de me voir rester en arrière et ne pas les suivre, ma vie actuelle, au lieu de me sembler une création artificielle de mon père et qu'il pouvait modifier à son gré, m'apparaissait   30 au contraire comme comprise dans une réalité qui n'était pas faite

---

[15] . . . écrire Proust here introduces one of the main themes of *La Recherche du temps perdu,* the theme of the narrator's long unrealized vocation to become a writer.

[16] gens en place people who hold important jobs, who exercise power.

[17] ravalement "construction work"; cutting back to widen the streets.

[18] aller aux eaux to go to a spa.

[19] le tour de S The baccalauréat is the diploma obtained on graduating from the lycée. The candidates used to be called up alphabetically for examination in successive series. They now all take the examination on the same date.

pour moi, contre laquelle il n'y avait pas de recours, au cœur de laquelle je n'avais pas d'allié, qui ne cachait rien au delà d'elle-même. Il me semblait alors que j'existais de la même façon que les autres hommes, que je vieillirais, que je mourrais comme eux, et que parmi eux j'étais seulement du nombre de ceux qui n'ont pas de dispositions pour écrire. Aussi, découragé, je renonçais à jamais à la littérature, malgré les encouragements que m'avait donnés Bloch. Ce sentiment intime, immédiat, que j'avais du néant de ma pensée, prévalait contre toutes les paroles flatteuses qu'on pouvait me prodiguer,
10 comme chez un méchant dont chacun vante les bonnes actions, les remords de sa conscience.[20]

Un jour ma mère me dit: «Puisque tu parles toujours de Mme de Guermantes, comme le docteur Percepied l'a très bien soignée il y a quatre ans, elle doit venir à Combray pour assister au mariage de sa fille. Tu pourras l'apercevoir à la cérémonie.» C'était du reste par le docteur Percepied que j'avais le plus entendu parler de Mme de Guermantes, et il nous avait même montré le numéro d'une revue illustrée où elle était représentée dans le costume qu'elle portait à un bal travesti chez la princesse de Léon.

20 Tout d'un coup pendant la messe de mariage, un mouvement que fit le suisse en se déplaçant me permit de voir assise dans une chapelle une dame blonde avec un grand nez, des yeux bleus et perçants, une cravate bouffante en soie mauve, lisse, neuve et brillante, et un petit bouton au coin du nez. Et parce que dans la surface de son visage rouge, comme si elle eût eu très chaud, je distinguais diluées et à peine perceptibles, des parcelles d'analogie avec le portrait qu'on m'avait montré, parce que surtout les traits particuliers que je relevais en elle, si j'essayais de les énoncer, se formulaient précisément dans les mêmes termes: un grand nez, des yeux bleus, dont s'était
30 servi le docteur Percepied quand il avait décrit devant moi la duchesse de Guermantes, je me dis: cette dame ressemble à Mme de Guermantes; or la chapelle où elle suivait la messe était celle de Gilbert le Mauvais, sous les plates tombes de laquelle, dorées et distendues comme des alvéoles de miel, reposaient les anciens comtes de Bra-

---

[20] . . . conscience The structure of the sentence is the following: *Ce sentiment . . . que j'avais du néant de ma pensée, prévalait contre toutes les paroles flatteuses . . . , comme les remords de sa conscience prévalent chez un méchant dont chacun vante les bonnes actions.*

bant, et que je me rappelais être, à ce qu'on m'avait dit,[21] réservée à
la famille de Guermantes quand quelqu'un de ses membres venait
pour une cérémonie à Combray; il ne pouvait vraisemblablement y
avoir qu'une seule femme ressemblant au portrait de Mme de Guermantes, qui fût ce jour-là, jour où elle devait justement venir, dans
cette chapelle: c'était elle! Ma déception était grande. Elle provenait
de ce que je n'avais jamais pris garde, quand je pensais à Mme de
Guermantes, que je me la représentais avec les couleurs d'une
tapisserie ou d'un vitrail, dans un autre siècle, d'une autre matière
que le reste des personnes vivantes. Jamais je ne m'étais avisé qu'elle   10
pouvait avoir une figure rouge, une cravate mauve comme Mme
Sazerat, et l'ovale de ses joues me fit tellement souvenir de personnes
que j'avais vues à la maison que le soupçon m'effleura, pour se
dissiper d'ailleurs aussitôt après, que cette dame en son principe
générateur, en toutes ses molécules, n'était peut-être pas substantielle-
ment la duchesse de Guermantes, mais que son corps, ignorant du
nom qu'on lui appliquait, appartenait à un certain type féminin, qui
comprenait aussi des femmes de médecins et de commerçants. «C'est
cela, ce n'est que cela, Mme de Guermantes!», disait la mine attentive
et étonnée avec laquelle je contemplais cette image qui, naturelle-   20
ment, n'avait aucun rapport avec celles qui sous le même nom de Mme
de Guermantes étaient apparues tant de fois dans mes songes,
puisque, elle, elle n'avait pas été comme les autres arbitrairement
formée par moi, mais qu'elle m'avait sauté aux yeux pour la première
fois, il y a un moment seulement, dans l'église; qui n'était pas de la
même nature, n'était pas colorable à volonté comme elles qui se
laissaient imbiber de la teinte orangée d'une syllabe, mais était si
réelle que tout, jusqu'à ce petit bouton qui s'enflammait au coin du
nez, certifiait son assujettissement aux lois de la vie, comme dans une
apothéose de théâtre, un plissement de la robe de la fée, un tremble-   30
ment de son petit doigt, dénoncent la présence matérielle d'une
actrice vivante, là où nous étions incertains si nous n'avions pas devant les yeux une simple projection lumineuse.

Mais en même temps, sur cette image que le nez proéminent, les
yeux perçants, épinglaient dans ma vision (peut-être parce que
c'étaient eux qui l'avaient d'abord atteinte, qui y avaient fait la
première encoche, au moment où je n'avais pas encore le temps de

---

[21] **à ce qu'on m'avait dit** according to what I had been told.

songer que la femme qui apparaissait devant moi pouvait être Mme
de Guermantes), sur cette image toute récente, inchangeable, j'essayais d'appliquer l'idée: «C'est Mme de Guermantes» sans parvenir
qu'à la faire manœuvrer en face de l'image, comme deux disques
séparés par un intervalle. Mais cette Mme de Guermantes à laquelle
j'avais si souvent rêvé, maintenant que je voyais qu'elle existait
effectivement en dehors de moi, en prit plus de puissance encore sur
mon imagination qui, un moment paralysée au contact d'une réalité
si différente de ce qu'elle attendait, se mit à réagir et à me dire:
10   «Glorieux dès avant Charlemagne, les Guermantes avaient le droit
de vie et de mort sur leurs vassaux; la duchesse de Guermantes descend de Geneviève de Brabant. Elle ne connaît, ni ne consentirait à
connaître aucune des personnes qui sont ici.»
    Et—ô merveilleuse indépendance des regards humains, retenus au
visage par une corde si lâche, si longue, si extensible qu'ils peuvent se
promener seuls loin de lui—pendant que Mme de Guermantes était
assise dans la chapelle au-dessus des tombes de ses morts, ses regards
flânaient çà et là, montaient le long des piliers, s'arrêtaient même sur
moi comme un rayon de soleil errant dans la nef, mais un rayon de
20   soleil qui, au moment où je reçus sa caresse, me sembla conscient.
Quant à Mme de Guermantes elle-même, comme elle restait immobile,
assise comme une mère qui semble ne pas voir les audaces espiègles
et les entreprises indiscrètes de ses enfants qui jouent et interpellent
des personnes qu'elle ne connaît pas, il me fut impossible de savoir si
elle approuvait ou blâmait, dans le désœuvrement de son âme, le
vagabondage de ses regards.
    Je trouvais important qu'elle ne partît pas avant que j'eusse pu la
regarder suffisamment, car je me rappelais que depuis des années je
considérais sa vue comme éminemment désirable, et je ne détachais
30   pas mes yeux d'elle, comme si chacun de mes regards eût pu
matériellement emporter et mettre en réserve en moi le souvenir du
nez proéminent, des joues rouges, de toutes ces particularités qui me
semblaient autant de renseignements précieux, authentiques et singu-
liers sur son visage. Maintenant que me le faisaient trouver beau
toutes les pensées que j'y rapportais—et peut-être surtout, forme de
l'instinct de conservation des meilleures parties de nous-mêmes, ce
désir qu'on a toujours de ne pas avoir été déçu—la replaçant (puisque
c'était une seule personne qu'elle et cette duchesse de Guermantes

que j'avais évoquée jusque-là) hors du reste de l'humanité dans laquelle la vue pure et simple de son corps me l'avait fait un instant confondre, je m'irritais en entendant dire autour de moi: «Elle est mieux que Mme Sazerat, que Mlle Vinteuil», comme si elle leur eût été comparable. Et mes regards s'arrêtant à ses cheveux blonds, à ses yeux bleus, à l'attache de son cou et omettant les traits qui eussent pu me rappeler d'autres visages, je m'écriais devant ce croquis volontairement incomplet: «Qu'elle est belle! Quelle noblesse! Comme c'est bien une fière Guermantes, la descendante de Geneviève de Brabant, que j'ai devant moi!» Et l'attention avec laquelle j'éclairais son visage   10 l'isolait tellement, qu'aujourd'hui si je repense à cette cérémonie, il m'est impossible de revoir une seule des personnes qui y assistaient sauf elle et le suisse qui répondit affirmativement quand je lui demandai si cette dame était bien Mme de Guermantes. Mais elle, je la revois, surtout au moment du défilé dans la sacristie²² qu'éclairait le soleil intermittent et chaud d'un jour de vent et d'orage, et dans laquelle Mme de Guermantes se trouvait au milieu de tous ces gens de Combray dont elle ne savait même pas les noms, mais dont l'infériorité proclamait trop sa suprématie pour qu'elle ne ressentît pas pour eux une sincère bienveillance, et auxquels du reste elle   20 espérait imposer davantage encore à force de bonne grâce et de simplicité. Aussi, ne pouvant émettre ces regards volontaires, chargés d'une signification précise, qu'on adresse à quelqu'un qu'on connaît, mais seulement laisser ses pensées distraites s'échapper incessamment devant elle en un flot de lumière bleue qu'elle ne pouvait contenir, elle ne voulait pas qu'il ²³ pût gêner, paraître dédaigner ces petites gens qu'il rencontrait au passage, qu'il atteignait à tous moments. Je revois encore, au-dessus de sa cravate mauve, soyeuse et gonflée, le doux étonnement de ses yeux auxquels elle avait ajouté sans oser le destiner à personne, mais pour que tous pussent en prendre leur part,   30 un sourire un peu timide de suzeraine qui a l'air de s'excuser auprès de ses vassaux et de les aimer. Ce sourire tomba sur moi qui ne la quittais pas des yeux. Alors me rappelant ce regard qu'elle avait laissé s'arrêter sur moi, pendant la messe, bleu comme un rayon de soleil qui aurait traversé le vitrail de Gilbert le Mauvais, je me dis:

²² **le défilé dans la sacristie** the procession of acquaintances in the vestry who line up to congratulate the newly married couple.
²³ **il** *le flot de lumière bleu* from her eyes.

«Mais sans doute elle fait attention à moi.» Je crus que je lui plaisais, qu'elle penserait encore à moi quand elle aurait quitté l'église, qu'à cause de moi elle serait peut-être triste le soir à Guermantes. Et aussitôt je l'aimai, car s'il peut quelquefois suffire pour que nous aimions une femme qu'elle nous regarde avec mépris comme j'avais cru qu'avait fait Mlle Swann et que nous pensions qu'elle ne pourra jamais nous appartenir, quelquefois aussi il peut suffire qu'elle nous regarde avec bonté comme faisait Mme de Guermantes et que nous pensions qu'elle pourra nous appartenir. Ses yeux bleuissaient comme
10 une pervenche impossible à cueillir et que pourtant elle m'eût dédiée; et le soleil, menacé par un nuage mais dardant encore de toute sa force sur la place et dans la sacristie, donnait une carnation de géranium aux tapis rouges qu'on y avait étendus par terre pour la solennité, et sur lesquels s'avançait en souriant Mme de Guermantes, et ajoutait à leur lainage un velouté rose, un épiderme de lumière, cette sorte de tendresse, de sérieuse douceur dans la pompe et dans la joie qui caractérisent certaines pages de Lohengrin,[24] certaines peintures de Carpaccio,[25] et qui font comprendre que Baudelaire ait pu appliquer au son de la trompette l'épithète de délicieux.[26]
20 Combien depuis ce jour, dans mes promenades du côté de Guermantes, il me parut plus affligeant encore qu'auparavant de n'avoir pas de dispositions pour les lettres, et de devoir renoncer à être jamais un écrivain célèbre. Les regrets que j'en éprouvais, tandis que je restais seul à rêver un peu à l'écart, me faisaient tant souffrir, que pour ne plus les ressentir, de lui-même par une sorte d'inhibition devant la douleur, mon esprit s'arrêtait entièrement de penser aux vers, aux romans, à un avenir poétique sur lequel mon manque de talent m'interdisait de compter. Alors, bien en dehors de toutes ces préoccupations littéraires et ne s'y rattachant en rien, tout d'un coup
30 un toit, un reflet de soleil sur une pierre, l'odeur d'un chemin me faisaient arrêter par un plaisir particulier qu'ils me donnaient, et aussi parce qu'ils avaient l'air de cacher, au delà de ce que je voyais, quelque chose qu'ils m'invitaient à venir prendre et que malgré mes efforts je n'arrivais pas à découvrir. Comme je sentais que cela se

---

[24] **Lohengrin**   Opera by Richard Wagner.
[25] **Carpaccio**   fifteenth-century Venetian painter who paints in warm colors.
[26] **. . . délicieux**   allusion to Baudelaire's *L'Imprévu*. First line of the last stanza: *"Le son de la trompette est si délicieux"* (*Fleurs du Mal*, CXLIX).

trouvait en eux, je restais là, immobile, à regarder, à respirer, à
tâcher d'aller avec ma pensée au delà de l'image ou de l'odeur. Et s'il
me fallait rattraper mon grand-père, poursuivre ma route, je cherchais
à les retrouver en fermant les yeux; je m'attachais à me rappeler
exactement la ligne du toit, la nuance de la pierre qui, sans que je
pusse comprendre pourquoi, m'avaient semblé pleines, prêtes à
s'entr'ouvrir, à me livrer ce dont elles n'étaient qu'un couvercle.
Certes ce n'était pas des impressions de ce genre qui pouvaient me
rendre l'espérance que j'avais perdue de pouvoir être un jour écrivain
et poète, car elles étaient toujours liées à un objet particulier dépourvu 10
de valeur intellectuelle et ne se rapportant à aucune vérité abstraite.
Mais du moins elles me donnaient un plaisir irraisonné, l'illusion
d'une sorte de fécondité et par là me distrayaient de l'ennui, du
sentiment de mon impuissance que j'avais éprouvés chaque fois que
j'avais cherché un sujet philosophique pour une grande œuvre littéraire. Mais le devoir de conscience était si ardu—que m'imposaient ces
impressions de forme, de parfum ou de couleur—de tâcher d'apercevoir ce qui se cachait derrière elles, que je ne tardais pas à me chercher
à moi-même des excuses qui me permissent de me dérober à ces efforts
et de m'épargner cette fatigue. Par bonheur mes parents m'appelaient, 20
je sentais que je n'avais pas présentement la tranquillité nécessaire
pour poursuivre utilement ma recherche, et qu'il valait mieux n'y
plus penser jusqu'à ce que je fusse rentré, et ne pas me fatiguer
d'avance sans résultat. Alors je ne m'occupais plus de cette chose
inconnue qui s'enveloppait d'une forme ou d'un parfum, bien tranquille puisque je la ramenais à la maison, protégée par le revêtement
d'images sous lesquelles je la trouverais vivante, comme des poissons
que, les jours où on m'avait laissé aller à la pêche, je rapportais dans
mon panier, couverts par une couche d'herbe qui préservait leur
fraîcheur. Une fois à la maison je songeais à autre chose et ainsi 30
s'entassaient dans mon esprit (comme dans ma chambre les fleurs
que j'avais cueillies dans mes promenades ou les objets qu'on m'avait
donnés) une pierre où jouait un reflet, un toit, un son de cloche, une
odeur de feuilles, bien des images différentes sous lesquelles il y a
longtemps qu'est morte la réalité pressentie que je n'ai pas eu assez
de volonté pour arriver à découvrir. Une fois pourtant—où notre
promenade s'étant prolongée fort au delà de sa durée habituelle, nous
avions été bien heureux de rencontrer à mi-chemin du retour, comme

l'après-midi finissait, le docteur Percepied qui passait en voiture à bride abattue, nous avait reconnus et fait monter avec lui—j'eus une impression de ce genre et ne l'abandonnai pas sans un peu l'approfondir. On m'avait fait monter près du cocher, nous allions comme le vent parce que le docteur avait encore avant de rentrer à Combray à s'arrêter à Martinville-le-Sec chez un malade à la porte duquel il avait été convenu que nous l'attendrions. Au tournant d'un chemin j'éprouvai tout à coup ce plaisir spécial qui ne ressemblait à aucun autre, à apercevoir les deux clochers de Martinville, sur lesquels
10 donnait le soleil couchant et que le mouvement de notre voiture et les lacets du chemin avaient l'air de faire changer de place, puis celui de Vieuxvicq qui, séparé d'eux par une colline et une vallée, et situé sur un plateau plus élevé dans le lointain, semblait pourtant tout voisin d'eux.

En constatant, en notant la forme de leur flèche, le déplacement de leurs lignes, l'ensoleillement de leur surface, je sentais que je n'allais pas au bout de mon impression, que quelque chose était derrière ce mouvement, derrière cette clarté, quelque chose qu'ils semblaient contenir et dérober à la fois.

20 Les clochers paraissaient si éloignés et nous avions l'air de si peu nous rapprocher d'eux, que je fus étonné quand, quelques instants après, nous nous arrêtâmes devant l'église de Martinville. Je ne savais pas la raison du plaisir que j'avais eu à les apercevoir à l'horizon et l'obligation de chercher à découvrir cette raison me semblait bien pénible; j'avais envie de garder en réserve dans ma tête ces lignes remuantes au soleil et de n'y plus penser maintenant. Et il est probable que si je l'avais fait, les deux clochers seraient allés à jamais rejoindre tant d'arbres, de toits, de parfums, de sons, que j'avais distingués des autres à cause de ce plaisir obscur qu'ils m'avaient procuré
30 et que je n'ai jamais approfondi. Je descendis causer avec mes parents en attendant le docteur. Puis nous repartîmes, je repris ma place sur le siège, je tournai la tête pour voir encore les clochers qu'un peu plus tard j'aperçus une dernière fois au tournant d'un chemin. Le cocher, qui ne semblait pas disposé à causer, ayant à peine répondu à mes propos, force me fut, faute d'autre compagnie, de me rabattre sur celle de moi-même et d'essayer de me rappeler mes clochers. Bientôt, leurs lignes et leurs surfaces ensoleillées, comme si elles avaient été une sorte d'écorce, se déchirèrent, un peu de ce qui m'était caché en

elles m'apparut, j'eus une pensée qui n'existait pas pour moi l'instant avant, qui se formula en mots dans ma tête, et le plaisir que m'avait fait tout à l'heure éprouver leur vue s'en trouva tellement accru que, pris d'une sorte d'ivresse, je ne pus pas penser à autre chose. A ce moment et comme nous étions déjà loin de Martinville, en tournant la tête je les aperçus de nouveau, tout noirs cette fois, car le soleil était déjà couché. Par moments les tournants du chemin me les dérobaient, puis ils se montrèrent une dernière fois et enfin je ne les vis plus.

Sans me dire que ce qui était caché derrière les clochers de Martin- 10 ville devait être quelque chose d'analogue à une jolie phrase, puisque c'était sous la forme de mots qui me faisaient plaisir que cela m'était apparu, demandant un crayon et du papier au docteur, je composai malgré les cahots de la voiture, pour soulager ma conscience et obéir à mon enthousiasme, le petit morceau suivant que j'ai retrouvé depuis et auquel je n'ai eu à faire subir que peu de changements:

«Seuls, s'élevant du niveau de la plaine et comme perdus en rase campagne, montaient vers le ciel les deux clochers de Martinville. Bientôt nous en vîmes trois: venant se placer en face d'eux par une volte hardie,[27] un clocher retardataire, celui de Vieuxvicq, les avait 20 rejoints. Les minutes passaient, nous allions vite et pourtant les trois clochers étaient toujours au loin devant nous, comme trois oiseaux posés sur la plaine, immobiles et qu'on distingue au soleil. Puis le clocher de Vieuxvicq s'écarta, prit ses distances, et les clochers de Martinville restèrent seuls, éclairés par la lumière du couchant que même à cette distance, sur leurs pentes, je voyais jouer et sourire. Nous avions été si longs à nous rapprocher d'eux, que je pensais au temps qu'il faudrait encore pour les atteindre quand, tout d'un coup, la voiture ayant tourné, elle nous déposa à leurs pieds; et ils s'étaient jetés si rudement au-devant d'elle, qu'on n'eut que le temps d'arrêter 30 pour ne pas se heurter au porche. Nous poursuivîmes notre route; nous avions déjà quitté Martinville depuis un peu de temps, et le village après nous avoir accompagnés quelques secondes avait disparu, que restés seuls à l'horizon à nous regarder fuir, ces clochers et celui de Vieuxvicq agitaient encore en signe d'adieu leurs cimes ensoleillées. Parfois l'un s'effaçait pour que les deux autres pussent

[27] **une volte hardie** an audacious volt. A volt is the circle traced by a horse in a riding academy.

nous apercevoir un instant encore; mais la route changea de direction, ils virèrent dans la lumière comme trois pivots d'or et disparu-
rent à mes yeux. Mais, un peu plus tard, comme nous étions déjà
près de Combray, le soleil étant maintenant couché, je les aperçus
une dernière fois de très loin, qui n'étaient plus que comme trois
fleurs peintes sur le ciel au-dessus de la ligne basse des champs. Ils
me faisaient penser aussi aux trois jeunes filles d'une légende, aban-
données dans une solitude où tombait déjà l'obscurité; et tandis
que nous nous éloignions au galop, je les vis timidement chercher
10 leur chemin et après quelques gauches trébuchements de leurs
nobles silhouettes, se serrer les uns contre les autres, glisser l'un
derrière l'autre, ne plus faire sur le ciel encore rose qu'une seule
forme noire, charmante et résignée, et s'effacer dans la nuit.» Je
ne repensai jamais à cette page, mais à ce moment-là, quand, au
coin du siège où le cocher du docteur plaçait habituellement dans
un panier les volailles qu'il avait achetées au marché de Martinville, j'eus fini de l'écrire, je me trouvai si heureux, je sentais qu'elle
m'avait si parfaitement débarrassé de ces clochers et de ce qu'ils
cachaient derrière eux, que comme si j'avais été moi-même une
20 poule et si je venais de pondre un œuf, je me mis à chanter à tue-
tête.

Pendant toute la journée, dans ces promenades, j'avais pu rêver
au plaisir que ce serait d'être l'ami de la duchesse de Guermantes,
de pêcher la truite, de me promener en barque sur la Vivonne, et,
avide de bonheur, ne demander en ces moments-là rien d'autre à
la vie que de se composer toujours d'une suite d'heureux après-midi.
Mais quand sur le chemin du retour j'avais aperçu sur la gauche
une ferme, assez distante de deux autres qui étaient au contraire
très rapprochées, et à partir de laquelle, pour entrer dans Combray,
30 il n'y avait plus qu'à prendre une allée de chênes bordée d'un côté
de prés appartenant chacun à un petit clos et plantés à intervalles
égaux de pommiers qui y portaient, quand ils étaient éclairés par
le soleil couchant, le dessin japonais de leurs ombres, brusquement
mon cœur se mettait à battre, je savais qu'avant une demi-heure
nous serions rentrés, et que, comme c'était de règle les jours où
nous étions allés du côté de Guermantes et où le dîner était servi
plus tard, on m'enverrait me coucher sitôt ma soupe prise, de sorte
que ma mère, retenue à table comme s'il y avait du monde à dîner,

ne monterait pas me dire bonsoir dans mon lit. La zone de tristesse où je venais d'entrer était aussi distincte de la zone où je m'élançais avec joie il y avait un moment encore que dans certains ciels une bande rose est séparée comme par une ligne d'une bande verte ou d'une bande noire. On voit un oiseau voler dans le rose, il va en atteindre la fin, il touche presque au noir, puis il y est entré. Les désirs qui tout à l'heure m'entouraient, d'aller à Guermantes, de voyager, d'être heureux, j'étais maintenant tellement en dehors d'eux que leur accomplissement ne m'eût fait aucun plaisir. Comme j'aurais donné tout cela pour pouvoir pleurer toute la nuit dans les bras de 10 maman! Je frissonnais, je ne détachais pas mes yeux angoissés du visage de ma mère, qui n'apparaîtrait pas ce soir dans la chambre où je me voyais déjà par la pensée, j'aurais voulu mourir. Et cet état durerait jusqu'au lendemain, quand les rayons du matin, appuyant, comme le jardinier, leurs barreaux au mur revêtu de capucines qui grimpaient jusqu'à ma fenêtre, je sauterais à bas du lit pour descendre vite au jardin, sans plus me rappeler que le soir ramènerait jamais l'heure de quitter ma mère. Et de la sorte c'est du côté de Guermantes que j'ai appris à distinguer ces états qui se succèdent en moi, pendant certaines périodes, et vont jusqu'à se 20 partager chaque journée, l'un revenant chasser l'autre, avec la ponctualité de la fièvre; contigus, mais si extérieurs l'un à l'autre, si dépourvus de moyens de communication entre eux, que je ne puis plus comprendre, plus même me représenter, dans l'un, ce que j'ai désiré, ou redouté, ou accompli dans l'autre.[28]

Aussi le côté de Méséglise et le côté de Guermantes restent-ils pour moi liés à bien des petits événements de celle de toutes les diverses vies que nous menons parallèlement, qui est la plus pleine de péripéties, la plus riche en épisodes, je veux dire la vie intellectuelle. Sans doute elle progresse en nous insensiblement, et les vérités 30 qui en ont changé pour nous le sens et l'aspect, qui nous ont ouvert

---

[28] **. . . dans l'autre** This passage describing the existence in the narrator of successive states of sensibility, almost of personality, introduces the theme of the *intermittences* into the pattern of Proustian psychology. *"Intermittences du coeur," "intermittences du souvenir,"* show that the flow of life inside an individual is not continuous in all its aspects nor total. The individual thus loses contact with the full content of his experience and reaches it only in moments such as the narrator describes at the beginning when he tasted the madeleine.

de nouveaux chemins, nous en préparions depuis longtemps la découverte; mais c'était sans le savoir; et elles ne datent pour nous que du jour, de la minute où elles nous sont devenues visibles. Les fleurs qui jouaient alors sur l'herbe, l'eau qui passait au soleil, tout le paysage qui environna leur apparition continue à accompagner leur souvenir de son visage inconscient ou distrait; et certes quand ils étaient longuement contemplés par cet humble passant, par cet enfant qui rêvait—comme l'est un roi, par un mémorialiste perdu dans la foule—ce coin de nature, ce bout de jardin n'eussent pu

10 penser que ce serait grâce à lui qu'ils seraient appelés à survivre en leurs particularités les plus éphémères; et pourtant ce parfum d'aubépine qui butine le long de la haie où les églantiers le remplaceront bientôt, un bruit de pas sans écho sur le gravier d'une allée, une bulle formée contre une plante aquatique par l'eau de la rivière et qui crève aussitôt, mon exaltation les a portés et a réussi à leur faire traverser tant d'années successives, tandis qu'alentour les chemins se sont effacés et que sont morts ceux qui les foulèrent et le souvenir de ceux qui les foulèrent. Parfois ce morceau de paysage amené ainsi jusqu'à aujourd'hui se détache si isolé de tout, qu'il

20 flotte incertain dans ma pensée comme une Délos[29] fleurie, sans que je puisse dire de quel pays, de quel temps—peut-être tout simplement de quel rêve—il vient. Mais c'est surtout comme à des gisements profonds de mon sol mental, comme aux terrains résistants sur lesquels je m'appuie encore, que je dois penser au côté de Méséglise et au côté de Guermantes. C'est parce que je croyais aux choses, aux êtres, tandis que je les parcourais, que les choses, les êtres qu'ils m'ont fait connaître sont les seuls que je prenne encore au sérieux et qui me donnent encore de la joie. Soit que la foi qui crée soit tarie en moi, soit que la réalité ne se forme que dans la

30 mémoire, les fleurs qu'on me montre aujourd'hui pour la première fois ne me semblent pas de vraies fleurs. Le côté de Méséglise avec ses lilas, ses aubépines, ses bluets, ses coquelicots, ses pommiers, le côté de Guermantes avec sa rivière à têtards, ses nymphéas et ses boutons d'or, ont constitué à tout jamais pour moi la figure des pays où j'aimerais vivre, où j'exige avant tout qu'on puisse aller à la pêche, se promener en canot, voir des ruines de fortifications

---

[29] **Délos** one of the Cyclades Islands in the Ægean Sea, famous for the charm and mildness of its climate. Apollo was said to have been born there.

gothiques et trouver au milieu des blés, ainsi qu'était Saint-André-
des-Champs, une église monumentale, rustique et dorée comme
une meule; et les bluets, les aubépines, les pommiers qu'il m'arrive
quand je voyage de rencontrer encore dans les champs, parce qu'ils
sont situés à la même profondeur, au niveau de mon passé, sont
immédiatement en communication avec mon cœur. Et pourtant,
parce qu'il y a quelque chose d'individuel dans les lieux, quand
me saisit le désir de revoir le côté de Guermantes, on ne le satisferait
pas en me menant au bord d'une rivière où il y aurait d'aussi beaux,
de plus beaux nymphéas que dans la Vivonne, pas plus que le soir 10
en rentrant—à l'heure où s'éveillait en moi cette angoisse qui plus
tard émigre dans l'amour, et peut devenir à jamais inséparable de
lui—je n'aurais souhaité que vînt me dire bonsoir une mère plus
belle et plus intelligente que la mienne. Non; de même que ce qu'il
fallait pour que je pusse m'endormir heureux, avec cette paix sans
trouble qu'aucune maîtresse n'a pu me donner, depuis, puisqu'on
doute d'elles encore au moment où on croit en elles et qu'on ne
possède jamais leur cœur comme je recevais dans un baiser celui
de ma mère, tout entier, sans la réserve d'une arrière-pensée, sans
le reliquat d'une intention qui ne fût pas pour moi—c'est que ce 20
fût elle, c'est qu'elle inclinât vers moi ce visage où il y avait au-dessous de l'œil quelque chose qui était, paraît-il, un défaut, et que
j'aimais à l'égal du reste; de même ce que je veux revoir, c'est le
côté de Guermantes que j'ai connu, avec la ferme qui est peu éloignée des deux suivantes serrées l'une contre l'autre, à l'entrée de
l'allée des chênes; ce sont ces prairies où, quand le soleil les rend
réfléchissantes comme une mare, se dessinent les feuilles des pommiers, c'est ce paysage dont parfois, la nuit dans mes rêves, l'individualité m'étreint avec une puissance presque fantastique et que
je ne peux plus retrouver au réveil. Sans doute pour avoir à jamais 30
indissolublement uni en moi des impressions différentes, rien que
parce qu'ils me les avaient fait éprouver en même temps, le côté de
Méséglise ou le côté de Guermantes m'ont exposé, pour l'avenir,
à bien des déceptions et même à bien des fautes. Car souvent j'ai
voulu revoir une personne sans discerner que c'était simplement
parce qu'elle me rappelait une haie d'aubépines, et j'ai été induit
à croire, à faire croire à un regain d'affection, par un simple désir
de voyage. Mais par là même aussi, et en restant présents en celles

de mes impressions d'aujourd'hui auxquelles ils peuvent se relier, ils leur donnent des assises, de la profondeur, une dimension de plus qu'aux autres. Ils leur ajoutent aussi un charme, une signification qui n'est que pour moi. Quand par les soirs d'été le ciel harmonieux gronde comme une bête fauve et que chacun boude l'orage, c'est au côté de Méséglise que je dois de rester seul en extase à respirer, à travers le bruit de la pluie qui tombe, l'odeur d'invisibles et persistants lilas.

*

*   *

C'est ainsi que je restais souvent jusqu'au matin à songer au
10 temps de Combray, à mes tristes soirées sans sommeil, à tant de jours aussi dont l'image m'avait été plus récemment rendue par la saveur—ce qu'on aurait appelé à Combray le «parfum»—d'une tasse de thé, et par association de souvenirs à ce que, bien des années après avoir quitté cette petite ville, j'avais appris, au sujet d'un amour que Swann avait eu avant ma naissance,[30] avec cette précision dans les détails plus facile à obtenir quelquefois pour la vie de personnes mortes il y a des siècles que pour celle de nos meilleurs amis, et qui semble impossible comme semblait impossible de causer d'une ville à une autre—tant qu'on ignore le biais par lequel cette
20 impossibilité a été tournée. Tous ces souvenirs ajoutés les uns aux autres ne formaient plus qu'une masse, mais non sans qu'on ne pût distinguer entre eux—entre les plus anciens, et ceux plus récents, nés d'un parfum, puis ceux qui n'étaient que les souvenirs d'une autre personne de qui je les avais appris[31]—sinon des fissures, des failles véritables, du moins ces veinures, ces bigarrures de coloration, qui, dans certaines roches, dans certains marbres, révèlent des différences d'origine, d'âge, de «formation».

Certes quand approchait le matin, il y avait bien longtemps qu'é-

---

[30] . . . **naissance** allusion to Swann's love for Odette which is the subject of *Un Amour de Swann,* Part II of *Du Coté de chez Swann,* the story of which is told objectively, in the third person, by the narrator.

[31] . . . **avais appris** The phrase inserted between the two dashes describes, on the whole, the three parts of *Du Côté de chez Swann.* Though in the first part memories rise, at first, from all the different periods of the narrator's life, the *drame du coucher* seems to refer to more ancient memories than the next section on Combray in the spring, born of the *parfum* of the madeleine. *Les souvenirs d'une autre personne* refers to the unidentified person who told the narrator the story of Swann's love for Odette.

tait dissipée la brève incertitude de mon réveil. Je savais dans quelle chambre je me trouvais effectivement, je l'avais reconstruite autour de moi dans l'obscurité et—soit en m'orientant par la seule mémoire, soit en m'aidant, comme indication, d'une faible lueur aperçue, au pied de laquelle je plaçais les rideaux de la croisée—je l'avais reconstruite tout entière et meublée comme un architecte et un tapissier qui gardent leur ouverture primitive aux fenêtres et aux portes, j'avais reposé les glaces et remis la commode à sa place habituelle. Mais à peine le jour—et non plus le reflet d'une dernière braise sur une tringle de cuivre que j'avais pris pour lui—traçait-il dans l'ob- 10 scurité, et comme à la craie, sa première raie blanche et rectificative, que la fenêtre avec ses rideaux quittait le cadre de la porte où je l'avais située par erreur, tandis que pour lui faire place, le bureau que ma mémoire avait maladroitement installé là se sauvait à toute vitesse, poussant devant lui la cheminée et écartant le mur mitoyen du couloir; une courette régnait à l'endroit où il y a un instant encore s'étendait le cabinet de toilette, et la demeure que j'avais rebâtie dans les ténèbres était allée rejoindre les demeures entrevues dans le tourbillon du réveil, mise en fuite par ce pâle signe qu'avait tracé au-dessus des rideaux le doigt levé du jour.[32]   20

[32] The last two paragraphs bring us back to the beginning of the book, to the middle-aged narrator who recalled his sleepless nights. The *cercle parfait de Combray*—as Robert Vigneron, a Proustian scholar calls it—is thus completed. It is not, however, a closed circle, for it contains, in germ, the long story which follows. It is rather like the first circle of a spiral which rises toward the final revelation of *Le Temps retrouvé,* foreshadowed in the *madeleine* episode and in the episode of the *clochers de Martinville.*